# 日本の支配者

佐々木憲昭
Kensho Sasaki

新日本出版社

目　　次

はじめに　9

# 第1章　支配者はどのような姿をしているのか　11
## 1　大企業とは何か　15
ひとにぎりの企業が大きな力をもっている　15

大企業は企業集団をつくっている　17

「買い占め」のウラにあった企業集団　20

戦前の財閥と戦後の企業集団はどう違うか　22

解禁された純粋持株会社　24

## 2　六大企業集団はなぜ「崩壊」したのか　27
高度成長の「落とし子」　27

バブル崩壊——金融危機　28

金融再編——メガバンクの誕生　30

## 3　経団連と企業集団はどのような関係にあるのか　33
財界は何のためにつくられているのか　33

大きな力をもった経団連　35

経団連役員企業のなかの六大企業集団　37

経団連のなかで三菱グループが勢力を増している　37

## 第2章　財界はなぜつくられどう変わったか　45

### 1　経済団体の創設と侵略戦争　46

最初にできた経済団体は「商法会議所」　46

戦争による重化学工業の発展　48

侵略戦争に組み込まれた経済団体　52

### 2　戦後、経団連の発足　56

敗戦直後に結成された経済団体連合委員会　57

経済団体連合会（経団連）の創立　59

アメリカの戦略転換と経団連の役割　59

財界全体の利益代表として　63

### 3　巨大化と多国籍企業化　65

巨大化する大企業　65

生産拠点の海外移転　67

### 4　アメリカ主導による調整の仕組み　68

貿易摩擦の激化　68

相手国内に生産拠点をつくり資本結合をひろげる　72

アメリカ主導で日米調整機関を設置する　73

### 5　外資による支配はどこまですすんだか　76

すすむ外国資本による株式保有　76

カストディアンの創設と大企業株の大量保有　76

日米財界のための新自由主義的改革　92

### 6　新自由主義が格差をいっそう拡大した　94

## 第3章　新自由主義は強権国家を求める　105

### 1　保守層にも広がる国民の抵抗　106

国民全体を「抵抗勢力」と決めつけ　107

「国際化」した大企業は国民に「自己責任」を求める　109

2 「政治改革」による民意の切り捨て 111
　　金権・腐敗政治への国民の怒りを利用 112
　　小選挙区制導入にすりかえ 115
　　公認権を派閥から総裁へ集中させた 117
　　政治資金の自民党本部・総裁への集中 118

3 橋本「行政改革」で官邸機能を強化 123
　　政策決定のトップダウン化 125

4 首相官邸が高級官僚の人事権をにぎる 127
　　官邸の意向しだい 129
　　「全体の奉仕者」を否定 131

5 内閣情報調査室、公安警察、公安調査庁の危険な役割 132
　　内閣情報調査室 132
　　公安警察 138
　　公安調査庁 139
　　NHKへの介入とマスコミ操作 140

6 集権的国家づくりは臨調からはじまった 143
　　第一次臨調 144
　　中曽根内閣の「土光臨調」（第二臨調） 146

第4章　支配勢力が国家機構を動かす仕掛けとは 159

1 政策提言と与党への直接の働きかけ 160
　　経団連の委員会と政府の審議会 161

2 「司令塔」に入り込む 167
　　予算編成の方式を変える 169
　　財界代表が閣議決定を決める 171

3 「天下り」を受け入れ癒着を深める 171
　　「天下り」の自由化と財界の意向 172

4 「天上がり」で官邸に人材を送り込む 173

　　「官民人事交流」の名のもとで 175

　　経団連役員企業の比率が高い 179

5 政治献金による支配 185

　　企業団体献金の減少を政党助成金で穴埋め 186

　　自民党本部のサイフ＝国民政治協会とは 187

　　通信簿方式による企業献金 191

　　アメリカから自民党への秘密資金の提供 193

　　企業・団体献金の禁止こそ 198

# 第5章　国民の財産は誰のために消えたのか 203

1 年金が減らされている 204

　　財界が社会保障・年金の削減を求める 204

　　「あったことをないものにする」あきれた手口 205

　　基礎年金は30年で3割も減らされる 209

　　「バクチ」のため国民の財産を投入 210

　　「くじら」が動かす株式市場 220

2 家計から企業への所得移転をひきおこした低金利 230

　　3万円の利息が10円になった 233

　　家計から企業に所得が移転した 235

3 銀行への公的資金はどのように投入されたか 240

　　公的資金投入の仕組みはどのようにしてつくられたか 241

　　本格的な公的資金投入スキームの形成と発動 245

　　投入枠が30兆円から60兆円に拡大 250

　　アメリカの圧力で銀行への公的資金投入が繰り返された 254

　　47兆円の公的資金が投入され10兆円が国民負担となった 257

第6章　財界とアメリカはなぜ「戦争する国」にしたいのか　265

　1　戦争できる国づくりへの大転換　266

　　　　軍拡路線をエスカレートさせる安倍内閣　267

　　　　軍事予算の基本的な仕組み　271

　　　　国産化路線のゆきづまりと米国製兵器の爆買い　280

　2　軍需産業四団体と経団連　283

　　　　軍需産業の基本性格をどうみるか　283

　　　　日本の軍需産業団体　284

　3　「経団連ビジョン」にみる軍拡路線への傾斜　288

　　　　「専守防衛」を強調した「魅力ある日本」（1996 年）　288

　　　　リーダーシップ強化を求めた「活力と魅力溢れる日本をめざして」（2003 年）　290

　　　　「憲法改正」を正面にかかげた「希望の国、日本」（2007 年）　291

　　　　新たな軍拡を求める「『豊かで活力ある日本』の再生」（2015 年）　292


　　　おわりに　299

## はじめに

　いま私たちは、「息苦しい社会」に生きていると思いませんか。

　終身雇用がくずされ、高校や大学を卒業しても非正規にしかなれず、いちど離職するとふたたび就職することがなかなか難しい。——こんな状況が長いあいだつづいてきました。また高齢者も、年金がなかったり低い年金の人びとが増えています。これまで「中流」だと思われた人びとが、いつのまにか「貧困層」に滑り落ちる事例もふえ、「下流老人」とか「長生き地獄」などといわれるようになりました。私たちは、誰もがこのような「生活崩壊」に直面する危険をかかえながら生きています。

　政府が初めて発表した「中高年の引きこもり」61万3000人という数字は、たいへん衝撃的でした。[*1] その四分の三は男性で、「引きこもり」のきっかけでいちばん多いのが「退職」でした。また、就職氷河期を経験した40歳〜44歳の3人に1人が、20歳〜24歳で引きこもり状態になっており、就職活動の失敗がその原因の一つでした。それは、親と同居する「未婚者の増加」と深い関係にあり、4割以上の人が悩み事などを「誰にも相談しない」と答えています。

　こうした状況を「本人のせいだ」とする「自己責任」論が、この間、幅をきかすようになりました。相手を思いやる心やさしい人たちが、そのような考えをいつのまにか植えつけられ、社会の片隅に追いやられ、「あきらめ」気分を広げています。そして、一部ではありますが「自暴自棄」を生みだす土壌となっています。

　なぜ、こんな社会になったのでしょう。このような状況をつくったのは、いったい誰のせいでしょう。誰か大きな力をもった「支配者」が、このような息苦しい社会をつくったのかもしれません。みなさんが、支配者という言葉で思いつくのは誰でしょう。総理大臣でしょうか。たしかに政治の最高権力者ですから、そういえるかもしれません。しかし、社会全体を見わたすと、

その背後に、もっと大きな支配者がいるのではないでしょうか。

　日本のような発達した資本主義の社会では、ごく一部の巨大企業が大きな経済力をもち、社会のすみずみに支配の網の目を広げています。その巨大企業のトップが集まってつくっているのが財界です。財界は、政治や行政など統治機構にたいして大きな影響力をもっており、経済の巨大な力と国家の巨大な力を一つの機構にまとめあげ、みずからの支配を維持しています。そのうえで国民の暮らしを踏み台にしながら、大きな利益をふところに入れているのが実態ではないでしょうか。日本は、第二次大戦後、米軍による全面占領から出発し、アメリカに事実上従属した状態に置かれてきました。財界はアメリカに追従し、そのもとで支配を維持し社会に君臨してきました。その支配の仕組みは、いったいどのようになっているのでしょうか。

　この本は、支配勢力の本当の姿を事実にもとづいて明らかにするとともに、支配の実態と手法を解明することを目的にしています。そのため、経済だけでなく政治、行政、さらに法律をふくめ多面的に論じています。また、複雑な数字などはできるだけ避けて、ひと目でわかるように、できるだけ図とグラフで表わすようにしました。

　支配される側にある、圧倒的多数の私たち国民が、「息苦しい」と感じるいまの社会を変えて、本当の主人公になる新しい日本を展望する、そのための手がかりをこの本が少しでも提供できるならば幸いです。閉塞感を打ち破って、胸いっぱい清々しい空気の吸える希望ある社会にすすむため、ごいっしょに考えましょう。

＊1　40歳～64歳を対象にした調査で、「自室からほとんど出ない」など四つの問いを設定し、いずれかに該当しかつ6か月以上その状態が続いているケースを「広い意味での引きこもり」と定義してカウントしたそうです（2019年3月29日発表）。この61万人に、40歳未満の「引き込もり」約54万人を加えると、じつに100万人を超えます。

# 第1章　支配者はどのような姿をしているのか

私たちは、社会のなかでどの階層（階級）に属しているのでしょうか。
　図表１―１「日本の階級構成（2015年）」をみると、資本家階級は154万5000人でわずか３％にすぎません。これにたいして労働者階級は5073万3000人で、83％も占めています。このように圧倒的に多いのが労働者です。自営業者は、以前は多かったのですが、いまでは738万2000人で全体の12％にすぎません。
　労働者階級が８割も占めているといっても、その内容はさまざまです。その職種内訳はどうなっているのでしょうか。それを示したのが図表１―２「労働者階級の内部編成」です。それによると、いちばん多いのは、鉱工業や運輸通信に従事している人で28％を占めています。事務労働に従事している人は22％、専門的・技術的な仕事に従事している人は17％です。

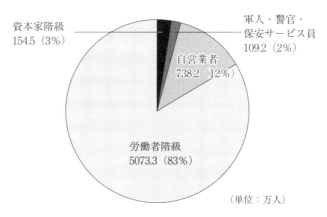

図表１―１　日本の階級構成（2015年）

（出所）羽田野修一「日本の階級構成はどうなっているか」（『経済』2017年１月号）の表１にもとづき作成

労働者階級を一色で塗りつぶすようなとらえ方ではなく、その内部編成を

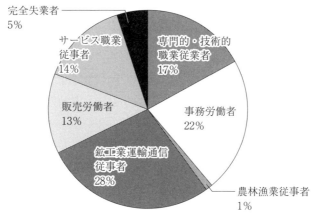

図表１−２　労働者階級の内部編成

（出所）羽田野修一「日本の階級構成はどうなっているか」（『経済』2017年1月号）の表1にもとづき作成

> **新しい階級とは**
>
> 　社会学者の橋本健二氏は、①資本家（企業経営者）、②旧中間（自営業者）、③新中間（ホワイトカラー会社員、専門職）、④労働者という「四つの階級」で社会が構成されているとみています。そのうえで、⑤アンダークラスという「新しい階級が1990年ごろから生まれた」としています。ポイントの一つは、現業労働者と区別される技術者・管理職・専門職・事務職などの「ホワイトカラー」を、労働者階級として位置づけるかどうかです。私たちの見解では、それを見分ける基準は、生産手段を持っておらず労働力（働く能力）を売って生活せざるをえないのかどうかです。その視点からみると、基本的に労働者階級に属しているといえるでしょう。ただし「新中間層」や「アンダークラス」という「新しい階級」に着目する方法は、今日の「貧困化」や「格差社会」のとらえ方として、注目すべき問題提起を含んでいます。

職種区分でみるとともに、賃金水準によって階層的な変化をみることは重要です。90年代以降「格差」が社会問題になり、労働法制の改悪がすすむなかで労働者の多くの部分が流動化し、社会の底辺に追いやられる傾向が現われ生活苦がひろがりました。また、旧中間層（自営業）の営業破綻（はたん）による貧困層への転落がすすんでいます。さらに、外国人労働者を使い捨てる新しい問題が浮上しています。「ワーキングプア」や「アンダークラス（下層階級）の出現」という見方は、これらの事情を反映しているといえるでしょう。

　また、高齢者や障がい者の多くが「働きたくても働けない」状況にあります。これらの人びとが、新自由主義の政策によってつぎつぎと支えを外され、しだいに最下層へとすべり落ちています。人びとの人権をまもり社会全体でどう支えていくのかという問題があります。この点については、第5章でも少しふれることにします。

　大多数の人びとは企業に雇われて働いていますから、この章ではまず「企業の支配構造」からみることにしましょう。

### 社会の仕組みと発展

　こうした話題から書き始めたのは、社会のなりたちや仕組みについて、次のように考えるからです。社会で、いちばん基本となるのは、人びとの生活のために必要なもの（衣食住など）をつくりだす（生産する）ことです。それがなければ、私たちは生きていけないからです。問題は、「生産するために結びあう人と人の関係」がどうなっているかです。生産するときの関係を「生産関係」といいます。その生産関係がどんな性格かを決めるのは、だれが道具や機械などの生産手段を所有しているかによります。

　これまでの歴史をふりかえると、生産する力があまりなかった原始の時代は、人びとがまとまって共同で生産手段を所有し、協力して生産をするという「原始共産制」の社会でした。その後、生産力がしだいに大きくなるにつれ、支配者と支配される階級の区分が現われるようになり、少数の奴隷所有者のもとで多数の奴隷が生産をになう「奴隷制社会」が

生まれます。さらに、封建領主が土地を所有し、そのもとで多くの農民が生産にたずさわる「封建制の社会」が現われました。この時代は、生産の担い手である農民は、人格的にも領主に従属し生産物のかなりの部分を年貢として取り立てられました。

　いま、私たちが暮らしているこの社会は、どうでしょう。多くの人びとは、企業などに雇われて働き、賃金をもらって生活しています。働き手である労働者は、一個の独立した人間として認められていますが、生産手段を持っていません。そのため、働く力（労働力）を企業に売って生計をたてています。こういう社会を「資本主義社会」といいます。

# 1　大企業とは何か

## ひとにぎりの企業が大きな力をもっている

　労働者がおもに働いている職場は企業です。日本には、どれくらいの数の企業があるのでしょうか。国の調査によると、図表1―3のように382万社もあります。そのうち、中小企業は381万社で、99.7％を占めています。これにたいして大企業は、約1万社で数のうえではわずか0.3％です。日本の

図表1―3　大企業は数のうえでは一握り

| 企業規模 | 企業数 | 比率（％） | 従業員数 | 比率（％） |
|---|---|---|---|---|
| 大企業 | 11,110 | 0.3 | 14,325,652 | 29.9 |
| 中小企業 | 3,809,228 | 99.7 | 33,609,810 | 70.1 |
| 合計 | 3,820,338 | 100.0 | 47,935,462 | 100.0 |

（出所）総務省「2014年経済センサス――基礎調査」（『中小企業白書』2018年）より

企業のなかで大企業はほんのひとにぎりで、大部分は中小企業だということがわかります。中小企業のたいへん広い裾野のうえに、ほんの少数の大企業が巨大な山の頂上のようにそびえ立ち、大きな力をふるっている。これが、日本経済を見渡した全体のすがたです。

　労働者はどうでしょう。大企業で働く労働者は1433万人、中小企業の労働者は3361万人です。大企業に30％の人びとが働き、中小企業に70％の人びとが働いています。企業の数では0.3％にすぎない大企業で30％もの人びとが働いているのですから、1社あたりでみると、労働者の数がたいへん多く、平均すると約1300人になります。

　大企業といえば、トヨタ自動車、日立製作所、NTTなどの名前がすぐ頭に浮かびますが、これらはそのなかでも特別に巨大な企業です。トヨタ自動車の場合、労働者が43万人も働いています。日立製作所は31万人、NTTは36万人です。[*1]

## 大企業が総資産の半分をにぎる

　これらの大企業は、大きな経済力を持っています。財務省の調査によると、[*2]資本金10億円以上のひとにぎりの大企業は、日本の企業の資産全体の50％を保有しています。また、もうけ（経常利益）の59％を独占しているのです。数では少数なのに、経済力が圧倒的に強いのが大企業です。

　巨大な企業になればなるほど多くの子会社や関連会社をかかえ、海外にまで進出しその支配は世界に広がっています。たとえばトヨタ自動車は、子会社は606社、関連会社は199社もあります。事業の内容をみると、自動車の生産と販売だけでなく金融やその他の事業も手広くおこなっています。海外進出も大きくすすんでおり、いまでは海外での自動車販売台数の76％が進出先で生産されています。[*3]

　大企業は、正規労働者を減らして低賃金の非正規労働者を利用したり、外国人労働者を使い捨て、そのうえ下請企業への支払い単価をおさえるなど、さまざまな手口で搾取と収奪を強めてきました。資本主義社会では、このよ

16

うに経済力の大きな企業（会社）が、社会を支配しているといってよいでしょう。

## 大企業は企業集団をつくっている

大企業は、お互いに生き残りをかけた激しい競争をしていますが、他方で共通の利益をもとめて手を組み、協定を結んだり団体をつくって活動しています。決してバラバラに存在しているのではありません。典型的な大企業の集団として、戦前には「財閥」、戦後は「企業集団」がありました。

### 財閥の解体とは

財閥というのは、特定の財閥家族が株式をもつ財閥本社（持株会社）が、さまざまな種類の事業をおこなう多数の子会社や孫会社を支配する仕組みになっていました。財閥家族による支配が、いちばんの特徴でした。戦前は、三井、三菱、住友、安田、中島、古河、大倉、浅野、野村などの財閥がありました。このなかで、三井、三菱、住友、安田が四大財閥といわれ、とくに大きな力を持っていました。

第2章でみるように、第二次大戦後は、アメリカの対日支配のもとで「財閥解体」がおこなわれ、このような財閥家族による支配の仕組みはなくなりました。財閥解体というのは、1945年〜52年にかけておこなわれたGHQ（連合国軍最高司令官総司令部）の政策の一つです。その目的は「侵略戦争の経済的基盤」になった財閥を解体して経済の民主化をうながそうとすることにありました。

その方向にそって、財閥本社から子会社・孫会社を分離したり、財閥が所有する株式を処分したり、人的な支配網を切断するなどの解体措置が、五次にわたって実施されました。

第1章　支配者はどのような姿をしているのか　17

企業集団の形成

　しかしその後、アメリカは占領政策を転換しました。「日本を経済的に弱くしすぎると、極東に混乱を招く」と判断したからです。1949年の中華人民共和国の誕生、1950年の朝鮮戦争勃発はその政策を加速しました。1952年には、日本を形のうえで独立国としながら対米従属のもとにおく「サンフランシスコ講和条約」の発効がありました。このような情勢を背景に、旧財閥系のメンバー企業がふたたび集まり、企業集団としての活動を強めるようになりました。

　1949年6月の独禁法第一次改正は、企業集団を形成する制度的な契機となりました。この改正で、原則的に禁止されていた会社合併、株式保有、役員兼任が、「競争関係にない場合」という条件つきで認められたからです。こうして、お互いに株を持ちあったり、中核となる銀行が融資をおこなったり、総合商社が取り引きの中心となるなどして戦後の企業集団が形成されていきました。[*4]

　社長会がつくられたのは、住友系の社長会「白水会」が1951年、三菱系の「金曜会」が1954年、三井系の「二木会」が1961年でした。戦後の企業集団は、財閥系だけではありません。大銀行を中心に有力な融資先の大企業が集まったのが、芙蓉（富士銀行）、三和（三和銀行）、一勧（第一勧業銀行）の企業集団です。社長会がつくられたのは、富士銀行系の「芙蓉会」が1966年、三和銀行系の「三水会」が1967年、第一勧銀系の「三金会」は少し遅れて1978年でした。

　こうして形成された三井、三菱、住友、芙蓉、三和、一勧の六つの企業集団は、のちに六大企業集団といわれるようになりました。その多くが、高度経済成長の時期に力を強めていきました。[*5]

　三井、三菱、住友の三大企業集団のいまの姿を示したのが、図表1―4「旧財閥系の三大企業集団」です。それぞれのグループには、全体の運営をになう「御三家」などと呼ばれる3〜4社の中核企業があり、世話人会や幹

## 図表1—4　旧財閥系の三大企業集団

| 三菱グループ | 三井グループ | 住友グループ |
|---|---|---|
| 金曜会 | 二木会 | 白水会 |

**三菱グループ（金曜会）**

- 御三家 ／ 世話人会（13社）
  - 三菱重工業
  - 三菱商事
  - 三菱UFJ銀行
  - 三菱UFJ信託銀行
  - 三菱マテリアル
  - 三菱地所
  - 三菱電機
  - 三菱ケミカル※
  - AGC（旭硝子）
  - 日本郵船
  - 東京海上日動火災保険
  - 明治安田生命保険
  - キリンホールディングス
- 社長会（27社）／三菱広報委員会（37社）
  - 三菱倉庫
  - JXTGホールディングス
  - 三菱ケミカルホールディングス
  - 三菱製鋼
  - 三菱製紙
  - 三菱化工機
  - 三菱ガス化学
  - ニコン
  - 三菱自動車
  - 三菱ふそうトラック・バス
  - 三菱アルミニウム
  - ピーエス三菱
  - 三菱総合研究所
  - 三菱UFJ証券ホールディングス
  - ローソン
  - アストモスエネルギー
  - 大日本塗料
  - 日本タタ・コンサルタンシー・サービシズ
  - 三菱鉱石輸送
  - 三菱食品
  - 三菱オートリース
  - 三菱スペース・ソフトウエア
  - 三菱UFJリース
  - 三菱プレシジョン
  - 三菱UFJリースニコス

**三井グループ（二木会）**

- 御三家 ／ 月曜会幹事企業（8社）
  - 三井不動産
  - 三井物産
  - 三井住友フィナンシャルグループ※
  - 東レ
  - 三井金属鉱業
  - 三井住友トラストホールディングス
  - 三井化学
  - 三井造船※
- 社長会（25社）／三井広報委員会（24社）
  - 三井住友建設
  - デンカ
  - 王子ホールディングス
  - 三井倉庫ホールディングス
  - 三井住友海上火災保険
  - 三機工業
  - 商船三井
  - 日本製鋼所
  - 三越伊勢丹ホールディングス
  - IHI※
  - 太平洋セメント※
  - TBSホールディングス※
  - 東芝※
  - トヨタ自動車※
  - 日本製紙※
  - 日本製粉※
  - 富士フイルムホールディングス※
  - 新日本空調
  - サッポロホールディングス
  - 東洋エンジニアリング
  - 三井E&Sホールディングス
  - 三井住友銀行
  - 三井住友ファイナンス＆リース
  - JA三井リース
  - 大樹生命
  - エムサービス

※印は、広報委員会に参加していない企業

**住友グループ（白水会）**

- 新居浜四社 ／ 社長会（19社）
  - 住友金属鉱山
  - 住友重機械工業
  - 住友林業
  - 住友化学
  - 住友電気工業
  - 住友ゴム工業
  - 住友大阪セメント
  - 住友ベークライト
  - 住友商事
  - 住友不動産
  - 住友倉庫
  - 住友生命保険
  - 三井住友銀行
  - 三井住友信託銀行
  - 三井住友建設
  - 三井住友海上火災保険
  - 大日本住友製薬
  - 日本板硝子
  - NEC
- 住友グループ広報委員会（33社）
  - 住友精密工業
  - 住友精化
  - 住友建機
  - 住友電設
  - 住友電装
  - 住友理工
  - 日新電機
  - 明電舎
  - SCSK
  - 住友三井オートサービス
  - 三井住友ファイナンス＆リース
  - 三井住友カード
  - SMBC日興証券
  - 日本総合研究所

※金曜会メンバーのうち三菱ケミカルのみ三菱広報委員会に未加入

（出所）『週刊ダイヤモンド』2019年7月20日号にもとづき作成

事企業が備わっているグループもあります。社長会には、それぞれ20〜30社が参加しています。さらに、そのまわりに広報委員会があります。

## 「買い占め」のウラにあった企業集団

大きな企業集団が六つつくられていることが一般に知られるようになったのは、いつごろでしょうか。1960年の『年報 "系列の研究"』（経済調査協会）をみると、すでに銀行の融資系列に着目して、三井銀行系、三菱銀行系、住友銀行系、富士銀行系、第一銀行系、三和銀行系の六つの集団が形成されつつあると指摘し「"財閥"から"銀行融資系列"へという独占組織の形態の変化」に注目しました。[6]

公的な立場から企業集団を定義したのは、公正取引委員会経済部だったといわれます。[7] 1973年に起きた第一次石油ショックのさい、総合商社の買い占めで物価騰貴をまねき国民の批判が沸騰したことがありました。そのため、公正取引委員会が実態を調査することになり、買い占めなどをおこなった総合商社のウラに「六大企業集団」があることを確認したのです。「調査報告」は、次のように述べています。

「かねてから、わが国経済界においては、都市銀行を中心にして、主要企業が新しい型の企業集団を形成する動きがみられる。このような動きのなかで、その事業の性格上幅広い活動を営む総合商社が、銀行とともにそれぞれの集団の中核的存在として、その集団の強化、拡充をめざす傾向が近年顕著にうかがわれるに至った。／これらの集団化の動きは未だ流動的ではあるが、最近、6社[8]（の総合商社—引用者注）と結び付いた6つの企業集団が、他に比して格段に大きな存在になりつつあり、主要な業種のほとんどを網羅して、わが国経済への影響力を強めてきている」「社長クラスが定期的に会合する等により、そのメンバー間に緊密な意思疎通を図り、また、近年株式の相互持合いを進めることにより、結束を強化しつつある」。[9]

このように公正取引委員会は、石油ショックに便乗して「悪徳商法」をおこない国民生活に打撃を与えた総合商社の実態を解明するなかで、次第に存在感を増してきた六大企業集団を浮かびあがらせました。

---

悪徳商法

　1973年の石油危機を利用して大手石油会社が「便乗値上げ」をおこない、商社などの大企業も「売り惜しみ」に走って国民生活に深刻な影響を与えました。この商法を「悪徳商法」といいます。74年の国会では、石油大手20社の社長、三つの業界団体の会長を衆院予算委員会に招致し責任を追及し是正を求めました。国会の質疑では、石油連盟のもとに各社の常務などからなる営業委員会がつくられ、価格カルテルを結んでいた実態が明らかになりました。日本共産党は、ゼネラル石油（当時）が「千載一遇のチャンス」などといって便乗値上げを指示していたと暴露しました。また、共同石油が捏造した「通産相の指示」まで盛り込んだ「値上げ指示文書」を出していたことを暴露するなど、大きな役割を果たしました。企業代表の一人は「利益の還元」を約束せざるを得ませんでした。

---

　次の年におこなわれた「総合商社に関する第二回調査報告」では、総合商社の活動によって企業集団化が促進されているとしながら、「企業集団の結合の度合い」をみるメルクマールとして、次の七点をあげました。[10]
　①社長会等の開催
　②株式の持ち合い
　③役員の相互派遣
　④系列融資
　⑤集団内取引
　⑥新規事業への集団としての進出
　⑦共通の商標等の管理、シンボルの展示
　そのうえで、公正取引委員会経済部は、日本経済に占める六大企業集団の

第1章　支配者はどのような姿をしているのか　21

地位を明らかにしたのです。その時点で、社長会メンバー174社だけで、資本金と総資産で日本産業のそれぞれ22％弱を占め、これに子会社を加えた3094社の企業では、資本金で26％、総資産で24％を占めていました。六大企業集団の経済力は、日本産業の約四分の一を占めるまでになっていたのです。

## 戦前の財閥と戦後の企業集団はどう違うか

　戦前に形成された財閥の支配構造というのは、財閥家族がトップに君臨し、そのもとに持株会社（財閥家族が株式をもつ財閥本社）があり、それがいろいろな種類の事業をいとなむ多数の子会社を支配するという仕組みになっていました。

　これにたいして、戦後の六大企業集団の場合、社長会は「任意の組織」にすぎず財閥本社のような指揮権はありません。企業集団内で、かなめとなる金融機関が多額の融資をしたり、企業がお互いに株式を持ち合ったり、情報交換などをおこなうという関係はありましたが、あくまでも最終的な意思決定をおこなうのは、個々のメンバー企業です。[11]

　社長会では、何が話し合われていたのでしょう。公正取引委員会第5次調査報告書「企業集団の実態について」によると、社長会では「主に外部講師や会員による内外の経済情勢等の講演や、寄付・博覧会などのグループ活動の報告等」がおこなわれており、「個別企業の業務内容や事業についての話し合いや調整は行われるということはない」としています。住友商事社長[12]（当時）の津田久氏は次のように証言しています。

　　「住友グループに要請された寄付金とか、政治献金とか、そういうものをどの程度に考えようかというようなことが多く、グループとしての企業戦略を練るなどというようなことはありません」。ただし「グループ構成会社の中から、つぶれそうな企業が出てきたりすると、これは別問題です」。[13]

## タテとヨコの企業集団

このようなことから、戦前の財閥は「タテの企業集団」、戦後の企業集団は「ヨコの企業集団」などといわれたり、「ピラミッド型」から「富士山型」に移行したともいわれました。[*14] 図表1—5「戦前、戦後の支配構造の変化（財閥から企業集団へ）」は、その違いを示したものです。

ところで、これとは別に親会社のもとに子会社や関係会社などが集まった「大企業グループ」があります。[*15] この大企業グループは特定の巨大企業を頂点とし、その指揮のもとに動いています。六大企業集団との関係でいうと、

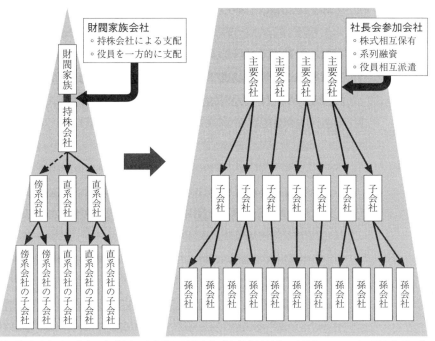

図表1—5 戦前、戦後の支配構造の変化（財閥から企業集団へ）

（出所）坂本恒夫・佐久間信夫編、企業集団研究会著『企業集団研究の方法』11ページの図を参考に作成

たとえば三菱重工業、住友化学、三井物産などのグループは、それぞれ三菱、住友、三井の企業集団に属していますが、日本製鉄、東京電力、トヨタ自動車、日立製作所、NTT などの企業グループは企業集団から距離をおいており、独立系のグループといわれています。

　図表1—6「独立系企業グループの勢力」は、トヨタ自動車、日立製作所、NTT、ソフトバンクの各企業グループの勢力を示したものです。この図は、東京商工リサーチの企業データから、各企業グループの仕入れ先企業、販売先企業、出資先企業の単体データ（国内）を抽出し、重複を除いた売上高等の数値を単純合計して「経済圏」として示したものです。そのため、数値が比較的大きく出る傾向にありますが、トヨタグループは売上高が205兆円、企業数は1万を超えています。日立グループは、売上高が197兆円、企業数は約1万6000社。NTT グループは、売上高89兆円、企業数は約6000社。また、ソフトバンクグループは、売上高94兆円、企業数約6000社となっています。

## 解禁された純粋持株会社

　企業グループをつくる手段の一つとして、持株会社があります。それは、株式保有を通じて他社を支配する目的でつくられた会社です。戦前の財閥は、この持株会社によって支配のシステムをつくりあげていました。戦後その仕組みは先に見たように「解体」され、独占禁止法によって長いあいだ持株会社の設立は禁止されてきました。[16] その理由は、事業支配力の過度の集中による弊害を防止するためでした。

　これにたいして経団連など財界は、M&A（合併と買収）による企業集中やリストラをすすめるうえで持株会社が必要だとする立場から、持株会社を解禁するよう繰り返し要望していました。[17] この大企業・財界の圧力を受け、政府は1995年の規制緩和計画に「3年以内の見直し」を書き込み、1997年6月に持株会社解禁を盛り込んだ独占禁止法改正案を成立させたのです。こ

図表1－6　独立系企業グループの勢力

## 日立グループ

| 売上高 197 兆円 | |
|---|---|
| 最終利益 | 11.7 兆円 |
| 企業数 | 1万5722社 |
| 工場数 | 9448ヵ所 |
| 従業員数 | 268万人 |

出資先企業
| 売上高 | 13 兆円 |
|---|---|
| 企業数 | 493 社 |
| 従業員数 | 31 万人 |

仕入れ先企業
| 売上高 | 68 兆円 |
|---|---|
| 企業数 | 1万731社 |
| 従業員数 | 125 万人 |

販売先企業
| 売上高 | 145 兆円 |
|---|---|
| 企業数 | 5775 社 |
| 従業員数 | 165 万人 |

## トヨタグループ

| 売上高 205 兆円 | |
|---|---|
| 最終利益 | 11.3 兆円 |
| 企業数 | 1万891社 |
| 工場数 | 1万1866ヵ所 |
| 従業員数 | 271 万人 |

出資先企業
| 売上高 | 56 兆円 |
|---|---|
| 企業数 | 804 社 |
| 従業員数 | 66 万人 |

仕入れ先企業
| 売上高 | 138 兆円 |
|---|---|
| 企業数 | 7835 社 |
| 従業員数 | 189 万人 |

販売先企業
| 売上高 | 121 兆円 |
|---|---|
| 企業数 | 3914 社 |
| 従業員数 | 139 万人 |

## NTT グループ

| 売上高 89 兆円 | |
|---|---|
| 最終利益 | 7.6 兆円 |
| 企業数 | 5646 社 |
| 工場数 | 829ヵ所 |
| 従業員数 | 119 万人 |

出資先企業
| 売上高 | 17 兆円 |
|---|---|
| 企業数 | 376 社 |
| 従業員 | 24 万人 |

仕入れ先企業
| 売上高 | 57 兆円 |
|---|---|
| 企業数 | 4236 社 |
| 従業員数 | 84 万人 |

販売先企業
| 売上高 | 52 兆円 |
|---|---|
| 企業数 | 1566 社 |
| 従業員数 | 60 万人 |

## ソフトバンクグループ

| 売上高 94 兆円 | |
|---|---|
| 最終利益 | 6.7 兆円 |
| 企業数 | 5717 社 |
| 工場数 | 631ヵ所 |
| 従業員数 | 131 万人 |

出資先企業
| 売上高 | 6 兆円 |
|---|---|
| 企業数 | 180 社 |
| 従業員数 | 5 万人 |

仕入れ先企業
| 売上高 | 55 兆円 |
|---|---|
| 企業数 | 2627 社 |
| 従業員数 | 72 万人 |

販売先企業
| 売上高 | 59 兆円 |
|---|---|
| 企業数 | 3299 社 |
| 従業員数 | 78 万人 |

【データの説明】東京商工リサーチの企業データから、企業グループの仕入れ先企業、販売先企業、出資先企業の単体データ（国内）を抽出し、重複を除いた売上高等の数値を単純合算した。トヨタグループについては、トヨタ自動車がグループ企業と定めている16社が対象。日立グループ、ソフトバンクグループ、NTTグループについては、有価証券報告書等の資料をもとに対象企業を抜粋した。

（出所）『週刊ダイヤモンド』2019年7月20日号の図をもとに作成

の独禁法改正によって、もっぱら他の会社の株式を所有することによりその会社を実質的に支配する目的でつくられる持株会社（純粋持株会社またはホールディング・カンパニー）の設立が、戦後初めて可能となりました。

　なお、2002年度に連結納税制度が導入され、それをきっかけに持株会社の形態をとる企業がいっそう増加しました。図表1―7「企業グループ内の損益を合算して課税する」にみるように、企業グループをあたかも一つの法人であるかのようにみなし、グループ内の個々の企業の損益を集約することによって課税する仕組みが連結納税制度です。たとえば持株会社のグループのなかに、たいへんもうかっている会社があっても、グループ内に赤字の会社があるとその分を差し引いて納税するので、税金を軽くできるのです。中小企業はこの制度を事実上、利用できませんから、これは、典型的な大企業優遇税制だといわなければなりません。

図表1―7　企業グループ内の損益を合算して課税する

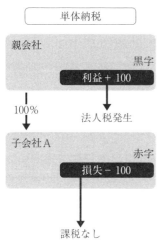
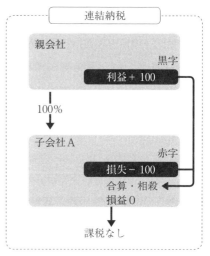

（出所）日本経済新聞 2019年7月19日付

> カルテル、トラスト、コンツェルン
>
> 　カルテルとは、複数の企業が、販売価格や生産計画、販売地域などに関する協定を結ぶことをいいます。企業間で協定を結ぶことで競争を減らし、新規参入を妨いで利益率を向上させることが目的です。日本では「独占禁止法」によって禁じられています。
>
> 　トラストは、企業が合併し、巨大な企業となって市場を独占することです。一つの企業が市場の大半を掌握してしまうと、価格設定などの面で消費者に対し優位になるので、「独占禁止法」で禁じられています。
>
> 　コンツェルンは、複数の企業が一つの親会社を頂点とし、子会社孫会社と連なる企業集団を形成して市場を独占することです。代表的な例として「財閥」があげられます。

# 2　六大企業集団はなぜ「崩壊」したのか

　話を企業集団に戻しましょう。最近は、六大企業集団という言葉がほとんど聞かれなくなりました。いま、六大企業集団はどうなっているのでしょうか。菊地浩之氏は、「六大企業集団」という言葉そのものがすでに「死語になっている」といい、「芙蓉・三和・一勧の三グループに至っては、まだ存続しているかも定かでない」と述べています。[18] 鈴木健氏は「戦後日本の大企業体制を象徴する六大企業集団は崩壊した」といっています。[19] なぜ、そのようにいわれるようになったのでしょうか。

## 高度成長の「落とし子」

「六大企業集団が崩壊した」といわれるのは、高度経済成長期に形成され

て一定の役割をはたしたものの、いまではその役割を基本的に終えたといえるからです。六大企業集団の総合商社のトップの証言を集めた『戦後産業史への証言（五）』は、次のように述べています。

　「世界に冠たる日本の企業集団は、まさに高度成長の落とし子であった。企業集団の歴史は高度成長経済の歴史であった」。「いずれの集団も、低成長時代への移行とともに、そのあり方を問われはじめている」「銀行融資を紐帯とした企業系列化はもはや積極的な意味をもたなくなりつつある[20]」。

　ふりかえると日本の高度経済成長は、鉄鋼、石油化学など重化学工業を中心とする巨大な設備投資を牽引力にしてすすめられましたが、それには莫大な資金を必要としました。それを効率的に支えたのが企業集団の中核となる金融機関でした。金融機関は、戦後の財閥解体のとき分割から除外されていただけでなく、金融機関再建整備法などによって打撃をまぬがれていました。そのため金融機関が、財閥系企業集団を再建したり企業集団内の系列融資（間接金融）をおこなうさいに重要な役割を果たしたのです[21]。また総合商社も、企業集団内の取り引きで大きな役割を果たしました。

　六大企業集団は、それぞれの集団内に重要産業をワンセットそろえて、お互いに張りあったため「ワンセット主義」ともいわれました。このような企業集団は「高度経済成長期に有効なビジネスモデル[22]」でしたが、高度経済成長が破綻すると、その存在意義を失うことになったのです。

　これに追い打ちをかけたのが、次の二つの事態でした。


## バブル崩壊——金融危機

　一つは、1990年代の金融危機で大銀行が深刻な経営危機におちいったことです。

　バブルの崩壊で株価が大きく下がると、大半の大銀行で「含み益[23]」がなくなり不良債権の損失を穴埋めできなくなりました。そのうえ、銀行の「自己資本比率」を８％以上とするよう定めたBIS規制が1993年３月に発動され、

図表1—8　六大企業集団の株式持ち合い比率

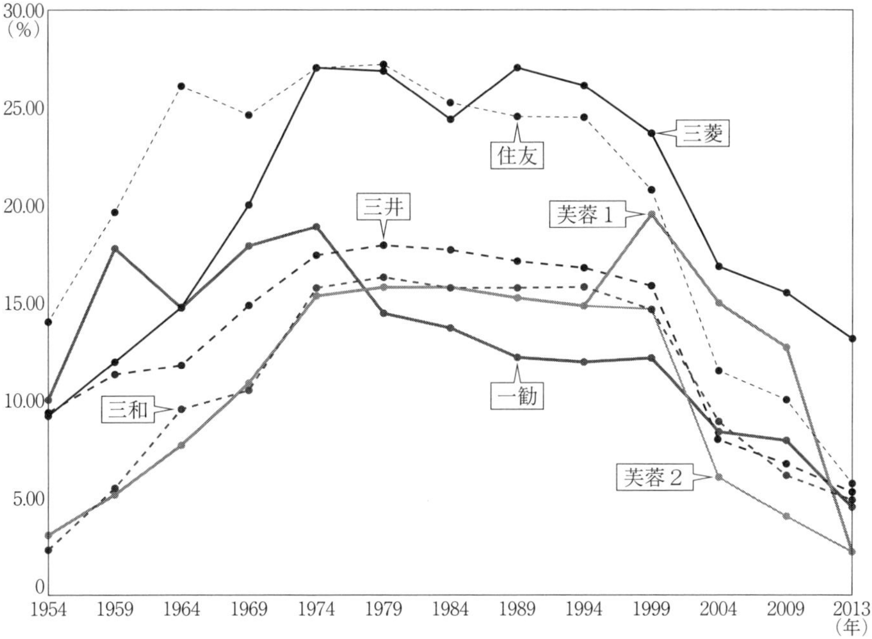

（出典）1954年は『東洋経済新報』1955年1月1日号、日本経済新聞編『会社要覧』より算出。
　　　　1959～1974年は『年報"系列の研究"』により算出。
　　　　1979～1999年は『週刊東洋経済　臨時増刊/DATA BANK企業系列総覧』より抜粋。
　　　　2004年以降は『大株主総覧』・各社『有価証券報告書総覧』により算出。
（注）「芙蓉2」は富士銀行（現・みずほFG）の安田信託（現・みずほ信託）株式所有を除外したポイント。
（出所）菊地浩之『三井・三菱・住友・芙蓉・三和・一勧　日本の六大企業集団』131ページ。

銀行を直撃しました。[24]それまでは、日本の大蔵省の働きかけで有価証券の含み益の一部を自己資本に組み入れてもらうことに成功していたのですが、株価が下落するとそれが裏目に出て逆に銀行の首をしめる原因になってしまったのです。そのため大銀行は、不良債権を処理した損失を穴埋めするため、「株式持ち合い」で保有していた事業会社の株式を大量に手放しました（それを大量取得したのは外国人投資家でした）。

　このとき大銀行が株式を大量に手放したことが、それまで企業集団を結束

第1章　支配者はどのような姿をしているのか　29

させるテコとなってきた企業集団の「株式の持ち合い比率」を急速に低下さ
せる原因となったのです。持ち合い比率とは、社長会メンバーが発行した株
式総数にたいして、社長会メンバーがどれだけ保有しているかを示す数値で
す。　図表１－８は、六大企業集団の「株式持ち合い比率」の推移を示して
います。高度経済成長がつづいた 1970 年代までは、株式持ち合い比率は上
昇し続けましたが、高度成長が破綻したのち 1990 年代前半には横ばいとな
り、金融危機が勃発した 1990 年代後半から急落しています。

　企業集団の特徴を示す株式持ち合い比率が急落したことは、企業集団の結
束を弱め「解体」をうながす大きな要因となりました。[*25]

## 金融再編──メガバンクの誕生

　二つは、金融機関の再編です。衝撃的だったのは企業集団を超えた銀行合
併がおこなわれたことです。

　1990 年代のはじめ、都市銀行は 11 行（第一勧業、富士、三菱、住友、さく
ら、三和、東海、東京、大和、協和埼玉、北海道拓殖）、長期信用銀行は３行
（日本興業、日本長期信用、日本債券信用）、そして信託が７行（三井、三菱、住
友、安田、東洋、中央、日本）で、あわせて「大手 21 行」と呼ばれていまし
た。しかし、先にみた 1990 年代後半の金融危機をきっかけに、経営危機や
倒産にみまわれグループを超えた合併や吸収がくりかえされるようになりま
した。

　その再編は図表１－９の通りです。まず、第一勧業、富士、日本興業が
1999 年５月に経営統合に合意し「みずほグループ」を結成しました。また、
住友とさくらが合併し三井住友銀行の結成へとすすみました。さらに東海と
あさひ（旧協和埼玉）が経営統合し、これに三和が参加しましたが、その後、
あさひが脱退して大和銀行と「りそなグループ」を結成しました。残された
東海と三和は東洋信託を加えて UFJ 銀行を発足させ、これに東京三菱銀行
が加わって三菱東京 UFJ 銀行をつくりました。このような金融再編の結果、

図表1—9　銀行再編とメガバンクの誕生

| 1999 年 | 2002 年 | 2016 年 | 金融持株会社 |
|---|---|---|---|
| 日本興業銀行 | みずほコーポレート銀行 | みずほ銀行 | みずほフィナンシャルグループ |
| 一勧系　第一勧業銀行 | みずほ銀行 | | |
| 芙蓉系　富士銀行 | | | |
| 住友系　住友銀行 | 三井住友銀行 | 三井住友銀行 | 三井住友フィナンシャルグループ |
| 三井系　さくら銀行 | | | |
| 東海銀行 | UFJ 銀行 | 三菱東京UFJ 銀行 | 三菱UFJフィナンシャル・グループ |
| 三和系　三和銀行 | | | |
| 三菱系　東京三菱銀行 | 東京三菱銀行 | | |

（出所）菊地浩之『三井・三菱・住友・芙蓉・三和・一勧　日本の六大企業集団』241 ページ

「みずほフィナンシャルグループ」「三井住友フィナンシャルグループ」「三菱 UFJ フィナンシャル・グループ」の三つの金融持株会社を頂点とする今日の「三メガ」体制がつくられたのです。[26]

　この金融再編成を加速させた要因の一つは、第5章でみるような公的資金による資本注入システムでした。1999 年1 月25 日に金融再生委員会が公表した「不良債権の引き当て基準」によると、不良債権にたいして、アメリカよりも高い引当率を求めました。価値や回収に重大な懸念のある債権には70％、融資条件を緩和するなど通常の度合いを超える危険性がある債権には15％というように、不良債権の分類に応じた引当率を設定したのです。

　そのとき、ほとんどの銀行が基準に満たないことが明らかになり、東京三菱銀行を除く大手14 行と横浜銀行が総額7 兆4592 億円の公的資金を申請せざるをえなくなりました。その結果、銀行は収益力を急速に高めなければならず、銀行員や店舗、海外拠点の削減などを盛り込んだリストラ策を提出しました。金融再生委員会は、3 月に資本注入を承認し、各銀行が自力で調達

第1章　支配者はどのような姿をしているのか　31

した約2兆6000億円もふくめて10兆円の資本増強が図られることになりました。このことをきっかけに、金融界の経営統合ラッシュが現われたのです。

　六大企業集団との関連で注目したいのは、三和と三菱（三菱UFJフィナンシャル・グループ）、住友と三井（三井住友フィナンシャルグループ）、一勧と芙蓉（みずほフィナンシャルグループ）というように、企業集団をまたいで金融の三大メガバンク体制がつくられたことです。今後、六大企業集団は三メガ体制に沿って三つの企業集団に集約されていくという議論があります。しかし、銀行の求心力が低下しているため企業集団が単純に三つに集約されていくようには思われません。

　いまは「三井・三菱・住友がグループとして存在していることは認識されているが、往時ほどの勢力ではない」といわれています。また、「芙蓉・三和・一勧の三グループに至っては、まだ存続しているかも定かではない」「三和グループと一勧グループはもはや企業集団として存在していない[*27]」とまでいわれています。日本経済のなかで六大企業集団の存在感そのものが薄れているのです。

---

### 業界団体

　自動車や電機などの業界団体は、各産業の大企業の共通の利益のために活動しています。なかでも、日本自動車工業会、日本電機工業会、日本鉄鋼連盟が大きな力をもっています。自動車、電機、鉄鋼は、戦後の日本経済を引っ張ってきた産業です。この三つの産業は、輸出に依存してきたので「輸出御三家」ともいわれました。たとえば日本自動車工業会は、国内において自動車を生産するメーカーを会員として設立されています。活動の内容を定めた「定款」には、技術開発について調査・研究をおこなったり、自動車産業にかかわる「政府の施策」について提言をおこなうことなどが書かれています。また、業界団体は、自民党に対し毎年、高額の政治献金をおこなっています。

# 3 経団連と企業集団はどのような関係にあるのか

では、これまでみてきた六大企業集団と経団連などの財界団体は、どのような関係にあったのでしょうか。また、六大企業集団の地位の低下が、財界団体にどのような影響を与えているでしょうか。

## 財界は何のためにつくられているのか

まず、財界とは何かをみておきましょう。結論からいうと、財界（財界団体）とは大企業相互の利害を横断的に調整し「総資本の総意」[28]をまとめて政治に働きかけ、自分たちの支配を安定させる役割をもっています。これが基本的な特徴です。

財界と保守党の関係について、加藤義憲氏はこうのべています。

「財界がよって立つ基盤は、いうまでもなく資本主義であり、保守党とは、要するに、その資本主義を護持し、その延命をはかることを目的とした政党である。この目的を達成するため、支配体制は、あるときは治安第一主義の警察国家の道を選び、またあるときは、経済の繁栄を背景に、いわゆる福祉国家の建設を看板に掲げるであろう。そのように、とられる道は、内外の情勢、その社会の発展の度合い、その他によって、かなり違ってくる。しかし、保守支配体制の目標が、資本主義の護持と発展、延命にあることに変わりはない」[29]。

大企業、企業集団、業界団体の場合は、それぞれ企業や集団の個別の利益を求めて活動していますが、財界というのは政治権力をも利用しながら巨大企業全体の支配を安定させ最大限の利益を手にするために活動しているのです。ですから、財界を構成している財界人は、「企業経営のわくを超えて行

第1章 支配者はどのような姿をしているのか 33

動し」「多くの経営者を代表する形で特に政界に対して影響力を行使し」「巨大資本の階級的利益のために行動する[30]」といわれています。

## 戦前は財閥が仕切っていた

このような財界団体はいつごろできあがったのでしょうか。詳しくは第2章でみることにしますが、戦前は、三井、三菱などの大きな財閥が力を持っていました。財界団体として日本工業倶楽部などがありましたが、基本的には財閥の力で支えられている状況でした。当時、三井財閥は「政友会」、三菱財閥は「民政党」というように、財閥と保守政党のあいだでそれぞれ個別に関係がつくられていました。重要なことがらは二大財閥の合意によって決められていたといわれます。その後、戦争を推進する労資一体の「大日本産業報国会」がつくられるようになり、1942年には「大政翼賛会」の監督下に入っていきました。

## 戦後は実業家利益の総代表として

第二次大戦後はどうでしょう。敗戦直後は、個別の資本家や小さなグループが、保守政党の資金提供者となっていましたが、1950年以降になって、企業の経済力が大きくなるにつれて、経団連などの財界団体がしだいに「財界全体の利益代表」として影響力をもつようになりました。こうして経団連が「全国の実業家利益の総代表という性格を実質的に備えるに至った」のです[31]。

現在、財界団体といわれている全国的な組織は、日本経済団体連合会（日本経団連または経団連）[32]、経済同友会（同友会）、日本商工会議所（日商）の三つあります。これらは、「財界三団体」ともいわれています。日本経団連は、主として大企業によって構成され、同友会は大企業の経営者個人によって組織され、日商は大企業だけでなく多くの中小企業が加盟しているという特徴があります。経済力の大きさ、政治的・社会的な影響力の大きさからみて、これらの財界団体は日本の経済・社会の有力な支配的勢力となっています。

このなかで、いちばん大きな力を持っているのは日本経団連で、大企業の
なかでもトップクラスの巨大企業が集まっています。いまの日本経団連は、
2002年5月28日に、旧経団連と日経連が統合して発足しました。*33 大企業
1587社・団体が加盟しています（2019年5月現在）。

## 大きな力を持った経団連

　日本経団連初代会長の奥田　碩　氏（当時）は、統合直後の2002年7月22
日、「日本経団連の課題」と題する講演をおこない、こう述べました。「自民
党に対する政治資金を斡旋してきたのも事実であり、それが過去においては
『財界総本山』や『財界総理』といった言葉を生んだ土壌にもなっておりま
した」。

　このように奥田氏は、旧経団連の時期に自民党への企業・団体献金を斡旋
して政治に影響を与えたため、「財界総本山」「財界総理」などといわれてき
たと自白したのです。財界と自民党の癒着ぶりは、2012年12月の総選挙で
自民党政権が復活（第二次安倍内閣）してから、いっそう露骨なかたちをと
るようになりました。

　経団連は、会長とともに副会長、および評議会議長・副議長が大きな力を
もっています。経団連に役員を出している企業の構成は、どのようになって
いるでしょうか。

　図表1─10「日本経団連の役員」にみるように、2019年10月現在、会
長・副会長が19社、議長・副議長が19社、あわせて38社で、これらが経
団連の役員を構成している大企業です。会長は、日立製作所会長の中西宏明
氏が務めています。なぜ日立製作所が選ばれたかというと、先にみた三つの
企業集団（三井、三菱、住友）に属さない独立系の大企業だからでしょう。*34

　経団連役員企業の産業構成をみると、以前は、自動車、鉄鋼、電機などの
製造業の大企業が中心でした。しかし最近では、情報・通信業、商業（卸売
業・小売業）、金融・保険業が比率を高めています。これは、情報化や金融

第1章　支配者はどのような姿をしているのか　35

図表1―10　日本経団連の役員（2019年10月1日現在）

| 会長 | 中西　宏明 | 日立製作所会長 |
|---|---|---|
| 副会長 | 岡本　　毅 | 東京ガス相談役 |
| | 小林　　健 | 三菱商事会長 |
| | 石塚　邦雄 | 三越伊勢丹ホールディングス特別顧問 |
| | 國部　　毅 | 三井住友フィナンシャルグループ会長 |
| | 山内　隆司 | 大成建設会長 |
| | 進藤　孝生 | 日本製鉄会長 |
| | 山西　健一郎 | 三菱電機特別顧問 |
| | 早川　　茂 | トヨタ自動車副会長 |
| | 隅　　修三 | 東京海上ホールディングス会長 |
| | 冨田　哲郎 | 東日本旅客鉄道会長 |
| | 片野坂　真哉 | ANAホールディングス社長 |
| | 杉森　　務 | JXTGホールディングス社長 |
| | 中村　邦晴 | 住友商事会長 |
| | 平野　信行 | 三菱UFJフィナンシャル・グループ会長 |
| | 越智　　仁 | 三菱ケミカルホールディングス社長 |
| | 渡邉　光一郎 | 第一生命ホールディングス会長 |
| | 篠原　弘道 | 日本電信電話会長 |
| | 大橋　徹二 | コマツ会長 |
| 議長 | 古賀　信行 | 野村ホールディングス会長 |
| 副議長 | 宮永　俊一 | 三菱重工業会長 |
| | 十倉　雅和 | 住友化学会長 |
| | 浅野　邦子 | 箔一会長 |
| | 泉谷　直木 | アサヒグループホールディングス会長 |
| | 長榮　周作 | パナソニック会長 |
| | 佐藤　康博 | みずほフィナンシャルグループ会長 |
| | 遠藤　信博 | 日本電気会長 |
| | 小堀　秀毅 | 旭化成社長 |
| | 根岸　修史 | 積水化学工業相談役 |
| | 斎藤　　保 | IHI会長 |
| | 菰田　正信 | 三井不動産社長 |
| | 畑中　好彦 | アステラス製薬会長 |
| | 井阪　隆一 | セブン＆アイ・ホールディングス社長 |
| | 新浪　剛史 | サントリーホールディングス社長 |
| | 柄澤　康喜 | 三井住友海上火災保険会長 |
| | 國分　文也 | 丸紅会長 |
| | 筒井　義信 | 日本生命保険会長 |
| | 日比野　隆司 | 大和証券グループ本社会長 |

（出所）日本経団連のホームページより作成

化といわれる経済の変化をある程度、反映した構成といえるでしょう。

## 経団連役員企業のなかの六大企業集団

経団連と六大企業集団との関係は、どうなっているのでしょうか。角谷登志雄氏は、六大企業集団の実態分析をおこない、こう述べたことがあります。

「戦後、経団連をはじめとする資本家団体ないし財界の指導者・実力者と呼ばれた者たちは、かならずしも三菱・三井などの個別金融資本の代表者ではない時代もあったが、やがて六大企業集団体制の確立とともに、その代表者たちが相ついで経団連や財界の中心に位置するようになった[35]」。

奥村宏氏は、各企業集団は1964年の宇佐美三菱銀行頭取の日銀総裁就任を契機に、いっせいに経団連、日本商工会議所、経済同友会、日経連などの重要ポストに人を送り込んでいったと述べています。そのため、1960年代後半から70年代半ば以降は、企業集団系の経営者が財界の第一線に登場し、これに独立巨大企業系の経営者が加わり、これらが財界のヘゲモニーを握っていくというかたちになりました[36]。経団連の副会長には、各企業集団を代表する経営者が加わりました。

このように、企業集団が経済力を増すにつれて、その代表が経団連の中心にすわるようになっていきました。

## 経団連のなかで三菱グループが勢力を増している

日本経団連の役員企業をみると、六つの企業集団の社長会メンバーが多く含まれています。図表1—11「日本経団連役員企業のなかの六大企業集団メンバー」のように、会長・副会長19社のなかには、三菱が6社、三井3社、住友2社、芙蓉2社、三和1社、一勧1社が入っており、無所属が7社です。このように会長・副会長のなかでは、三菱が圧倒的な比率を占めるにいたっています。また、議長・副議長19社のなかでは、三菱1社、三井3社、住

第1章　支配者はどのような姿をしているのか　37

図表1—11　日本経団連役員企業のなかの六大企業集団メンバー（2019年5月30日現在）

| 6大企業集団 | | 三菱 | 三井 | 住友 | 芙蓉 | 三和 | 一勧 | 無 |
|---|---|---|---|---|---|---|---|---|
| 会長・副会長　合計 | | 6 | 3 | 2 | 2 | 1 | 1 | 7 |
| 会長 | 日立製作所 | | | | (○) | (○) | (○) | |
| 副会長 | 東京ガス | | | | | | | ○ |
| 副会長 | 三菱商事 | ○ | | | | | | |
| 副会長 | 三越伊勢丹ホールディングス | | ○ | | | | | |
| 副会長 | 三井住友フィナンシャルグループ | | ○ | ○ | | | | |
| 副会長 | 大成建設 | | | | | ○ | | |
| 副会長 | 日本製鉄 | | | | | | | |
| 副会長 | 三菱電機 | ○ | | | | | | |
| 副会長 | トヨタ自動車 | | (○) | | | | | |
| 副会長 | 東京海上ホールディングス | ○ | | | | | | |
| 副会長 | 東日本旅客鉄道 | | | | | | | ○ |
| 副会長 | ANAホールディングス | | | | | | | |
| 副会長 | JXTGホールディングス | ○ | | | | | | |
| 副会長 | 住友商事 | | | ○ | | | | |
| 副会長 | 三菱UFJフィナンシャルグループ | ○ | | | | | | |
| 副会長 | 三菱ケミカルホールディングス | ○ | | | | | | |
| 副会長 | 第一生命ホールディングス | | | | | | | ○ |
| 副会長 | 日本電信電話 | | | | | | | ○ |
| 副会長 | コマツ | | | | | | | ○ |

| 6大企業集団 | | 三菱 | 三井 | 住友 | 芙蓉 | 三和 | 一勧 | 無 |
|---|---|---|---|---|---|---|---|---|
| 議長・副議長　合計 | | 1 | 3 | 3 | 2 | 3 | 3 | 7 |
| 議長 | 野村ホールディングス | | | | | | | ○ |
| 副会長 | 三菱重工業 | ○ | | | | | | |
| 副議長 | 住友化学 | | | ○ | | | | |
| 副議長 | 箔一（非上場） | | | | | | | ○ |
| 副議長 | アサヒグループホールディングス | | | | | | | ○ |
| 副議長 | パナソニック | | | | | | | |
| 副議長 | みずほフィナンシャルグループ | | | | ○ | | ○ | |
| 副議長 | 日本電気 | | | ○ | | | | |
| 副議長 | 旭化成 | | | | | | ○ | |
| 副議長 | 積水化学工業 | | | | | ○ | | |
| 副議長 | IHI | | ○ | | | | ○ | |
| 副議長 | 三井不動産 | | ○ | | | | | |
| 副議長 | アステラス製薬 | | | | | | | ○ |
| 副議長 | セブン&アイ・ホールディングス | | | | | | | ○ |
| 副議長 | サントリーホールディングス | | | | | ○ | | |
| 副議長 | 三井住友海上火災保険 | | ○ | ○ | | | | |
| 副議長 | 丸紅 | | | | | ○ | | |
| 副会長 | 日本生命保険（相互） | | | | | ○ | | |
| 副議長 | 大和証券グループ本社 | | | | | | | ○ |

| 6大企業集団 | | 三菱 | 三井 | 住友 | 芙蓉 | 三和 | 一勧 | 無 |
|---|---|---|---|---|---|---|---|---|
| 合計 | | 7 | 6 | 5 | 4 | 4 | 4 | 14 |

（出所）社長会加盟企業は、『週刊ダイヤモンド』2017年7月29日号による

友３社、芙蓉２社、三和３社、一勧３社、無所属７社となっています。

　全体をあわせた数字をみると、三菱７社、三井６社、住友５社、芙蓉４社、三和４社、一勧４社、無所属14社です。このように、六大企業集団のあいだで役員をバランスよく分け合っていることがわかります。明らかに力関係に応じて配分をしているのです。

　その推移をさかのぼってみましょう。

　図表１—12「経団連会長・副会長に占める六大企業集団（社長会）の比率」をみると、1970年から今日までのあいだ、六つの企業集団が会長・副会長を力に応じて分けあっていることがわかります。

　このなかで注目されるのは、三菱グループが最近になって急速に伸びていることです。企業数では、1970年、1980年にそれぞれ１社にすぎなかったのが、1990年、2000年に２社となり、2019年には６社に増加しています。三菱グループの比率をみると、1970年16.7％、1980年11.1％と比較的低い状態でしたが、1990年には18.2％、2000年18.2％、2019年27.3％へと圧倒的な高さとなっています。

　この半世紀のあいだ、三井グループの場合は多少の増減はあるもののほぼ横ばいで2019年になると13.6％に低下しました。住友グループは16.7％から9.1％へ、芙蓉グループは33.3％から9.1％へと比率を大きく低下させています。三和と一勧にいたっては存在感がほとんどありません。どの企業集団にも属さない無所属の企業は、一時は50％を超えていました。その後多少低下しましたが、いまも31.8％という高い比率を保っています。

　最近は、先にみたように企業集団の存在感が全体として低下しているのですが、そのなかでも三菱グループの比率が増えていることが注目されます。

第１章　支配者はどのような姿をしているのか　39

図表1—12　経団連会長・副会長に占める六大企業集団（社長会）の比率（%）

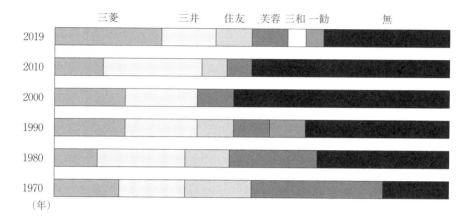

経団連会長・副会長に占める六大企業集団（社長会）の企業数

| 年 | 三菱 | 三井 | 住友 | 芙蓉 | 三和 | 一勧 | 無 | 計 |
|---|---|---|---|---|---|---|---|---|
| 1970 | 1 | 1 | 1 | 2 | 0 | 0 | 1 | 6 |
| 1980 | 1 | 2 | 1 | 2 | 0 | 0 | 3 | 9 |
| 1990 | 2 | 2 | 1 | 1 | 0 | 1 | 4 | 11 |
| 2000 | 2 | 2 | 0 | 1 | 0 | 0 | 6 | 11 |
| 2010 | 2 | 4 | 1 | 1 | 0 | 0 | 8 | 16 |
| 2019 | 6 | 3 | 2 | 2 | 1 | 1 | 7 | 22 |

経団連会長・副会長に占める六大企業集団（社長会）の比率（%）

| 年 | 三菱 | 三井 | 住友 | 芙蓉 | 三和 | 一勧 | 無 | 計 |
|---|---|---|---|---|---|---|---|---|
| 1970 | 16.67 | 16.67 | 16.67 | 33.33 | | | 16.67 | 100.0 |
| 1980 | 11.11 | 22.22 | 11.11 | 22.22 | | | 33.33 | 100.0 |
| 1990 | 18.18 | 18.18 | 9.09 | 9.09 | | 9.09 | 36.36 | 100.0 |
| 2000 | 18.18 | 18.18 | | 9.09 | | | 54.55 | 100.0 |
| 2010 | 12.50 | 25.00 | 6.25 | 6.25 | | | 50.00 | 100.0 |
| 2019 | 27.27 | 13.64 | 9.09 | 9.09 | 4.55 | 4.55 | 31.82 | 100.0 |

（注）複数の企業集団にまたがる場合はダブルカウント。「無」は無所属

＊1　この労働者の数には、子会社の労働者や非正規の従業員を含んでいます。
　　各社「有価証券報告書」より。

＊2　財務省「法人企業統計年報」（2017 年調査）

＊3　トヨタ自動車「有価証券報告書」2018 年 3 月期より。

＊4　1949 年および 1953 年の独占禁止法改正が企業集団の再結集に及ぼした役
　　割については、儀我壮一郎『現代日本の独占企業』（ミネルヴァ書房、1962
　　年 3 月）183 〜 187、191 〜 207 ページ。

＊5　六大企業集団の最近の動向については、菊地浩之氏の『三井・三菱・住
　　友・芙蓉・三和・一勧　日本の六大企業集団』（角川選書、2017 年 6 月）が
　　包括的に整理しています。また『週刊ダイヤモンド』（2017 年 7 月 29 日号）
　　が、六大企業集団の特集を組んでいます。

＊6　経済調査協会『年報"系列の研究"』（1960 年）3 ページ。

＊7　公正取引委員会事務局経済部『総合商社に関する調査報告』（1974 年 1 月
　　21 日）。同『総合商社に関する第二回調査報告』（1975 年 1 月 22 日）（『週刊
　　東洋経済』緊急特別臨時増刊号、1975 年 2 月 12 日、90 〜 99 ページ）。

＊8　六つの総合商社とは、三菱商事、三井物産、丸紅、伊藤忠、住友商事、日
　　商岩井です。

＊9　公正取引委員会事務局経済部『総合商社に関する調査報告』1974 年 1 月、
　　11 〜 12 ページ。

＊10　奥村宏氏は、公正取引委員会事務局経済部の七つの標識を再検討したうえ
　　で、企業集団の新たな標識として、①社長会の結成、②株式の相互持ち合い、
　　③都市銀行による系列融資、④総合商社による集団内取引、⑤包括的な産業
　　体系、⑥共同投資会社による新規事業進出の六つをあげています。奥村宏
　　『日本の六大企業集団』（朝日文庫、1993 年 12 月）41 〜 47 ページ。菊地浩
　　之『三井・三菱・住友・芙蓉・三和・一勧　日本の六大企業集団』（角川書
　　店、2017 年 6 月）21 ページ。

＊11　橋本寿朗氏は、「財閥組織の中心にある本社は商法上の法人であり、意思
　　決定主体であるとともに、株式所有に基づいて直系（分系、連系）企業の意
　　思決定に発言、介入しうるし、直系企業を支配しうるものであった。他方、
　　企業集団、その組織である社長会は任意の組織であって、そうした機能は存

在しえない。この違いは決定的であるといってよい」と述べています（法政大学産業情報センター編『日本経済の発展と企業集団』東京大学出版会、1992年2月、1〜2ページ）

*12　公正取引委員会事務局編『日本の六大企業集団の実態』（東洋経済新報社、1994年10月）5ページ。

*13　エコノミスト編集部編『戦後産業史への証言（五）企業集団の形成』（毎日新聞社、1979年3月）89ページ。

*14　坂本恒夫・佐久間信夫編、企業集団研究会著『企業集団研究の方法』（文眞堂、1996年2月）11ページ。

*15　「企業集団」という用語は六大企業集団を示すときに使い、「企業グループ」とは大企業を頂点にその支配下にある企業の集まり全体を示すときに用いる場合が多いようです。奥村宏『日本の六大企業集団』第2章「『企業集団』とはなにか」など参照。

*16　みずから事業をおこないながら他社を支配するかたちの事業持株会社は、それまでも認められていました。

*17　たとえば、経団連が1995年12月に提出した「純粋持株会社の解禁についての考え方」など。

*18　菊地浩之『三井・三菱・住友・芙蓉・三和・一勧　日本の六大企業集団』（角川書店、2017年6月）13ページ。

*19　鈴木健『六大企業集団の崩壊』（新日本出版社、2008年8月）43ページ。

*20　『戦後産業史への証言（五）企業集団の形成』（毎日新聞社、1979年3月）1ページ。

*21　高度経済成長時代の巨額の間接金融（銀行融資）は、企業集団の中核金融機関からのオーバーローン（銀行の貸出額が預金を超過している状態）によっておこなわれ、それを背後で支えたのが日銀の大規模な貸し出しでした。

*22　菊地浩之『企業集団の形成と解体』（日本経済評論社、2005年10月）401ページ。

*23　含み益とは、不動産や証券などの会計帳簿上に記されている取得した金額（簿価）と、その後の価格の変化（時価）をくらべ、時価が簿価よりも大きい場合の差額をいいます。

＊24　自己資本比率とは、会社が保有している総資本のうち、どの程度が自己資本でまかなわれているかを表わすものです。自己資本とは、他人に返さなくてもいい自分のお金のこと。自己資本比率（％）＝自己資本÷総資本（自己資本＋他人資本）で計算します。BIS とは国際決済銀行（Bank for International Settlements）のことで、バーゼル銀行監督委員会の常設事務局が置かれています。そのためバーゼル合意は「BIS 規制」といわれます。

＊25　なおこの間、役員兼任件数は横ばいか増大しています。役員兼任の件数が下落したのは三菱くらいで、あとの五つの企業集団は増加しているか維持されています。『週刊ダイヤモンド』2017 年 7 月 29 日号など参照。

＊26　西野智彦『平成金融史』（中公新書、2019 年 4 月）182 ～ 184 ページ。

＊27　菊地浩之『三井・三菱・住友・芙蓉・三和・一勧　日本の六大企業集団』（角川書店、2017 年 6 月）13 ページ。

＊28　総資本といっても、その実態は巨大資本の総体のことです。

＊29　加藤義憲『財界（現代の経済、第 14 巻）』（河出書房新社、1966 年 2 月）86 ページ。

＊30　阪口昭「財界・政党・官僚──財界を中心にみたパワーエリート集団の変遷」『日本の企業と国家』（日本経済新聞社、1976 年 10 月）198 ～ 199 ページ。阪口昭『経営者　現代の経済　第 12 巻』（河出書房新社、1964 年）161 ページ。

＊31　福井治弘『自由民主党と政策決定』（福村出版、1969 年 8 月）59、60 ページ。奥村宏氏は、財界は「経済的な単位であると同時に政治的な機関でもある」と述べ、二つの役割（本質的機能）を指摘しました。一つは、「個別的な経営者と政治との関係をより高い次元で集約」する役割です。つまり、大企業の経営者の意向を一つにまとめて政治に働きかけること。二つは、「企業間の調整という役割」、すなわち企業間の利害の対立を調整するという側面です。奥村宏『日本の六大企業集団』（朝日文庫）100 ～ 101 ページ。

＊32　2002 年 5 月に旧経団連と日経連が合同し現在の日本経団連を創設しました。この本では、旧経団連と日本経団連を総称して「経団連」としています。戦後日本の経団連は、戦時中の経済団体を基本的に引き継ぎ、アメリカのアジア戦略に協力するなかで創立されました。1950 年に勃発した朝鮮戦争を

第 1 章　支配者はどのような姿をしているのか　43

契機に、1952年に経団連の内部に防衛生産委員会を立ち上げ、莫大な朝鮮特需によって軍需産業を復活させています。経団連は、創立当初から戦争推進体制と密接な関係をもっていました。詳しくは拙著『財界支配──日本経団連の実相』（新日本出版社、16年1月、第1、5章）、拙稿「財界と軍事国家づくりの野望」（「労働総研ニュース」2016年5月号）等を参照してください。

＊33　それまであった経済団体連合会（旧経団連）は1946年に設立されており、日本経営者団体連盟（日経連）は、労働問題への対応を目的に1948年に発足しています。

＊34　日立製作所は、芙蓉、三和、一勧の三つの企業集団に属していますが有名無実となっており、事実上、独立系の企業といってよいでしょう。

＊35　角谷登志雄『日本経済と六大企業集団』（新評論、1982年4月）190ページ。

＊36　奥村宏『日本の六大企業集団』100〜101ページ。

# 第２章　財界はなぜつくられどう変わったか

日本の経済団体はなぜつくられ、どのように変わってきたのでしょうか。この章では歴史的にさかのぼり、今日までの経過をみることにしましょう。


# 1　経済団体の創設と侵略戦争


## 最初にできた経済団体は「商法会議所」

　NHK の連続テレビ小説「あさが来た」（2015 年度下半期放送）をご覧になった方は、主人公のあさが「永遠に追い付かれない人」と尊敬した人がいたことを覚えているでしょうか。それは、ディーン・フジオカの演じた五代友厚でした。五代は、大阪商法会議所を設立した人物としても知られています。「商法会議所」というのは、明治維新（1868 年）ののち、いちばん早く誕生した事業主の組織でした。いまの商工会議所の前身にあたります。「政治家と企業家との間をつなぐ財界集団が明確な組織の形をもって登場した最初のものは、東京商法会議所だった」[*1]のです。

　財界団体を発足させる発端となったのは、幕末に諸外国と結んだ条約があまりにも不平等だった[*2]ので、これを改正しようとしたことにありました。日本側が「このような不平等な条約は、商人をはじめとして世論が許さない」と主張したところ、イギリス公使のパークスが、「今の日本に、そんな世論をまとめる機関があるのですか？　彼らが集まり協議するところはどこにもないではないか」と指摘したと伝えられています。そのため、伊藤博文は大隈重信と相談して「商法会議所」をつくろうと考え、渋沢栄一、五代友厚ら実業家に協力を依頼したそうです。

　1878 年（明治 11 年）に、渋沢栄一らにより東京商法会議所、五代友厚ら

により大阪商法会議所が組織され、つづいて1879年に横浜、福岡、長崎、熊本にもつくられ、これをきっかけに商法会議所が全国に広がりました。そのうえで、全国各地の組織をまとめるかたちで1892年（明治25年）にできたのが「全国商業会議所連合会」でした。また、中小商工業者による同業組合が認められたのは1884年（明治17年）のことでした。

　注意しなければならないのは、これらの組織は事業主の自発的な運動によってつくられたものではなく「政府の熱心な指導によって発展し助長されたものだった*3」ことです。明治政府のもとで、上からつくられた組織であり「政治家が決定する国家政策の"受け皿"として、さらにまた民間の意思・要望を政府に伝達する機関とするねらい*4」が、そこにはありました。このように、日本最初の「全国的な総合経済団体*5」は明治政府の指揮のもとでつくられたのです。さらに、銀行、手形交換所、製紙、紡績、貿易、造船、倉庫などの分野で業種別の団体がつくられていきました。

　この間の経緯について、財界の立場から活動と調査をすすめてきた森田良雄氏は、次のように述べています。

　　「わが国における資本主義の発達は、明治政府の産業助長政策の庇護の下に徐々に育まれてきたものである。明治維新の一大変革の後を承けて、諸事更新の大義を前にした時の政府が、第一に着目した点は、あらゆる努力を邦家産業の開発助長に傾注することであり、そしてこれは取りも直さず富国強兵の唯一の国策であった。それには何を措いても先ず産業の原動力である資本を培い、企業の発展に対するあらゆる便宜と援助を与えなければならなかった。資本特恵主義ないし産業至上主義は、かくて明治政府の金科玉条的政策となったのである。つまり商法会議所や各種の同業組合のような事業主による団体組織は、いずれもかかる政府の勧業政策、資本特恵主義の賜であったということができる*6」。

このような明治政府の「産業助長政策」のもとで、官営事業の払い下げ、認可、指定など手厚い保護・育成によって大きくなったのは、三井、岩崎、住友、安田、大倉、浅野、渋沢などの特権的な商人でした。彼らは「政商」

第2章　財界はなぜつくられどう変わったか　47

といわれ、政治家が政商から資金を受け取り、政商は見返りに利権を獲得するという関係にありました。政商は、政府の事業を独占的に受注するとともに「官業払い下げ」をつうじて産業資本家となり、同じ系列の資本を集中しながらその多くを財閥へと成長させていきました。

図表2―1「三菱、三井、住友のルーツ」は、その誕生の経緯を示したものです。三菱は海運、造船業など重工業を中心として明治以降、急速に台頭しました。三井は、江戸時代の三井越後屋呉服店、両替店からはじまっています。住友はもっとも歴史が古く、別子銅山での銅の採掘など鉱業から出発しました。[*7]

## 戦争による重化学工業の発展

経済団体の話に戻しましょう。はじめは、商業関係の団体が中心でしたが、1900年（明治33年）になって工業にかかわる企業家によって工業倶楽部（日本工業協会と改称）ができました。しかしそれはまだ力が弱く、商業会議所や銀行家の団体と比べると「相当の遜色があった[*8]」「その組織は小規模で活動は不振であった[*9]」といわれています。

ところが、戦争がこの状況を一変させたのです。

1876年、天皇制政府は、鎖国状態にあった朝鮮に軍隊を送って開国させ、日清戦争（1894～95年）で清朝中国と朝鮮の支配をめぐって争い、中国から台湾や遼東半島をうばって植民地にしました。また、日露戦争（1904～05年）では、帝政ロシアとのあいだで中国東北部と朝鮮の支配権をめぐって争い、1905年に朝鮮から外交権をとりあげ日本の「保護国」にしました。1910年には、朝鮮に軍隊を派遣してソウルに戒厳令をしき「併合条約」をおしつけ、朝鮮を完全に植民地にしてしまったのです。これが「韓国併合」といわれるものです。

さらに日本は第一次世界大戦に参加し、中国の山東半島の青島を占領しました。さらに1918年から英、仏、米とともにロシアのソビエト政権への干

48

渉戦争のため、シベリアに軍隊を出兵し1922年まで居座りました。

　日本が、アジアへの侵略と植民地支配をおしすすめていった時期に、産業の中心であった繊維工業とともに、化学工業、機械器具工業、金属工業、造船、鉱業など重化学工業を飛躍的に発展させました。これらの戦争が、軍備拡張、財政急膨張による投資ブームをもたらし日本資本主義を確立させたのです。

　三菱は、国策海運会社として戦地への兵士の輸送で莫大な資金をかせぎました。たとえば、台湾出兵で5600人、西南戦争で5万8000人の兵士を船で運び、そのつど政府から船を譲り受けるなどして業容を拡大しました。[10]

## 財閥主導の経済界

　重化学工業を中心とする産業資本家の実力が急速に強大化するなかで、1917年（大正6年）3月、それまであった日本工業協会とは別の組織として、工業界を代表する実業家を網羅する「日本工業倶楽部」を新たに創立しました。そのとき集められた基金は、当時としては破格の「100万円を突破し、総会当日の会員数は185名であった」[11]といわれています。大口の資金を提供したのは、三井、三菱、住友、古河、安田など財閥の代表で、これによって「わが国で産業家の強力な集団がはじめて結成」されました。[12]

　財閥資本は、しだいに重要産業の独占的企業を傘下におくコンツェルンの形態をとるようになりました。このころから日本資本主義は急速に独占資本主義に転化し、対外的な膨張をさらにおしすすめるようになりました。国際的にみれば、まだ脆弱な金融資本でしたが、その弱さは軍事的・警察的天皇制国家の力によっておぎなわれ、さらに鉄鋼や鉄道などの国家独占によっておぎなわれました。

　財閥のなかでヘゲモニーを握るようになったのは、三井、三菱の二大財閥でした。第1章でも述べましたが、政界との関係では、三井が政友会と、三菱が民政党とつながっていました。政友会と民政党は、政権をめぐって両政党のあいだで激しく争いがありましたが、三井と三菱のあいだでは、スポンサーとしてお互いに激しく争った経緯はなかったといわれます。それは、

第2章　財界はなぜつくられどう変わったか　49

図表2－1　三菱、三井、住友のルーツ

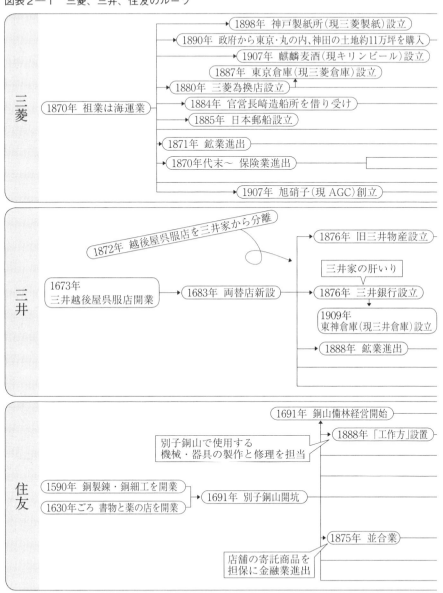

（注）HDはホールディング
（出所）『週刊ダイヤモンド』2019年7月20日号の図をもとに作成

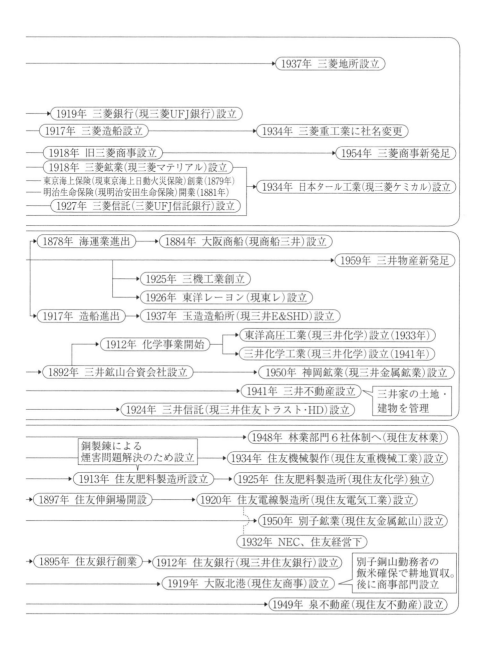

「政権が政友会と民政党の間を往復している限りにおいては、資本主義は安泰であり、財閥は安泰である。そういう巧妙な政治経済体制の安定機構を、三井と三菱が二つの政党のスポンサー的役割をそれぞれ分担する形でつくりあげた」からです。財閥が政党に資金を提供するのは、政商的な目的よりも「個々の利権を超えた、既存の体制維持、秩序保持そして巨大財閥の既得権擁護」にこそ「真の目的[*13]」があったのです。これは財閥が、財界の役割を代行していたことを示すものです。

## 侵略戦争に組み込まれた経済団体

1922年（大正11年）8月に日本経済連盟会が創設されると、日本工業倶楽部は団体として日本経済連盟会に参加し、「わが国における民間総合経済団体の中心は、日本工業倶楽部からさらにこの日本経済連盟会にうつされる[*14]」ことになりました。しかし、当時の経済団体は、財閥のうえに乗っかっていたようなものでした。なぜなら、当時の財閥というのは、単一の意思決定のもとで動く全国的な統一組織体であり、コンツェルンという強力な企業系列のかたちをしていたからです。財閥の存在なしには、財界団体の組織[*15]も運営もおぼつかなかったのです。

1929年に世界恐慌が勃発すると、天皇制権力は対外的な軍事侵略をすすめるとともに、国内においては弾圧体制を強化していきました。治安維持法を施行したのは1925年でした。同じ年に「衆議院議員選挙法改正法」が成立し、成人男子に普通選挙権を認めました。普通選挙権を認めた反面、天皇制権力は日本共産党をはじめ民主主義運動が力を強めることを恐れ、治安維持法によって政治活動を厳しく取り締まる体制をつくったのです。治安維持法は、その後、何度も改悪され、拡大解釈されていきました。治安維持法は、天皇制ファシズムの最大の凶器となっていきました。

治安維持法

　治安維持法は、「国体の変革を目的」とした結社を「組織したる者」
「結社の役員その他指導者たる任務に従事したるもの」を処罰するとい
う法律です。「国体の変革」というのは、天皇中心の社会を、国民が主
人公の社会に変えることです。そのために政党をつくること、その役員
や指導者になることを処罰するという法律です。治安維持法は、1925
年5月から施行されたのですが、1928年6月に、天皇の緊急勅令によ
って治安維持法の最高刑を「死刑」に引き上げました。この勅令という
のは、天皇が発した法的効力のある命令です。天皇は、法律をつくるこ
とも変えることもできたのです。それだけではなく「目的遂行罪」とい
う条項を設けました。「目的遂行のためにする行為をなしたる者」も懲
役に処することができる、としたのです。これは、さまざまな口実で国
民を弾圧できる仕掛けとなりました。

　日本は、1931年9月18日、中国の東北部「満州」で侵略戦争を起こしま
した。これが、中国侵略の15年戦争のはじまりでした。日本国内では1936
年に2・26事件（陸軍青年将校らのクーデター未遂事件）が起きました。翌
1937年に日本軍は中国の北京郊外で盧溝橋事件を引き起こし、「日独伊防共
協定」に調印し、ドイツ、イタリアと軍事同盟を結びました。1938年1月
には国家総動員法を公布しました。1939年9月には、ドイツのポーランド
侵入を発端として第二次世界大戦が始まりました。

　第二次近衛内閣は、陸軍から持ち込まれた原案にもとづいて日本を盟主と
する東アジア地域をつくるとする「大東亜共栄圏建設」をかかげた「基本国
策要綱」を閣議決定（1940年7月26日）しました。そのなかに「新国民組
織の確立」「議会翼賛体制の確立」などをかかげました。「大政翼賛会への布
石は、この中に歴然としているし、後の経済新体制と統制会組織への発展も
この中に準備されていた」[16]のです。

　1940年9月27日（日独伊三国同盟調印の日）に、日本共産党以外のすべて

第2章　財界はなぜつくられどう変わったか　53

の政党が解散し、戦争遂行の協力組織「大政翼賛会」が設置されました。「大政」とは天皇がおこなう政治のこと、「翼賛」とは天皇を補佐して政治をおこなうことです。「これは軍の主導の下に政府が国民を総動員して国民統制の中核にしようとする目的の官製の組織であった[*17]」と『日本工業倶楽部五十年史』も書いています。

> ### 盧溝橋事件
>
> 　北京の南西郊外にある盧溝橋付近で1937年7月7日夜、日中両軍が衝突した事件。日本軍は、夜間軍事演習中に中国軍から発砲があったとして、翌朝から周辺に駐屯する中国軍への攻撃を開始しました。日本は、すでにその6年前の1931年9月18日、鉄道爆破の謀略事件（柳条湖事件）を起こして侵略を開始し（「満洲事変」）、中国東北部に傀儡政権「満洲国」を建国していました。この盧溝橋事件を口実に日本は、中国への全面侵略を開始しました。

## 「大日本産業報国会」の結成

　日本経済連盟会から独立して1940年8月に結成されたのが「重要産業統制団体懇談会」でした。そこには、鉄鋼、石炭、電機、海運、造船、セメントの六大基礎産業が参加しました。さらに、重要産業団体令によって「統制会」を設立しました。統制会とは、「ナチ流の指導者原理によるもの[*18]」で、国と軍部が戦争遂行のために業種別に生産・販売を一元的に管理・統制する組織でした。その連絡・推進機関として1941年1月につくられたのが重要産業統制団体協議会（重要産業統制団体懇談会を改称）でした。

　また、1938年7月につくられていた産業報国連盟を解散したり、商工会議所を改組したり、全国産業団体連合会（労働対策の専門団体）を解散して、労資一体の官製労働組織である「大日本産業報国会」をつくる（1940年11月23日）など、戦争遂行のために経済団体の大幅な再編成をおこない、労働組合は完全に姿を消すこととなりました。こうして日本は、1941年12月

8日に、真珠湾攻撃によってアジア・太平洋戦争を引き起こし、無謀な侵略戦争にのめり込んでいったのです。

1943年10月には、軍需会社法を制定し政府の基準により軍需会社を指定しました。強調されたのは「企業の国家性」でした。その会社の生産責任者が政府にたいして責任を負うとされたのです。この年の11月には軍需省がつくられ、企画院、商工省は廃止されました。重要産業協議会（重要産業統制団体協議会を改称）はただちに「決戦行政に即応して統制会は如何に活用せられるべきか」と題する建議をおこない、「企業の国家性を明確にし」「統制会と工業会、協力会」の調整を図ることなどを提案しています。

このような破局につきすすむ軍部主導の動きにたいして、国家介入に抵抗し企業利益をまもろうとする「財界からの強い反発」もあったことに注意を向けなければなりません[19]。たとえば、日本経済連盟会が1940年11月に作成した「民間経済新組織に関する意見」は、「行政官庁の干渉をできるだけ排除」することを強調しており、その後も経済団体からの意見書が繰り返し提出されています。また、財界人としての立場から商工大臣（小林一三）が「経済新体制は国家社会主義と変わらない」と批判し「新体制による統制に対してはかなりの抵抗を示した」とされています[20]。

しかし、このような抵抗も、軍部から「財閥を中心とした自由主義的、利潤追求主義団体であるとの批判をうけ」[21]抑圧されました。

### 苛烈な国民弾圧

戦争により、経済の実態は崩壊の危機に入っていきました。1944年になると、製油工場の大部分には石油がなく、アルミナ工場にはボーキサイトがなく、製鉄所には鉱石とコークスが切れて、軍需工場の鋼とアルミニウムも残り少なくなりました。「たとえ飛行機をつくっても、それを飛ばすガソリンがなく、潤滑油もなかった」[22]のです。しかし、そのような実態は「国家機密」として国民から完全に隠されていました。

この時代の国民への弾圧体制は過酷なものでした。弾圧の対象は、侵略戦

第2章　財界はなぜつくられどう変わったか　55

争に正面から反対した日本共産党にとどまらず、労働運動、農民運動、文化活動、宗教活動、教育実践など、あらゆる分野に広げられました。治安維持法によって逮捕された人は数十万人にのぼり、送検された人びとは、17年間で7万5000人を超えました。また弾圧が原因で命を落とした人は、わかっているだけで1682人にのぼります。また、治安維持法と一体の予防拘束や警察への拘留は数百万人におよびました。

弾圧の対象は、戦争を推進する側に身を置いていた人びとも例外ではありませんでした。たとえば、日本経済連盟会の事務局調査部員3名は「物動の統計表の写しを持参していたというだけの理由で、長期間にわたり憲兵隊本部に抑留された[23]」ことがありました。また、重要産業協議会の事務局長（帆足計）が、1944年9月に治安維持法違反で逮捕されたこともありました。帆足氏は戦後、次のように証言しています。

「昭和19年9月3日、私は社会科学に理解をもち、かつ合理主義者としての立場から軍官僚統制を痛烈に批判攻撃したとの理由をもって"治安維持法違反"として、突如憲兵隊に拘引せられ、爾来1年余にわたって言語に絶する暴虐な迫害を受けた[24]」。

15年にわたる侵略戦争によって、日本人の軍人軍属などの戦死者は230万人にのぼり、民間人の国外での死者は30万人、国内での空襲などによる死者は50万人以上、あわせて310万人以上の犠牲者を出しました。さらに、アジア・太平洋地域の各国に2000万人以上の犠牲者をふくむ歴史上、最大の惨害をもたらしたのです。

## 2　戦後、経団連の発足

日本は1945年8月10日、「ポツダム宣言[25]」の受諾を決め、14日に無条件降伏を通告し翌15日に昭和天皇のラジオ放送でそれを国民に伝えました。

「ポツダム宣言」には、日本経済の非軍事化を徹底すること、民主的な国をつくる範囲内なら経済活動を認めてもよい、という内容が盛り込まれていました。９月２日に、日本政府の代表である重光葵・外務大臣と、軍部の代表である陸軍参謀総長・梅津美治郎の二人が、東京湾に停泊していたアメリカ海軍の戦艦ミズーリ号の艦上で「降伏文書」に調印し、日本帝国主義は敗北したのです。

## 敗戦直後に結成された経済団体連合委員会

　日本帝国主義の敗北によって、戦時中につくられた経済団体や組織はどうなったのでしょうか。敗戦後、大きな衝撃を受けながらも組織を温存する方策をさぐっていました。『経済団体連合会　前史』によれば、「統制会、商工経済会もその他の統制団体や統制機関も、特に民需物資関係においてはしばらくのあいだそのまま残し、新しい情勢に応じて活動の内容を切り換えつつ、おもむろに後図を策するよう、民間からも要望し、政府もその方針をとった」とのべています。後図とは、「のちのちのためのはかりごと」という意味です。組織を温存しながら、復活の機会をねらっていたのでしょう。

　戦後の経団連は、どのようにして誕生したのでしょうか。日本の経済界が活動をはじめたのは、降伏文書に調印した翌日の９月３日でした。当時の中島久平商工大臣が、戦時中から活動していた日本経済連盟会会長、重要産業協議会会長、日本商工経済会協議会会長、商工組合中央会会長の４人を官邸に招いて、敗戦後の日本経済をどう収拾するかについて諮問しました。四団体は、その答申を共同で作成したうえ９月８日に商工大臣に提出しました。

　この答申のいちばん最後のところに、次のように書き込まれたことが、注目されます。「主要民間経済団体は戦後経済の処理に関し経済界の総意を凝結し総知を動員するため、共同の委員会を設置し戦後処理の問題に関しては各団体は右委員会の協議の下に活動することとし単独の行動を行はざるものとすること」。

第２章　財界はなぜつくられどう変わったか　57

このように「財界の総意」をまとめて占領軍当局に伝えるため、単独の行動をいましめ「窓口を一本化」することを答申のなかに書き込んだのです。そのねらいは、『経済団体連合会五十年史』によると「米国政府による『降伏後初期におけるアメリカの対日政策』に示された基本線に沿って次々に打ち出されてくる日本の経済・社会の民主化、非軍事化のための諸措置に対して、経済界の意見を……反映させていく」ためでした。「窓口一本化」のためにつくられた組織が経済団体連合委員会でした。日本経済連盟会が音頭をとり全国商工経済会協議会[30]、重要産業協議会、商工組合中央会の四団体が集まって 1945 年 9 月 18 日に結成されました。

### 民主化・非軍事化の政策とは

　財界首脳が恐れていた、当時の「民主化・非軍事化の措置」とはどのようなものだったのでしょうか。

　1945 年 9 月 22 日にアメリカ国務省から発表された「日本管理政策」によると、三つの改革をおこなうものでした。一つは軍事的・封建的な経済機構を根本的に取り除くための「財閥解体」、二つは農村から日本資本主義の封建制の基盤をなくす「農地改革」、三つは企業経営における封建制の排除と低賃金の修正を保証する「労働運動の助成」でした。これらは「不徹底」であったり「遅延渋滞」することもありましたが、多くが実行に移されていきました。これらは、「無血の民主革命と呼ばれるべきもの[31]」とまでいわれました。

　10 月 15 日の総司令部経済科学局長クレーマー大佐の声明は「財閥解体の目的」として、「(1)全体主義的な独占力を持つ経済勢力を破砕して、日本の軍国主義的再建を喪失せしめる。(2)財閥が戦時中に得た巨額の不当利益を吐き出させ、戦争が何人にとっても有利な事業でないことを日本人の脳裡(のうり)に刻みつける[32]」という二点をあげました。財閥解体の目的は、戦争で得た利益をはきださせること、軍国主義復活の根を断ち切ることとされていたのです。

## 経済団体連合会（経団連）の創立

1945 年 11 月には、全国銀行協会連合会[33]（後に全国金融団体協議会）の加盟もあって五団体の連合委員会となりました。1946 年 5 月には、日本経済連盟会が解散し経済団体連合委員会に合流しました。参加していた重要産業協議会は、8 月 9 日に日本産業協議会と名前を変えました。

こうして、1946 年 8 月 16 日に創立されたのが、経済団体連合会（経団連）でした。創立時の中心団体は、日本産業協議会、全国金融団体協議会、日本商工経済会、日本貿易団体協議会、商工組合中央会の五団体（正会員・第一種）でした。[34]

経済団体連合会は、主要な総合経済団体の連絡機関という性格と、産業、金融、貿易、商業などの各業種にわたる全国性をもった企業と業種団体の連合体としての性格という、二つの性格をもって発足しました。[35]その後、日本商工経済会は日本商工会議所と名称を変えて分離独立し、日本貿易団体協議会は後に日本貿易会を新設するという経緯をたどりました。

このように、経済団体連合会は、戦時中の組織を基本的に受けつぎながら、経済団体の連絡機関という性格をしだいに後退させ、多くの業種にまたがる大企業の連合体という性格を持つ財界団体として整理されていったのです。

## アメリカの戦略転換と経団連の役割

ポツダム宣言にもとづく「日本の経済・社会の民主化、非軍事化」という当初の方針は、その後のアメリカ政府の戦略転換によって大きく変えられました。トルーマン大統領が、1947 年 3 月 12 日、議会への特別教書演説で「共産主義に抵抗する」ことを宣言し、「封じ込め政策」を実施するようになったからです。[36]アメリカ政府は、日本に対してもそれまでの方針を根本的に転換し、日本を「極東の工場」として育成することにしました。1948 年 1

第 2 章　財界はなぜつくられどう変わったか　59

月6日のロイヤル陸軍長官の声明は、日本は「今後、東亜に生ずるかも知れない新たな全体主義戦争の脅威に対する防御の役目をも果たしうる」ようにしなければならないと述べています。

## 朝鮮戦争と対米従属構造の確立

　1950年6月に朝鮮戦争が勃発すると、「極東アジアにおける日本の地位を一変させるもの[*37]」となりました。アメリカは軍需品を大量に手に入れるため、日本の工業生産力を最大限に活用しました。それで、日本の軍需生産は本格的に再開され、大企業・財界は、莫大な利益をあげたのです。

　1951年9月にサンフランシスコ講和条約が調印されました。ほんらい「講和条約」というのは、戦争を正式に終了し平和の回復を宣言するために結ばれるものですから、日本を占領していた米軍は90日以内に撤退すべきでした。ところがアメリカ政府は占領が終了しても、米軍基地だったところはすべて在日米軍基地として残し、当時26万人もいた米兵もそのまま駐留をつづけました。

　なぜ、米軍が日本に居座ることができたのでしょうか。それは、サンフランシスコ講和条約にこう書かれていたからです。日米「双方の間に締結されたもしくは締結される二国間……の協定にもとづく、またはその結果としての外国軍隊の日本国の領域における駐屯または駐留を妨げるものではない」（第6条）。このように、二国間の協定によって合意すれば、撤退しなくてもよいと米軍を特別扱いしたのです。

　これとセットで、51年9月に旧安保条約（日本国とアメリカ合衆国との間の安全保障条約）が結ばれました。その前文には「日本国は、その防衛のための暫定措置として、日本国に対する武力攻撃を阻止するため日本国内及びその附近にアメリカ合衆国がその軍隊を維持することを希望する」と書き込まれました。これは、米軍の日本駐留を定めた「駐留協定」ともいえるものでした。

　サンフランシスコ講和条約と旧安保条約は、1952年4月に発効しました。これが、今日までつづく屈辱的な対米従属構造の骨格（「サンフランシスコ体

60

制」）となりました。これにより、日本はかたちのうえでは主権を回復し独立国となりましたが、その実態は、全土に米軍基地を置かれ、国土や軍事などの重要な部分をアメリカににぎられた事実上の従属国とされたのです。[*38]

> **朝鮮戦争**
>
> 　北緯38度線によって南北に分断された朝鮮半島で、1950年6月25日、北朝鮮軍が38度線を突破して韓国側に進攻し、1953年7月27日の休戦協定調印まで続いた戦争。この内戦は、ソ連（当時）のスターリンの承認のもとに、北朝鮮の計画的な軍事行動によってはじめられました。国連の安全保障理事会は、戦争勃発から2日後の6月27日、ソ連がボイコットしたもとで「国連軍」の派遣を決定し、アメリカは国連軍の名で朝鮮に軍事介入しました。中国も10月に入って「義勇軍」の名で北朝鮮を支援し、ソ連軍もひそかに関与していました。

## 「憲法判断」を放棄した最高裁

　このような米軍の日本駐留は「憲法9条に違反している」という画期的な司法判断をくだしたのが、1959年3月30日に東京地方裁判所で言い渡された「砂川事件」の判決でした。それは、おおよそ次のような内容でした。

　——憲法9条は、日本が戦争することも戦力を持つことも禁じているにもかかわらず、日米安保条約で日本に駐留する米軍は、アメリカが戦略上必要と判断したら日本国外にも出動できる。その場合、日本が提供した基地は米軍の軍事行動のために使用され、その結果、日本が直接関係のない武力紛争にまきこまれ、戦争の被害が日本におよぶ恐れがある。米軍駐留を許した日本政府の行為は「政府の行為によってふたたび戦争の惨禍が起こることのないようにすることを決意」した日本国憲法の精神に違反しており、また憲法9条2項で禁止されている戦力の保持に該当する。したがって、日本に駐留する米軍は憲法上その存在を許すべきではない。——

　これは、のちに「伊達判決」といわれるようになりました。判決は、日米支配

第2章　財界はなぜつくられどう変わったか　61

層に大きな衝撃を与えるものでした。そのとき、日米間で安保条約の改定交渉がおこなわれていました。そのため、判決がくつがえらないかぎり新安保条約の国会への提出も調印もできなくなると考えた当時のアメリカ政府は、駐日アメリカ大使を通じて当時の自民党・岸信介政権の藤山愛一郎外務大臣ら外務省の高官、田中耕太郎最高裁長官とひそかに連絡をとりあい密談を重ねていたのです。

　驚くべきことに、この裁判の上告審において、田中最高裁長官はマッカーサー大使に、最高裁の裁判日程や判決内容の見通しまで報告しながら裁判を進めていました。そして、最高裁59年12月、「米軍の日本駐留は違憲ではない」とする逆転判決を言いわたしたのです。この深刻な事実を「歴史の闇のなかから」浮かび上がらせたのは、アメリカ政府が解禁した「秘密文書」でした。困難な調査の末にその文書を発見したのは、新原昭治氏と末浪靖司氏でした。新原氏が最初に発見したのは、2008年4月のことです。詳しくは『砂川事件と田中最高裁長官』、『検証・法治国家崩壊——砂川裁判と日米密約交渉』をごらんください。

---

**砂川事件**

　米軍立川飛行場の拡張のため農地の強制収容がねらわれていた東京都北多摩郡砂川町（いまの立川市）で、1957年7月、基地拡張に反対する農民・学生らのデモ隊が、柵が倒れたため一時的に基地内に数メートル立ち入った行為が、安保条約に基づく刑事特別法2条（施設・区域を侵す罪）に違反するとされ、学生ら7人が起訴された事件。1959年3月30日、一審の東京地裁（伊達秋雄裁判長）は、米軍基地の存在は憲法違反であるとし、被告人全員に無罪の判決を言い渡しました。

---

　アメリカ政府による政治工作と内政干渉によって導かれた最高裁判決は、その後の司法に深刻な影響を及ぼしました。これ以降、安保条約にかかわるような「高度な政治性を有する問題」については「憲法判断をしない」という流れができあがったのです。アメリカによる日本の司法への干渉によって、日本国憲法が十分に機能しない事態が生まれてしまったのです。

**アメリカの国防動員計画に組み入れる**

　朝鮮戦争後、経団連はどう動いたのでしょうか。経団連は、1951年に「日米経済提携懇談会」をつくりました。サンフランシスコ講和条約と旧日米安保条約が発効すると、それにあわせて「日米経済協力懇談会」と名前を変え、その内部に総合政策委員会、防衛生産委員会、アジア復興開発委員会の三つの委員会を設けました。[41]

　政府が作成した『戦後経済史（経済政策編）』によると「占領当局と日本政府との間では、日本の工業生産力をアメリカの国防動員計画の中に組み入れる一連の計画がつくられ、日米経済協力という線で一つの方向を指向し」「開発された資源は日本とアメリカを中心として、いわゆる自由世界の総合的防衛生産計画の中に編入される」と書かれています。[42]こうして経団連は、日本の工業力をアメリカの世界戦略、軍事生産計画のなかに組み込む役割を果たしたのです。

　これまでみてきたように、戦後つくられた経団連には二つの特徴がありました。一つは、戦時中に創設された「統制会」などの経済団体をベースとし、それを基本的に引き継いだこと、二つは、アメリカの対アジア軍事戦略に協力することでした。

## 財界全体の利益代表として

　敗戦直後の財界と政党は、どのような関係にあったのでしょう。当初は、個別の資本家や小さなグループが、保守政党の資金提供者となっていました。このなかで、1948年の昭和電工事件、54年の造船疑獄などが起こりました。しかし1950年半ば以降、高度経済成長の時代がはじまり、それにつれて大企業の経済力がいっそう大きくなるにともなって、経団連など大企業を中心とする財界団体がしだいに「財界全体の利益代表」として影響力を持つようになっていきました。その結果、戦後の財界団体は「全国の実業家利益の総代表という性格を実質的に備えるに至った」のです。[43]

第2章　財界はなぜつくられどう変わったか　63

加藤義憲氏は、こう述べています。「戦後10年程度は、財界の力が相対的に小さかったにもかかわらず、財界人の政界進出もやや積極的であったこと、あるいは吉田ワンマン体制の下で、民間人の起用がかなり活発に行なわれたことなどもあって、財界出身者が重要閣僚のイスを占めた例は、必ずしも少なくはなかった」「財界は、戦後20年をふりかえってみても、財界形成の進展、政府と財界の力関係の変化に応じ、あるいは直接に、あるいは間接に、また、あるいは強く、あるいは控え目に、あらゆるルートを通じて支配機構に介入し、政府の政策に影響を及ぼしてきたのである[*44]」。

　奥村宏氏は、財界は「経済的な単位であると同時に政治的な機関でもある」と述べ、二つの役割（本質的機能）を指摘しました。一つは、「個別的な経営者と政治との関係をより高い次元で集約」する役割、つまり大企業の経営者の意向を一つにまとめて政治に働きかけること。二つは、「企業間の調整という役割」、すなわち企業間の利害の対立を調整するという側面です[*45]。

　これらの指摘は、財界の本質と機能を解明するうえで大変重要です。

> ### 昭電事件、造船疑獄
> 　昭和電工事件とは、化学肥料会社の昭和電工（社長日野原節三）が復興金融金庫の融資を受けるために政界に多額の贈賄を行った事件。1948年6月以後、日野原をはじめ芦田均首相，西尾末広副首相など44名が起訴され、これをきっかけに芦田内閣は総辞職しました。
>
> 　造船疑獄とは、計画造船のために利子を補給する「外航船建造利子補給法」の制定と割り当てをめぐり、海運・造船会社が政界の実力者に贈賄した事件。1954年1月に強制捜査が開始され、政・財・官の被疑者多数が逮捕されました。山下汽船の幹部、自由党副幹事長の有田二郎が逮捕され、幹事長佐藤栄作ら自由党幹部に対して逮捕請求がなされました。しかし犬養健法相の指揮権発動によって佐藤の逮捕が阻止されました。そのため事件の捜査が不可能となり6名が起訴されて事件はもみ消されました。この事件は第五次吉田茂内閣が倒れる原因となりました。

# 3 巨大化と多国籍企業化


　1950 年代から 60 年代にかけて大企業中心の経済成長がすすみ、それとともに経団連が次第に力を持つようになりました。経団連に役員を出している大企業がこの数十年のあいだにどう巨大化したか、そしてどのように生産拠点を海外に移し多国籍企業化したか、次にみることにしましょう。

## 巨大化する大企業


　まず、大企業はどのように巨大化してきたのでしょうか。

　資産規模をとりあげてみましょう。図表 2 ― 2「大企業は巨大化、中小企業は低迷」にみるように、資本金 10 億円以上の大企業の資産の大きさは 1975 年には 146 兆円でしたが、40 年後の 2015 年には 799 兆円になっており、5 倍以上に増えています[46]。これは、大企業が年々大きくなってきたことを示しています[47]。この間、大企業で働く労働者は 472 万人から 753 万人に 1.6 倍に増えただけです。大企業は、労働者を搾取し下請企業を収奪して、資本の蓄積をすすめてきました。

　これにたいして、中小企業はどうでしょうか。資本金規模 1000 万円未満の中小企業の資産規模は、1975 年の 52 兆円から 112 兆円へと 2 倍になっています。そこで働く労働者は、343 万人から 740 万人へと 2 倍を超えて増えています。このように、中小企業の場合、大企業に比べて資産規模が低迷しています。しかも、資産の増え方よりも労働者の増え方の方が多いのです。雇用の安定のうえで、中小企業の果たしている役割がいかに大きいかを示しています。

　では、大企業のなかでも抜きんでて大きな経団連役員企業の場合は、どうでしょうか。1970 年から 2015 年の間に、資産の規模は 1 社平均でみると 24

第 2 章　財界はなぜつくられどう変わったか　65

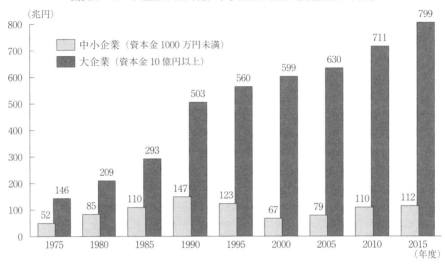

図表2－2　大企業は巨大化、中小企業は低迷（資産規模の比較）

（出所）「法人企業統計年報」各年度より

倍になっています。金融・証券・保険を除いてみても13倍です[*48]。これは、大企業の平均をさらに大きく上回る規模の巨大化です。資本の集積・集中が非常に早くすすんだことははっきりしています。同時に産業の構成は、鉄鋼、化学、セメントなどの重厚長大産業から、自動車・電機などの加工・組み立て産業へ、さらには電機・情報通信などハイテク産業へとシフトをしています。巨大化だけではなくて、産業としても先端産業を基盤とするものに変わってきているのが特徴の一つです。

**国内の売り上げの低迷**

　企業の規模が大きくなったのは、売り上げが大きく伸びたからでしょうか。そうではありません。海外から原材料を輸入し、それを国内の労働者の低賃金・長時間・超過密労働と結びつけることによって大量に加工して輸出するという大企業中心の資本蓄積方式を採用したからです。

　大企業の売上高は、1975年から2015年までの40年間で3.3倍にしかなっ

ていません。資産の大きさが5倍以上になっているのとくらべると低いのです。とくに注目したいのは、2000年からの伸びがほとんどないことです。15年間で1.04倍にしかなっていません。これは、経団連役員企業の場合も同じです。同じ時期に、売上高は1.02倍にしかなっていないのです。それは、労働者の賃金や下請単価が抑えられ、税金（特に消費税の増税）や社会保険料などの負担が増えたため、国民の購買力が落ち込み国内市場が低迷したからにほかなりません。

## 生産拠点の海外移転

戦後の経済成長は1970年代になって行き詰まり、1990年代に内需が低迷すると、大企業は、ますます市場を海外に求めるようになりました。輸出だけでなく、生産拠点を海外に移し多国籍企業となり、世界中で利益を拡大しようとしてきました。

大企業が生産拠点を海外に移す目的は、進出先の工場でつくった製品をその市場で売りさばくこと、現地の低賃金労働者を搾取すること、現地の天然資源を確保することなどがあげられます。[49]図表2―3「増える大企業の海外進出」によると、進出先の子会社（製造業）の売上高を日本国内本社の売上高とくらべた比率（海外生産比率）は、1990年代に大きく増え、1995年24.5％、2005年30.6％、2015年には38.9％へと高まりました。

海外生産比率が特に高い産業は、自動車などの輸送機械で、2015年には48.8％になっています。日本の自動車のほぼ半数は、海外で生産・販売されているのです。日本の海外現地法人の数は、2000年度で1万4991社でした。それが、2016年度には2万4959社に増加しています。現地法人で働いている労働者の数は、いまでは559万人にのぼり、海外の売上高は257.6兆円に達しています。

最近は、「デジタル化」「金融化」をテコに経済のグローバル化がすすんだため、「2ヵ国以上に拠点を有する企業」という従来の定義では、多国籍企

第2章　財界はなぜつくられどう変わったか　67

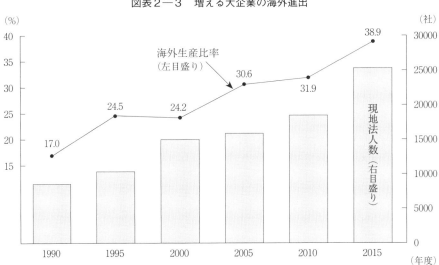

図表2―3　増える大企業の海外進出

（出所）経済産業省「海外事業活動基本調査」より作成

業を十分にとらえられなくなっているという見解があります。アメリカのGAFA（グーグル、アップル、フェイスブック、アマゾン）が典型ですが、世界企業・多国籍企業の変化を実証的・理論的にとらえることが、これからますます重要になるでしょう。

## 4　アメリカ主導による調整の仕組み

### 貿易摩擦の激化

　大企業の海外進出をうながした要因の一つは、日米間の貿易摩擦でした。
　日米関係を歴史的にふり返りますと、1970年代から1980年代は、個別品目での貿易摩擦問題が頻発した時代でした。

それまでの日本は、米系大企業から技術を導入したり海外から原材料を輸入して重化学工業の生産を増やし輸出を拡大するという方式で、大企業を中心に高度経済成長を達成してきました。その輸出競争力の土台には、低賃金、長時間・超過密労働、下請企業の収奪体制があり政府の全面的なテコ入れがありました。日本の輸出総額は、1970年には7兆円でしたが1980年には29兆円となり1990年41兆円に増えました。このとき、日本の輸出は「集中豪雨的輸出」などと批判されました。

　日本の大企業は、輸出をテコに高度成長を達成してアメリカを追い上げ、昇りつめたところで衝突をおこしたのです。図表2―4「日米経済関係年表」にみるように、アメリカが問題視した日本の貿易品目は、70年代の繊維・鉄鋼から始まって、カラーテレビ、牛肉、オレンジ、そして80年代には自動車、電機、通信、医療、医薬品、林産物、輸送機器といった分野に広がりました。そのため、1985年9月には日米間の「プラザ合意」[*50]で急速に円高にすることにより、輸出を押さえ込む手法がとられました。1990年代に入ると、調整機関の設置や生産拠点の移転が本格化します。アメリカは個別品目だけでなく、日本の貯蓄投資パターン、土地利用、流通機構など、さまざまな面で構造的・制度的な改革を求めてきました。また、安全保障とのリンケージ作戦や報復措置による脅しなどが相次ぎました。日本をアメリカの「属国化」するような扱いでした。


**日米政府間の対立が激化**

　新日鐵の稲山嘉寬氏が経団連会長（1980年〜86年）のころは、「鉄は国家なり」の発想で、日米間で貿易摩擦が激化するたびに、国内での公共投資を増やし内需拡大によって乗り切ろうとしました。そのため、90年代初めに430兆円の「公共投資十ヵ年計画」がつくられ、その後630兆円に増やされ財政赤字を拡大していきました。

　1990年代初頭に、クリントン・宮沢合意（93年）で「日米包括経済協議」が開始されました。その直後に、自民党が与党から転落して野党となり細川

図表2−4 日米経済関係年表 (1970年代以降)

| 年 | 月 | |
|---|---|---|
| 1970年 | | 日米繊維交渉開始 |
| 1972年 | | 日米繊維協定調印。日本、第二次鉄鋼自主輸出規制 (1972年1月~1974年12月) |
| 1977年 | | 日米カラーテレビOMA (市場秩序維持) 協定締結 |
| 1978年 | | 牛肉・オレンジ交渉決着 (輸入枠拡大へ) |
| 1980年 | | NTT調達取決め策定 (1999年に失効) |
| 1981年 | | 日本、対米自動車自主輸出規制実施 (81年4月~84年3月) |
| 1985年 | | 中曽根・レーガン合意、MOSS協議 (市場志向型分野別協議) 開始 |
| | 9月 | プラザ合意 |
| 1986年 | | MOSS協議 (エレクトロニクス、電気通信、医薬品・医療機器、林産物の分野) 決着。GATT・ウルグアイ・ラウンド交渉開始 |
| | 9月 | 日米半導体取極締結 |
| 1987年 | | 日本、工作機械の対米輸出自主規制実施 (1987年~1993年10月) |
| 1988年 | | 牛肉・オレンジ交渉最終決着 (輸入割当撤廃へ) |
| 1989年 | 6月 | 日米構造協議 (SII) 開始 |
| 1990年 | | SII最終報告 |
| 1991年 | 6月 | 新たな日米半導体取極締結 (期限1996年7月末) |
| 1992年 | | 日米工作機械交渉最終決着 |
| 1993年 | | 宮沢・クリントン間で日米包括経済協議開始 |
| 1994年 | 3月 | 移動電話 (1989年合意違反) 決着 |
| 1996年 | 8月 | 半導体問題決着 |
| 1997年 | 6月 | 橋本・クリントン間で、日米規制緩和対話につき合意 (「規制緩和及び競争政策に関する日米間の強化されたイニシアティブ」) |
| 1998年 | 5月 | 橋本・クリントン会談で日米規制緩和対話に関する共同現状報告発表 |
| | 9月 | NTT調達取決めの改革、延長 |
| 1999年 | 5月 | 小渕・クリントン会談で規制緩和対話に関する第2回共同現状報告発表 |
| | 7月 | NTT再編に伴い、NTT調達取決めが失効。簡素化された措置の2年実施で決着 |
| 2000年 | 7月 | 森・クリントン会談で規制緩和対話に関する第3回共同現状報告発表 |

| 年 | 月 | |
|---|---|---|
| 2001年 | 6月 | 小泉・ブッシュ会談で規制緩和に関する第4回共同現状報告発表。同時に、「成長のための日米経済パートナーシップ」立ち上げに合意。次官級経済対話、官民会議、規制改革及び競争政策イニシアティブ、財務金融対話、投資イニシアティブ、貿易フォーラムの6つの枠組みで構成 |
| | 10月 | 日米自動車協議グループ（ACG）設置のための書簡を日米間で交換 |
| 2002年 | 6月 | 2002～2009年まで毎年連流8回「年次改革要望書」（規制改革イニシアティブ報告書） |
| 2010年 | 11月 | 菅・オバマ会談で新たなイニシアティブに関するファクトシートを発表 |
| 2011年 | 2月 | 「日米経済調和対話」事務レベル会合開催 |
| 2012年 | 1月 | 「日米経済調和対話」協議記録の公表 |
| | 4月 | 野田・オバマ会談で「日米共同声明：未来に向けた共通のビジョン」と「ファクトシート：日米協力イニシアティブ」を発表 |
| 2013年 | 2月 | 安倍・オバマ会談で「日米の共同声明」を発出 |
| | 4月 | 日本のTPP協定交渉参加に関する日米間の協議妥結 |
| | 8月 | 自動車貿易及び非関税措置に関する日米並行交渉開始 |
| 2014年 | 4月 | 安倍・オバマ会談で「日米共同声明：アジア太平洋及びこれを越えた地域の未来を形作る日本と米国」と「ファクトシート：日本のグローバル及び地域協力」を発表 |
| 2015年 | 4月 | 安倍・オバマ会談で「日米共同ビジョン声明」と「より繁栄し安定した世界のための日米協力に関するファクトシート」を発表 |
| | 10月 | TPP協定大筋合意 自動車貿易及び非関税措置に関する日米並行交渉妥結 |
| 2016年 | 2月 | TPP協定署名 日米並行交渉に関する文書の署名 |
| 2017年 | 1月 | 米国のTPP離脱 |
| | 2月 | 安倍・トランプ会談で「共同声明」を発出 |
| | 4月 | 日米経済対話初回会合 |
| | 10月 | 日米経済対話第二回会合 |
| 2018年 | 4月 | 安倍・トランプ会談で「自由で公平かつ相互的な貿易取引のための協議」を立ち上げ |
| 2019年 | 9月 | 日米貿易交渉の最終合意に関する日米共同声明に署名 |

（出所）外務省ホームページ等より作成

連立政権が成立するなど、国内政治でも大変な激動期でした。それは摩擦を激化させる一要因にもなり、貿易摩擦のピークをむかえました。

　アメリカが日本に数値目標をつきつけて、これに従うよう求めてきたことに対し、経団連は「日米フレームワーク協議についての民間経済界の考え方」（94年1月）という文書を発表します。そのなかで「一度数値に類するものについて合意すれば、米国政府は301条の発動を背景に強制力を持って民間経済界に履行を迫り、最終的に、日米は管理貿易への道に進むことになる」と、激しい言葉で数値目標の押しつけに反対しました。

　その直後におこなわれた日米首脳会談（94年2月）で、細川政権はアメリカに対して面と向かって数値目標の受け入れを拒否したのです。これは、戦後の対米関係としてはきわめてめずらしい現象で、萩原伸次郎さんは『ワシントン発の経済「改革」』という本で「戦後の日米関係史の中でも珍しい事件」と指摘しています。

## 相手国内に生産拠点をつくり資本結合をひろげる

　このようにしてピークを迎えた貿易摩擦は、どのように「解消」されていったのでしょうか。一つは、貿易摩擦が激化するにともない日本の大企業が相手国・アメリカに生産拠点をつくる方向で対応するようになったこと。もう一つは、日米政府間で恒常的な協議機関が設置されるようになったことでした。

　たとえば、95年の日米自動車協議が象徴的でした。この当時、自社さ政権（自民党、社会党、新党さきがけの連立政権）で村山首相、橋本龍太郎通産大臣という特異な布陣で、絶対に譲歩しないという強硬路線がとられました。そのときの裏事情が、『日米同盟経済』（朝日文庫、2005年）のなかで描かれています。交渉が暗礁に乗り上げた時、動いたのが後に日本経団連会長になるトヨタの奥田碩氏だったというのです。「政府間だけの『正論』のぶつかり合いから両国が抜き差しならない関係に陥らないように、トヨタは政府と

別ルートで秘密裏に複数のルートを使って、米国と折衝を始めた」。「この折衝には当時副社長だった奥田氏らが動いた。……奥田氏は、トヨタが自主的に部品購入などを上乗せする計画を説明し、米国が通商問題の交渉で譲歩しやすいように妥協策を密かに伝えた」。

　こうしてアメリカ側は、トヨタの部品調達計画を実現させたと「勝利」宣言をして制裁を取り下げ、同時にトヨタは米市場での生産を急拡大させていき、2004年には94年の生産台数の約２倍、148万台の規模に増やしていきます。トヨタ側は、アメリカで雇用や部品調達を増やし米経済にとってなくてはならない存在だとアピールするようになったのです。

　これは、日米経済摩擦を回避しながら新たな国際展開へ、多国籍企業化と日米の資本結合を推進していった象徴的な事件でもありました。また日本経済が、それまでの輸出主導型から、生産拠点を海外に移す多国籍企業型へと展開していったこととも深く関連しています。


## アメリカ主導で日米調整機関を設置する

　もう一つは、日米間で調整機関を設置したことです。たとえば、1997年６月に、クリントン・橋本間で合意された「規制緩和及び競争政策に関する日米間の強化されたイニシアティブ」（日米規制緩和協議）は、規制緩和のための法改正や行政改革も対象にしていきました。

　図表２─５のように、協議は日米の行政組織の代表によっておこなわれ、毎年、日米間で要望書を交換し、分野別・横断的に組織された専門家会合がひらかれ、その報告を上級会合に年に１回以上提出するという仕組みでした。この上級会合には、日本側から外務審議官、アメリカ側から次席通商代表が出席し未解決の問題について協議をおこない、その進展について日米首脳に報告するというものでした。この日米規制緩和協議は、日米財界の意向を切れ目なく反映させる舞台となったのです。

　小泉純一郎政権が誕生した直後の2001年６月、日米首脳会談がおこなわ

第２章　財界はなぜつくられどう変わったか　73

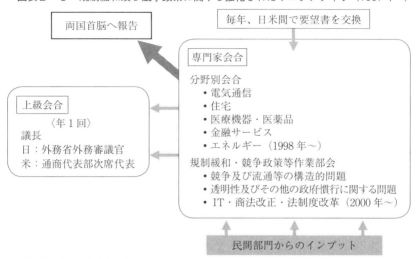

図表2−5　規制緩和及び競争政策に関する強化されたイニシアティブ（1997年〜）

（注）外務省による報告書より作成
（出所）佐々木憲昭編著『変貌する財界』90ページ

れたときに合意されたのが「成長のための日米経済パートナーシップ」の立ち上げでした。それは、次官級経済対話、官民会議などの枠組みで構成され、日本の「規制改革」を推進する体制となりました。官民会議は、政府間協議のなかに日米の財界代表が入り込むことができるようになっています。まさに、日米のあいだの官民一体の協議機関として設置されたのです。

この協議では、製品・サービスの市場アクセスから、規制緩和のための法改正、行政改革も俎上にのせられ、それが橋本改革、そして小泉改革に引き継がれました。アメリカが日本に提出した「年次改革要望書」（規制改革イニシアティブ報告書）には、通信・情報、金融、流通など各分野の対日「規制緩和」要望が次々と盛り込まれました。これは2002年から2009年まで毎年、計8回も提出され深刻な影響を与えました。

大企業・財界は、アメリカの意向を受けながら、みずからの要望としてそれを実現するよう政府・与党に働きかけ、それが効果的に実行されるよう行

政組織や与党の政策決定過程そのものさえも「改革」の対象としていきました。

**トランプ米政権の手法**

　1990年代の日米貿易摩擦から30年ほどたちましたが、自国第一主義をかかげ2017年に誕生したトランプ政権のもとで、対日貿易要求がふたたび強まっています。関税については、2018年9月に日米間で「交渉」に入ることが決まり、閣僚協議を2019年4月から開始しました。トランプ米大統領は、牛肉や豚肉、小麦、乳製品の関税引き下げで対日輸出を増やそうとし、安倍政権は、それを事実上受け入れながら自動車関税の撤廃を要求しました。2019年9月25日に、交渉は合意し、同10月7日に日米両政府が日米貿易協定に調印しました。しかしこれは、トランプ米大統領の要求に日本が一方的に譲歩するものとなりました。米国産の牛肉の関税は、38.5％から最終的に9％まで削減するなどが、その内容です。トランプ大統領は「米国の農民にとって巨大な勝利」といいました。しかもこれはまだ「初期」の合意にすぎず、これから関税と非関税障壁も含んだ「包括的な交渉」をおこなうとしたのです。その一方、日本が輸出する自動車・同部品への関税撤廃については、事実上、先送りされました。

　この日米貿易協定の枠組みとは別に、トランプ米大統領が安倍首相にたいし、大豆や小麦など具体的な品目をあげながら米農産品の巨額購入を直接要求してきました。アメリカの対中国輸出が米中貿易摩擦で減少しており、その穴埋めを日本に求めたのです。アメリカの農産品の対中輸出は、米中貿易戦争によって激減しました。米農務省によると、2018年7月〜2019年6月の大豆輸出は、前年同期比7割減、小麦は9割減と大幅に落ち込んでいます。また、2018年の中国への農産物全体の輸出額は前年比5割以上減少しています。日本政府は、日米首脳会談で、トウモロコシの大量輸入を約束させられました。トランプ政権が自ら引き起こした米中貿易戦争によるアメリカ農家の被害を、日本がなぜ穴埋めしなければならないのでしょうか。まったく

第2章　財界はなぜつくられどう変わったか　75

理屈に合わないことです。


# 5　外資による支配はどこまですすんだか


## すすむ外国資本による株式保有

　日本の大企業は、内部に大きな変化が生まれています。図表2—6「経団連役員企業の外資比率」をみると、1990年代ごろまでは国内の銀行や事業会社が多かったのですが、外国資本の比率がしだいに増えているからです。外国法人等所有株式の比率は、1970年から1990年代は、わずか2～6％でした。それが2000年代に入ると20％台になり、2015年以降は30％台になりました。いまでは、経団連役員企業の発行した株式の三分の一が外国資本ににぎられ、米系資本が大きな影響力をおよぼすようになっているのです。

　「巨大資本の総意」をまとめるのが経団連だとすると、その三分の一は「外資の意向」が反映しているといえるでしょう。経団連は「日米の巨大資本の総意」を代表する財界団体としての性格を持つようになったといえます。

図表2—6　経団連役員企業の外資比率

| 年 | 対象企業（社） | 外国法人等所有株式の比率（％） |
|---|---|---|
| 1970 | 11 | 2.77 |
| 1980 | 15 | 2.13 |
| 1990 | 20 | 6.34 |
| 2000 | 22 | 20.32 |
| 2005 | 27 | 29.25 |
| 2010 | 33 | 28.03 |
| 2015 | 33 | 34.48 |
| 2019 | 36 | 31.25 |

（出所）各社「有価証券報告書」により作成

## カストディアンの創設と大企業株の大量保有

　では、経団連役員企業の大株主をみることにしましょう。

　図表2—7「日本経団連の会長・副会長企業の大株主10社」で、す

ぐ目につくのは、日本マスタートラスト、日本トラスティサービスなど、日ごろあまり聞きなれない会社が大株主の上位にならんでいることです。しかも、たいへん高い比率を占めています。

　これらはどのような会社なのでしょうか。信託銀行です。信託とは、委託者が信頼できる人（受託者）に対してお金や土地、建物などの財産を移転し、受託者がその財産（信託財産）の管理・処分をおこなうというしくみです。委託者に代わって有価証券などの資産を管理・運用する仕事をおこなう信託銀行・資産管理信託会社は、カストディアンといわれます。

　受託し管理するその財産は、どの程度の規模なのでしょうか。日本トラスティ・サービス信託銀行の場合は信託財産が282兆円、日本マスタートラスト信託銀行は221兆円、資産管理サービス信託銀行は143兆円にのぼります。この3社が受託した財産は、あわせて646兆円です。たいへん大きな規模です。ただし、カストディアンは誰が何をいくら信託したかは公表していません。しかし、このなかに、GPIF（年金積立金管理運用独立行政法人）から託された139兆円の資産が含まれていることは、確実です。[*53]

　信託銀行が、信託の受託者として他者から預かっている株式は、信託銀行自身が保有する株式と区別するため「信託銀行（信託口）」と表示されています。しかし、株主総会における議決権の行使については、両者の区別なく名義人である信託銀行が一括して行使することができます。そのため、カストディアンは大株主として巨大な権限を持っているのです。

　では、これらのカストディアンを創設・支配しているのは誰でしょう。

　図表2—8「三大カストディアンの株主」にみるように、日本トラスティ・サービス信託銀行の株式は、三井住友トラスト・ホールディングスが66.66％、りそな銀行が33.33％保有しています。日本マスタートラスト信託銀行の株式は、三菱UFJ信託銀行が46.5％、日本生命保険が33.5％、明治安田生命保険が10.0％、農中信託銀行が10.0％持っています。また、資産管理サービス信託銀行の株式は、みずほフィナンシャルグループが54％、第一生命保険が16％、朝日生命保険が10％、明治安田生命保険9％、かんぽ生命

第2章　財界はなぜつくられどう変わったか　*77*

図表２―７　日本経団連の会長・副会長企業の大株主10社（2019年３月末現在）

| 役員 | 企業名 | 大株主1位 | 割合 | 大株主2位 | 割合 | 大株主3位 | 割合 | 大株主4位 | 割合 | 大株主5位 | 割合 |
|---|---|---|---|---|---|---|---|---|---|---|---|
| 会長 | 日立製作所 | 日本マスタートラスト信託銀行（株）（信託口） | 7.35 | 日本トラスティ・サービス信託銀行（株）（信託口） | 6.36 | 日立グループ社員持株会 | 2.14 | 日本トラスティ・サービス信託銀行（株）（信託口9） | 2.07 | 日本生命保険（相） | 1.93 |
| 副会長 | 東京ガス | 日本生命保険（常任代理人 日本マスタートラスト信託銀行） | 6.96 | 日本マスタートラスト信託銀行（株）（信託口） | 6.26 | 第一生命保険（株）（常任代理人 資産管理サービス信託銀行（株）） | 5.35 | 日本トラスティ・サービス信託銀行（株）（信託口） | 4.70 | 日本トラスティ・サービス信託銀行（株）（信託口7） | 2.33 |
| 副会長 | 三菱商事 | 日本トラスティ・サービス信託銀行（株）（信託口） | 8.98 | 日本マスタートラスト信託銀行（株）（信託口） | 6.71 | 東京海上日動火災保険（株） | 4.50 | 明治安田生命保険（相） | 4.08 | 日本トラスティ・サービス信託銀行（株）（信託口9） | 2.46 |
| 副会長 | 三越伊勢丹HD | 日本マスタートラスト信託銀行（株）（信託口） | 9.84 | 日本トラスティ・サービス信託銀行（株）（信託口） | 6.00 | 公益財団法人三越厚生事業団 | 3.50 | 日本トラスティ・サービス信託銀行（株）（信託口9） | 2.60 | 三越伊勢丹グループ取引先持株会 | 2.01 |
| 副会長 | 三井住友FG | 日本マスタートラスト信託銀行（株）（信託口） | 5.92 | 日本トラスティ・サービス信託銀行（株）（信託口） | 5.87 | ナッツクムコ（常任代理人（株）三井住友銀行） | 2.88 | 日本トラスティ・サービス信託銀行（株）（信託口9） | 2.78 | 日本トラスティ・サービス信託銀行（株）（信託口5） | 1.95 |
| 副会長 | 大成建設 | 日本マスタートラスト信託銀行（株）（信託口） | 7.26 | 日本トラスティ・サービス信託銀行（株）（信託口） | 6.03 | みずほ信託退職給付信託みずほ銀行口 | 3.60 | 大成建設取引先持株会 | 2.42 | 日本トラスティ・サービス信託銀行（株）（信託口7） | 2.09 |
| 副会長 | 日本製鉄 | 日本トラスティ・サービス信託銀行（株）（信託口） | 5.20 | 日本マスタートラスト信託銀行（株）（信託口） | 5.10 | 日本生命保険（常任代理人 日本マスタートラスト信託銀行（株）） | 2.70 | 日本トラスティ・サービス信託銀行（株）（信託口5） | 2.00 | 日本トラスティ・サービス信託銀行（株）（信託口9） | 1.80 |
| 副会長 | 三菱電機 | 日本マスタートラスト信託銀行（株）（信託口） | 7.56 | SSBTC クライアント オムニバス アカウント（常任代理人 香港上海銀行東京支店） | 5.82 | 日本トラスティ・サービス信託銀行（株）（信託口） | 4.96 | 明治安田生命保険（相） | 3.81 | 日本生命保険（相） | 2.87 |
| 副会長 | トヨタ自動車 | 日本トラスティ・サービス信託銀行（株） | 13.07 | （株）豊田自動織機 | 8.28 | 日本マスタートラスト信託銀行（株）（信託口） | 6.34 | 日本生命保険（相） | 3.87 | JP モルガン チェース バンク（常任代理人（株）みずほ銀行） | 3.51 |
| 副会長 | 東京海上HD | 日本マスタートラスト信託銀行（株）（信託口） | 7.9 | 日本トラスティ・サービス信託銀行（株）（信託口） | 6.40 | 明治安田生命保険（相）（常任代理人 資産管理サービス信託銀行（株）） | 2.20 | 日本トラスティ・サービス信託銀行（株）（信託口5） | 2.00 | 日本トラスティ・サービス信託銀行（株）（信託口7） | 1.90 |

(注) □印は、日本のカストディアン。常任代理人を含む。　　　（出所）各社「有価証券報告書」により作成

| 大株主6位 | 割合 | 大株主7位 | 割合 | 大株主8位 | 割合 | 大株主9位 | 割合 | 大株主10位 | 割合 | 合計 |
|---|---|---|---|---|---|---|---|---|---|---|
| 日本トラスティ・サービス信託銀行(株)(信託口5) | 1.83 | ステート ストリート バンク ウェスト クライアント トリーティー 505234(常任代理人(株)みずほ銀行) | 1.72 | ステート ストリート バンク アンド トラスト カンパニー 505001(常任代理人(株)みずほ銀行) | 1.60 | JP モルガン チェース バンク 85151(常任代理人(株)みずほ銀行) | 1.56 | ステート ストリート トラスト カンパニー 505223(常任代理人(株)みずほ銀行) | 1.53 | 28.10 |
| 東京瓦斯グループ従業員持株会 | 1.87 | 日本トラスティ・サービス信託銀行(株)(信託口9) | 1.81 | ステート ストリート バンク ウェスト クライアント トリーティー 505234(常任代理人(株)みずほ銀行) | 1.78 | 日本トラスティ・サービス信託銀行(株)(信託口5) | 1.71 | 富国生命保険(相)(常任代理人 資産管理サービス信託銀行(株)) | 1.66 | 34.42 |
| いちごトラスト・ピーティーイーリミテッド(常任代理人 香港上海銀行東京支店) | 2.41 | 日本マスタートラスト信託銀行(株)(三菱重工業(株)口・退職給付信託口) | 2.03 | 日本トラスティ・サービス信託銀行(株)(信託口5) | 1.70 | ステート ストリート バンク ウェスト クライアント トリーティー 505234(常任代理人(株)みずほ銀行) | 1.31 | JP モルガン チェース バンク 85151(常任代理人(株)みずほ銀行) | 1.25 | 35.47 |
| 日本トラスティ・サービス信託銀行(株)(信託口5) | 1.85 | 清水建設(株) | 1.59 | 明治安田生命保険(相)(常任代理人 資産管理サービス信託銀行(株)) | 1.46 | JP モルガン チェース バンク 385151(常任代理人(株)みずほ銀行) | 1.43 | (株)三菱UFJ銀行 | 1.37 | 31.65 |
| SSBTC クライアント オムニバス アカウント(常任代理人 香港上海銀行東京支店カストディ業務部) | 1.94 | JP モルガン チェース バンク 385151(常任代理人(株)みずほ銀行) | 1.74 | JP モルガン証券(株) | 1.63 | 日本トラスティ・サービス信託銀行(株)(信託口7) | 1.59 | ステート ストリート バンク ウェスト クライアント トリーティー 505234(常任代理人(株)みずほ銀行) | 1.46 | 27.82 |
| 日本トラスティ・サービス信託銀行(株)(信託口5) | 2.01 | 大成建設社員持株会 | 1.64 | ステート ストリート バンク ウェスト クライアント トリーティー 505234(常任代理人(株)みずほ銀行) | 1.56 | JP モルガン チェース バンク 385151(常任代理人(株)みずほ銀行) | 1.49 | 日本トラスティ・サービス信託銀行(株)(信託口9) | 1.39 | 29.49 |
| 住友商事(株) | 1.80 | (株)三井住友銀行 | 1.60 | 明治安田生命保険(相)(常任代理人 資産管理サービス信託銀行(株)) | 1.50 | (株)三菱UFJ銀行 | 1.50 | JP モルガン チェース バンク 385151 | 1.40 | 24.50 |
| 三菱電機グループ社員持株会 | 1.96 | 日本トラスティ・サービス信託銀行(株)(信託口5) | 1.83 | 日本トラスティ・サービス信託銀行(株)(信託口7) | 1.80 | 日本トラスティ・サービス信託銀行(株)(信託口4) | 1.66 | JP モルガン チェース バンク 385632(常任代理人(株)みずほ銀行) | 1.52 | 33.80 |
| (株)デンソー | 3.12 | ステート ストリート バンク アンド トラスト カンパニー(常任代理人(株)みずほ銀行) | 2.99 | 資産管理サービス信託銀行(株) | 2.00 | 三井住友海上火災保険(株) | 1.97 | 東京海上日動火災保険(株) | 1.77 | 46.93 |
| SSBTC クライアント オムニバス アカウント(常任代理人 香港上海銀行東京支店) | 1.80 | 日本トラスティ・サービス信託銀行(株)(信託口9) | 1.80 | 日本マスタートラスト信託銀行(株)退職給付信託口・三菱商事(株)口 | 1.50 | JP モルガン チェース バンク 385151(常任代理人(株)みずほ銀行) | 1.50 | ザ バンク オブ ニューヨーク メロン 140044(常任代理人(株)みずほ銀行) | 1.40 | 28.50 |

図表2—7　つづき

| 役員 | 企業名 | 大株主1位 | 割合 | 大株主2位 | 割合 | 大株主3位 | 割合 | 大株主4位 | 割合 | 大株主5位 | 割合 |
|---|---|---|---|---|---|---|---|---|---|---|---|
| 副会長 | 東日本旅客鉄道 | 日本マスタートラスト信託銀行(株)(信託口) | 5.33 | (株)みずほ銀行(常任代理人 資産管理サービス信託銀行(株)) | 4.07 | 日本トラスティ・サービス信託銀行(株)(信託口) | 4.06 | JR東日本社員持株会 | 2.69 | (株)三菱UFJ銀行 | 2.55 |
| 副会長 | ANAHD | 日本マスタートラスト信託銀行(株)(信託口) | 5.73 | 日本トラスティ・サービス信託銀行(株)(信託口) | 3.53 | 名古屋鉄道(株) | 2.35 | 日本トラスティ信託銀行(株)(信託口5) | 2.03 | 日本トラスティ・サービス信託銀行(株)(信託口1) | 1.35 |
| 副会長 | JXTGHD | 日本トラスティ・サービス信託銀行(株)(信託口) | 8.42 | 日本マスタートラスト信託銀行(株)(信託口) | 6.77 | 日本トラスティ・サービス信託銀行(株)(信託口9) | 2.38 | 日本トラスティ・サービス信託銀行(株)(信託口5) | 1.97 | ステート ストリート バンク ウェスト クライアント トリーティー 505234(常任代理人(株)みずほ銀行) | 1.62 |
| 副会長 | 住友商事 | 日本マスタートラスト信託銀行(株)(信託口) | 7.83 | 日本トラスティ・サービス信託銀行(株)(信託口) | 5.32 | 住友生命保険 | 2.47 | 日本トラスティ・サービス信託銀行(株)(信託口5) | 1.83 | 日本トラスティ・サービス信託銀行(株)(信託口9) | 1.69 |
| 副会長 | 三菱UFJFG | 日本マスタートラスト信託銀行(株)(信託口) | 5.69 | 日本トラスティ・サービス信託銀行(株)(信託口) | 5.24 | SSBTC クライアント オムニバス アカウント(常任代理人 香港上海銀行東京支店) | 2.61 | 日本トラスティ・サービス信託銀行(株)(信託口5) | 2.05 | 日本トラスティ・サービス信託銀行(株)(信託口9) | 1.58 |
| 副会長 | 三菱ケミカルHD | 日本マスタートラスト信託銀行(株)(信託口) | 7.27 | 日本トラスティ・サービス信託銀行(株)(信託口) | 5.78 | 明治安田生命保険(相)(常任代理人 資産管理サービス信託銀行(株)) | 4.52 | 日本生命保険(相)(常任代理人 日本マスタートラスト信託銀行(株)) | 2.99 | 日本トラスティ・サービス信託銀行(株)(信託口4) | 1.99 |
| 副会長 | 第一生命HD | ゴールドマン・サックス インターナショナル(常任代理人 ゴールドマン・サックス証券(株)) | 6.17 | 日本マスタートラスト信託銀行(株)(信託口) | 5.12 | 日本トラスティ・サービス信託銀行(株)(信託口) | 5.06 | (株)みずほ銀行 | 3.91 | 日本トラスティ・サービス信託銀行(株)(信託口5) | 1.90 |
| 副会長 | 日本電信電話 | 財務大臣 | 35.42 | 日本マスタートラスト信託銀行(株)(信託口) | 4.47 | 日本トラスティ・サービス信託銀行(株)(信託口) | 4.13 | 日本トラスティ・サービス信託銀行(株)(信託口9) | 1.54 | 日本トラスティ・サービス信託銀行(株)(信託口5) | 1.37 |
| 副会長 | コマツ | 日本マスタートラスト信託銀行(株)(信託口) | 6.65 | 日本トラスティ・サービス信託銀行(株)(信託口) | 5.54 | JPモルガン チェース バンク 380055(常任代理人(株)みずほ銀行) | 3.90 | ステート ストリート バンク アンド トラスト カンパニー 505223(常任代理人(株)みずほ銀行) | 3.87 | 太陽生命保険(株) | 3.60 |

| 大株主6位 | 割合 | 大株主7位 | 割合 | 大株主8位 | 割合 | 大株主9位 | 割合 | 大株主10位 | 割合 | 合計 |
|---|---|---|---|---|---|---|---|---|---|---|
| (株)三井住友銀行 | 2.14 | 日本生命保険(相)(常任代理人 日本マスタートラスト信託銀行(株)) | 2.10 | 第一生命保険(株)(常任代理人 資産管理サービス信託銀行(株)) | 2.10 | 日本トラスティ・サービス信託銀行(株)(信託口9) | 2.01 | 日本トラスティ・サービス信託銀行(株)(信託口5) | 1.83 | 28.88 |
| 日本トラスティ・サービス信託銀行(株)(信託口2) | 1.26 | 日本トラスティ・サービス信託銀行(株)(信託口7) | 1.25 | 東京海上日動火災保険(株) | 1.21 | ステート ストリート バンク ウェスト クライアント トリーティ－505234(常任代理人(株)みずほ銀行) | 1.14 | 全日空社員持株会 | 1.07 | 20.92 |
| JP モルガン チェース バンク 385151(常任代理人(株)みずほ銀行) | 1.47 | 日本トラスティ・サービス信託銀行(株)(信託口7) | 1.37 | 日本トラスティ・サービス信託銀行(株)(信託口1) | 1.32 | ステート ストリート バンク アンド トラスト カンパニー505001(常任代理人(株)みずほ銀行) | 1.24 | 日本トラスティ・サービス信託銀行(株)(信託口7) | 1.22 | 27.83 |
| 三井住友海上火災保険 | 1.60 | ステート ストリート バンク ウェスト クライアント トリーティー505234(常任代理人(株)みずほ銀行) | 1.40 | JP モルガン チェース バンク 385151(常任代理人(株)みずほ銀行) | 1.39 | 日本トラスティ・サービス信託銀行(株)(信託口4) | 1.36 | JP モルガン チェース バンク 385632(常任代理人(株)みずほ銀行) | 1.30 | 26.18 |
| ノルウェイ政府(常任代理人 シティバンク、エヌ・エイ東京支店) | 1.50 | JP モルガン チェース バンク 385151(常任代理人(株)みずほ銀行) | 1.49 | ステート ストリート バンク ウェスト クライアント トリーティ－505234(常任代理人(株)みずほ銀行) | 1.46 | 日本トラスティ・サービス信託銀行(株)(信託口1) | 1.37 | ザ バンク オブ ニューヨーク メロン アズ デポジタリー バンク フォア DR フォルダーズ(常任代理人(株)三菱UFJ銀行) | 1.35 | 24.38 |
| 日本トラスティ・サービス信託銀行(株)(信託口5) | 1.81 | 日本トラスティ・サービス信託銀行(株)(信託口7) | 1.80 | SSBTC クライアント オムニバス アカウント(常任代理人 香港上海銀行東京支店) | 1.51 | (株)三菱UFJ銀行 | 1.44 | ステート ストリート バンク ウェスト クライアント トリーティー505234(常任代理人(株)みずほ銀行) | 1.44 | 30.55 |
| 日本トラスティ・サービス信託銀行(株)(信託口7) | 1.81 | JP モルガン バンク ルクセンブルグ S.A. 3000000(常任代理人(株)みずほ銀行) | 1.65 | 損保ジャパン日本興亜(株) | 1.49 | JP モルガン チェース バンク 385151(常任代理人(株)みずほ銀行) | 1.47 | ステート ストリート バンク ウェスト クライアント トリーティー505234(常任代理人(株)みずほ銀行) | 1.45 | 30.07 |
| 日本トラスティ・サービス信託銀行(株)(信託口1) | 0.91 | JP モルガン チェース バンク(常任代理人(株)みずほ銀行) | 0.91 | モックスレイ・アンド・カンパニー・エルエルシー(常任代理人(株)三菱UFJ銀行) | 0.85 | 日本トラスティ・サービス信託銀行(株)(信託口2) | 0.85 | 日本トラスティ・サービス信託銀行(株)(信託口7) | 0.84 | 51.29 |
| 日本生命保険(相)(常任代理人 日本マスタートラスト信託銀行(株)) | 2.81 | SSBTC クライアント オムニバス アカウント(常任代理人 香港上海銀行東京支店) | 1.95 | 日本トラスティ・サービス信託銀行(株)(信託口7) | 1.95 | ザ バンク オブ ニューヨーク メロン アズ デポジタリー バンク フォア デポジタリー レシプト フォルダーズ(常任代理人(株)三井住友銀行) | 1.90 | (株)三井住友銀行 | 1.88 | 34.10 |

保険7％、富国生命保険4
％という保有割合となっ
ています。このように、日
本トラスティ・サービス信
託銀行は「三井住友」系、
日本マスタートラスト信託
銀行は「三菱UFJ」系、
資産管理サービス信託銀行
は「みずほ」系というよう
に、3メガバンクごとに、
カストディアンがつくられ
ています。

　カストディアンは、いつ
ごろから台頭したのでしょ

図表2—8　三大カストディアンの株主

| 日本トラスティ・サービス信託銀行（282兆円） | |
|---|---|
| 三井住友トラストホールディングス | 66.66% |
| りそな銀行 | 33.33% |
| **日本マスタートラスト信託銀行（221兆円）** | |
| 三菱UFJ信託銀行 | 46.50% |
| 日本生命保険 | 33.50% |
| 明治安田生命保険 | 10.00% |
| 農中信託銀行 | 10.00% |
| **資産管理サービス信託銀行（143兆円）** | |
| みずほフィナンシャルグループ | 54.00% |
| 第一生命保険 | 16.00% |
| 朝日生命保険 | 10.00% |
| 明治安田生命保険 | 9.00% |
| かんぽ生命保険 | 7.00% |
| 富国生命保険 | 4.00% |

（注1）カッコ内は信託財産総額
（注2）％は株式保有比率
（出所）各社ディスクロージャー誌により作成

うか。1970年から2000年ごろまでは、経団連に役員を出している大企業の
株主上位10社のなかに、カストディアンはまったくみられませんでした。
しかし2000年代の後半に入ってから急増しました。

　日本トラスティ・サービス信託銀行は、2000年6月20日、大和銀行（現
りそな銀行）と住友信託銀行（現三井住友信託銀行）が共同出資し、資産管理
業務に特化した信託銀行として設立し7月25日に営業開始しています。
2002年9月には、三井トラストフィナンシャルグループ（現三井住友トラス
ト・グループ）が資本参加しています。

　日本マスタートラスト信託銀行は、三菱信託銀行（現三菱UFJ信託銀行）、
日本生命保険、東洋信託銀行（現三菱UFJ信託銀行）、明治生命保険（現明治
安田生命保険）、ドイツ銀行の共同出資で設立し、2000年5月9日に営業を
開始しています。その後、農中信託銀行が参加しました。

　資産管理サービス信託銀行は、2001年1月22日、みずほ信託銀行、朝日
生命保険、第一生命保険、富国生命保険、安田生命保険（現明治安田生命保

険）の五社が出資して設立し、同年1月30日に営業を開始しています。

　ところが現在、日本トラスティ・サービス信託銀行と資産管理サービス信託銀行の経営統合の動きが本格化しており、持株会社「JTC ホールディングス」の下で経営統合を行うことを決定しています。この統合が実現すると、国内最大のカストディアンが生まれ、三大カストディアンから二大カストディアンへと移行することになるでしょう。

グローバル・カストディアン

　さらに注目すべきは、国際的に活動しているアメリカを中心とするグローバル・カストディアンです。グローバル・カストディアンとは、複数国の有価証券の保管業務の取り扱いを統括して行う金融・信託機関です。たとえば、ステート・ストリート・バンクはアメリカ最大のカストディアンであり、JP モルガン・チェース、シティグループなどとともに、複数国の有価証券保管業務を統括する金融・信託機関＝グローバル・カストディアンとなっています。

　このグローバル・カストディアンと提携し、その委託を受けて自国内で有価証券の保管業務を行っているのがサブ・カストディアンです。海外の投資家が証券のカストディをグローバル・カストディアンに依頼し、グローバル・カストディアンは投資先に自らの現地法人がないとき、自己の代理人（サブ・カストディアン）である現地金融機関に対して再預託します。[54]海外の機関投資家等から委託を受けてグローバル・カストディアンが対日証券投資をおこなうさい、国内でその代理人としてサービスを提供するのがサブ・カストディアンの役割なのです。日本の場合は、銀行や証券会社がサブ・カストディアン（常任代理人）となっています。

> **機関投資家**
> 　生命保険会社、損害保険会社、信託銀行、普通銀行、信用金庫、年金基金、共済組合、農協、政府系金融機関など、大量の資金を持ちながら

第2章　財界はなぜつくられどう変わったか　83

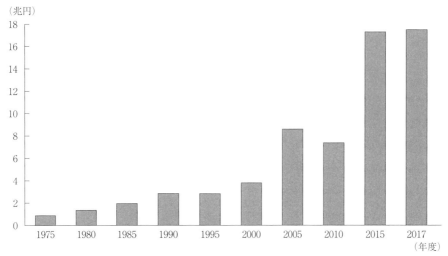

図表2—9　大企業の配当総額の推移（資本金10億円以上）

（出所）財務省「法人企業統計年報」より作成

> 株式や債券で運用をおこなう大口投資家のことをいいます。機関投資家は、一般的に短期間での売買をしません。優良企業の株を調べたうえで買う判断をし、長期的な企業の成長や経済の状況をみながら運用し、株価が上昇の軌道に乗りはじめると多額の資金で買い足していくというやり方をすることが多くみられます。株価が下降トレンドになると大量に売りさばき、株式市場に大きな影響を与えることがあります。

### 強まる株主の圧力

　外国資本の株式保有が増大すると株主至上主義ともいえる動きが強まります。

　図表2—9「大企業の配当総額の推移」（資本金10億円以上）にみるように、1975年度から2017年度の42年間に大企業の配当額は0.89兆円から17.47兆円へと約20倍に増額しています。その推移をみると、2000年度ま

図表２―10　経団連役員企業の配当総額と外資比率（１社平均）

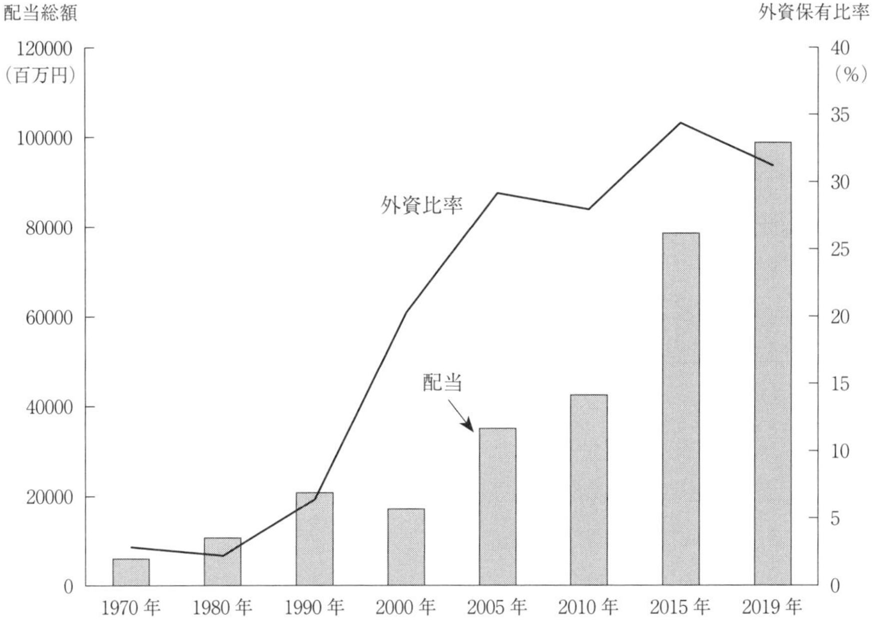

配当総額　　　　　　　　　　　　　　　　　　　　　　　外資保有比率

配当総額
（百万円）

外資保有比率
（％）

外資比率

配当

（出所）経団連役員企業各社の「有価証券報告書」により作成

では配当額が比較的なだらかに上昇していますが、それ以降は急速に伸びていることがわかります。2000 年度より前の 15 年間は 1.94 兆円から 3.82 兆円へと約２倍に伸びていますが、2000 年度から後の 15 年間は、約５倍に伸びています。経済が停滞するなかで、2012 年末に安倍政権が誕生してから大企業の配当額だけがいっそう大きくなっているのが特徴です。

　では、大企業の中でも巨大な規模をほこる経団連役員企業１社あたりの配当総額はどうでしょうか。それを示したのが図表２―10「経団連役員企業の配当総額と外資比率」です。1970 年から 80 年までは 60 〜 100 億円程度でした。それが 1990 年に 207 億 5000 万円と増大し、2000 年に 170 億 3200 万円となった後、2005 年には 350 億 800 万円と倍増しました。さらに 2010 年には 424 億 6800 万円、2015 年に 785 億 5500 万円へと急増し、2019 年には

第２章　財界はなぜつくられどう変わったか　85

988 億円になっています。2000 年から 2019 年のあいだに 5.8 倍に増えています。重要なのは、外資による株式の保有比率が高くなればなるほど、配当額が増加していることです。

### ブラックロックの台頭

　先にみたのは、経団連役員企業の有価証券報告書に示されている上位 10 社の株主です。これらは、配当を受け取ることをおもな目的とする安定した株主ですが、注目したいのはそれ以外の大株主です。企業の発行済み株式の５％を超える株を保有している投資家については「大量保有報告書」の提出が義務づけられています。[55] 有価証券報告書には、決算の時点で「実質所有株式数の確認ができない」と断り書きをしながら大量保有者の名称や保有株式数が示されています。この大量保有報告という制度ができて 30 年ほどたちますが、最近、急成長して注目されるようになったのが、ブラックロックという機関投資家です。その保有額が年々大きくなっているからです。

　図表２─11「ブラックロックが日本経団連役員企業の株式を大量に保有している」（88 〜 89 ページ）は、2019 年５月現在の日本経団連役員企業が、2013 年から 2019 年までのあいだにブラックロックによってどのように株式を保有されてきたかを示しています。2013 年には、ブラックロックによって５％以上株式を保有されている役員企業はわずか２社でした。ところが 2014 年に６社、2015 年９社、2016 年 16 社へと急増し、2017 年と 2018 年には 20 社に達し 2019 年に 19 社となっています。しだいに増加しているようすがわかります。

　注目すべきは、その額が大株主の１位に匹敵するほど大きくなっていることです。たとえば 2019 年３月の時点で、日本経団連会長の出身企業である日立製作所の大株主１位は、日本マスタートラストで 7.35％を占めていますが、ブラックロックは 6.31％を占めています。ブラックロックが実質的に株主１位を占めているのは、三井住友フィナンシャルグループ、野村ホールディングス、NEC（日本電気）です。

このブラックロックというのは、いったいどのような投資家なのでしょうか。ブラックロックのホームページによると、もともと８人のパートナーによって1988年にニューヨークで設立され、わずか30年のあいだにM&Aなどを駆使して急成長し、現在の運用資産残高は6.84兆ドル（約737兆円）に達しています（2019年６月末時点）。工藤晃氏の調査[56]によると、2015年末には4.65兆ドルでしたから、この３年半のあいだだけでも47％も増加したことになります。図表２―12「世界トップ３の資産運用保有額」によると、アメリカのブラックロック、バンガード・グループ、ステート・ストリートが世界の三巨人といわれており、世界の株式運用の１割を独占しています。これらは、1990年代にアメリカの巨大軍事企業の集約化に積極的に関与して急成長をとげた巨大機関投資家です。

　山脇友宏氏は次のように指摘しています。

　「寡占的軍需トラスト構築への大型合併遂行の過程で、巨大機関投資家（運用資金額4.5兆ドルのブラックロックをはじめバンガード、ステート・ストリート、フィデルティ、Ｊ・Ｐモルガン・アセット・マネジメント、BNYメロン・インベストメント等）が、全株式の７割から９割を握る大株主となり（特にロッキードは100％近い）金融資本の代表的機関として、ペンタゴンの同意・承認の下で兵器メーカー間の集中統合プロセスの有力エージェントを形成した」。「総資産4.5兆ドル（2014年）のブラックロックやバンガード（同2.8兆ドル）、Ｊ・Ｐ・モルガン・アセットMF（同1.6兆ドル）など上位10社の金融総資産額で米国のGDPを上回る巨大金融機関が、軍産複合体企業とその企業統治を背後から支え、その金融権力の政治的発言力は、軍事政策を左右できる[57]」。

　日本の主要な巨大企業の株式が、特定の機関投資家にこれほど大規模に保有・売買されているという事実に驚かされます。それだけではありません。これら強大な機関投資家は「ものいう株主」などといわれ、他の大量保有株主と共同して経営方針に異議を唱えたり、取締役の解任を求めるなど株主の利益を拡大するために、その権限を最大限使っているのです。

第２章　財界はなぜつくられどう変わったか　87

図表2-11 ブラックロックが日本経団連役員企業の株式を大量に保有している

| 役職 | 日本経団連役員企業 (2019年10月現在) 企業名 | 2013年3月 大株主1位 比率 | 2013年3月 ブラックロック 比率 | 2014年3月 大株主1位 比率 | 2014年3月 ブラックロック 比率 | 2015年3月 大株主1位 比率 | 2015年3月 ブラックロック 比率 | 2016年3月 大株主1位 比率 | 2016年3月 ブラックロック 比率 | 2017年3月 大株主1位 比率 | 2017年3月 ブラックロック 比率 | 2018年3月 大株主1位 比率 | 2018年3月 ブラックロック 比率 | 2019年3月 大株主1位 比率 | 2019年3月 ブラックロック 比率 |
|---|---|---|---|---|---|---|---|---|---|---|---|---|---|---|---|
| 会長 | 日立製作所 | 6.52 | — | 6.84 | — | 6.24 | 5.29 | 6.09 | 5.29 | 5.89 | 6.31 | 6.53 | 6.31 | 7.35 | 6.31 |
| 副会長 | 東京ガス | 6.32 | 5.00 | 6.35 | — | 6.40 | — | 6.53 | 8.11 | 6.80 | — | 6.85 | 8.16 | 6.96 | — |
| 副会長 | 三菱商事 | 6.11 | — | 5.45 | — | 5.84 | — | 8.25 | — | 8.22 | — | 8.28 | — | 8.98 | — |
| 副会長 | 三越伊勢丹ホールディングス | 5.00 | — | 6.32 | — | 5.94 | — | 6.40 | 5.00 | 7.38 | — | 8.53 | — | 9.84 | — |
| 副会長 | 三井住友フィナンシャルグループ | 5.41 | — | 4.56 | — | 4.41 | 5.01 | 5.02 | 5.01 | 5.50 | 6.41 | 5.85 | 6.41 | 5.92 | 6.41 |
| 副会長 | 大成建設 | 4.29 | — | 4.41 | — | 7.05 | — | 7.05 | — | 6.29 | 5.03 | 5.87 | 6.10 | 7.26 | — |
| 副会長 | 日本製鉄 | 4.20 | — | 4.40 | — | 4.10 | — | 4.20 | 5.00 | 4.10 | — | 4.50 | — | 5.20 | 5.00 |
| 副会長 | 三菱電機 | 7.49 | — | 7.67 | — | 6.99 | — | 6.43 | — | 7.04 | 6.00 | 7.11 | — | 7.56 | — |
| 副会長 | トヨタ自動車 | 9.54 | — | 9.61 | — | 10.28 | — | 10.60 | — | 11.01 | — | 12.89 | — | 13.07 | — |
| 副会長 | 東京海上ホールディングス | 5.60 | 5.24 | 5.20 | 6.24 | 5.10 | 6.05 | 5.40 | 6.05 | 6.10 | 6.05 | 6.80 | 6.05 | 7.90 | 6.05 |
| 副会長 | 東日本旅客鉄道 | 4.86 | — | 4.99 | — | 4.99 | — | 4.92 | — | 4.63 | 6.00 | 4.35 | 6.00 | 5.33 | — |
| 副会長 | ANAホールディングス | 2.32 | — | 2.32 | — | 2.79 | — | 2.96 | — | 3.45 | — | 4.49 | — | 5.73 | — |
| 副会長 | JXTGホールディングス | 6.43 | — | 6.13 | — | 5.36 | 5.06 | 5.78 | 5.06 | 9.46 | 5.06 | 8.50 | 6.36 | 8.42 | 6.36 |
| 副会長 | 住友商事 | 6.42 | 5.02 | 5.94 | 5.02 | 5.23 | 5.02 | 5.65 | 5.02 | 6.02 | 5.02 | 0.82 | 5.02 | 7.83 | 5.02 |
| 副会長 | 三菱UFJフィナンシャル・グループ | 5.58 | — | 4.80 | — | 4.84 | 5.00 | 5.28 | 5.00 | 5.21 | 5.00 | 5.34 | 5.00 | 5.69 | 5.00 |
| 副会長 | 三菱ケミカルホールディングス | 4.69 | — | 4.73 | — | 5.15 | — | 5.58 | — | 5.98 | 7.20 | 6.68 | 7.20 | 7.27 | 6.11 |
| 副会長 | 第一生命ホールディングス | 4.49 | — | 5.19 | — | 4.77 | — | 5.12 | 5.04 | 5.60 | 5.04 | 5.20 | 5.04 | 6.17 | 6.04 |
| 副会長 | 日本電信電話 | 32.59 | — | 35.68 | — | 32.47 | — | 35.21 | — | 32.39 | — | 34.45 | — | 35.42 | — |
| 副会長 | コマツ | 5.26 | — | 3.86 | — | 3.77 | 5.06 | 4.91 | 5.06 | 6.16 | 6.14 | 6.63 | 6.14 | 6.65 | 6.14 |
| | 小計（ブラックロックの数） | | 2 | | 3 | | 6 | | 10 | | 12 | | 12 | | 10 |

| 役職 | 会社名 | | | | | | | | | | |
|---|---|---|---|---|---|---|---|---|---|---|---|
| 議長 | 野村ホールディングス | 4.74 | — | 4.24 | — | 3.87 | 6.45 | 5.34 | 4.96 | 5.44 | 6.10 |
| 副議長 | 三菱重工業 | 4.35 | — | 4.69 | — | 4.32 | 4.68 | 5.04 | 4.89 | 6.02 | 6.06 |
| 副議長 | 住友化学 | 5.97 | — | 6.30 | — | 5.63 | 5.51 | 6.54 | 6.40 | 7.32 | — |
| 副議長 | 箔一（非上場） | — | — | — | — | — | — | — | — | — | — |
| 副議長 | アサヒグループホールディングス | 5.21 | — | 5.73 | — | 5.92 | 6.04 | 6.59 | 7.85 | 9.90 | 5.35 |
| 副議長 | パナソニック | 4.12 | — | 4.68 | — | 5.73 | 5.91 | 6.24 | 7.17 | 7.83 | 5.00 |
| 副議長 | みずほフィナンシャルグループ | 4.77 | — | 4.20 | — | 3.39 | 4.35 | 4.42 | 4.21 | 5.35 | 5.14 |
| 副議長 | 日本電気 | 4.37 | 5.31 | 5.48 | 4.96 | 4.31 | 4.74 | 5.24 | — | 7.28 | 7.48 |
| 副議長 | 旭化成 | 5.69 | 5.01 | 5.20 | 5.22 | 5.20 | 6.28 | 9.05 | 6.21 | 10.32 | 6.21 |
| 副議長 | 積水化学工業 | 5.82 | — | 5.82 | 5.96 | 6.08 | 5.49 | 5.29 | 5.12 | 5.24 | — |
| 副議長 | IHI | 4.11 | — | 3.84 | 4.65 | 4.03 | 3.58 | 5.45 | 5.19 | 6.79 | — |
| 副議長 | 三井不動産 | 8.33 | 5.00 | 8.22 | 7.11 | 7.43 | 8.04 | 8.41 | 6.00 | 9.90 | 7.47 |
| 副議長 | アステラス製薬 | 5.35 | — | 5.78 | 5.59 | 6.18 | 7.05 | 8.85 | 7.06 | 10.23 | 8.41 |
| 副議長 | セブン＆アイ・ホールディングス | 7.77 | — | 7.77 | 7.77 | 7.77 | 7.77 | 7.77 | — | 7.78 | — |
| 副議長 | サントリーホールディングス | 89.32 | — | 89.32 | 89.32 | 89.32 | 89.32 | 89.32 | — | 89.50 | — |
| 副議長 | 三井住友海上火災保険 | 100.00 | — | 100.00 | 100.00 | 100.00 | 100.00 | 100.00 | — | 100.00 | — |
| 副議長 | 丸紅 | 5.35 | — | 4.21 | 4.32 | 4.74 | 4.93 | 5.11 | 6.48 | 6.79 | — |
| 副議長 | 日本生命保険（相互） | — | — | — | — | 5.06 | 5.13 | — | — | — | — |
| 副議長 | 大和証券グループ本社 | 6.17 | — | 8.00 | 9.47 | 9.47 | 5.63 | 5.33 | 6.27 | 6.36 | 6.27 |
| 小計（ブラックロックの数） | | 0 | — | 3 | — | 3 | 6 | 6 | 8 | 8 | 9 |
| 合計 | | 2 | — | 6 | — | 9 | 16 | 16 | 20 | 20 | 19 |

（注1）アサヒグループホールディングス、サントリーホールディングスは前年12月決算、セブン＆アイ・ホールディングスは2月決算

（注2）ブラックロックの保有率は「大量保有報告書」にもとづく

（出所）各社「有価証券報告書」により作成

図表２―12　世界トップ３の資産運用保有額（2018年6月末）

|  | 2015年末（億ドル） | 2018年9月末（億ドル） |
|---|---|---|
| 米　ブラックロック | 4兆6,454 | 6兆4,400 |
| 米　バンガード・グループ | 3兆3,987 | 5兆1,000 |
| 米　ステート・ストリート | 2兆2,448 | 2兆7,200 |
| 3社　計 | 10兆2,889 | 14兆2,600 |

（出所）工藤晃『リーマン危機10年後の世界経済とアベノミクス』（本の泉社、2019年8月）
18ページ

図表２―13　主な企業の配当総額

| 順位 | 社名 | 配当総額（億円） | 純利益合計に対する割合（％） |
|---|---|---|---|
| 1 | トヨタ | 4兆7658 | 34.2 |
| 2 | NTTドコモ | 2兆9295 | 49.6 |
| 3 | NTT | 2兆3375 | 33.5 |
| 4 | キヤノン | 1兆7037 | 67.8 |
| 5 | 武田 | 1兆6328 | 103.0 |
| 6 | ホンダ | 1兆5309 | 28.5 |
| 7 | KDDI | 1兆3898 | 33.7 |
| 8 | 日産自 | 1兆3342 | 33.3 |
| 9 | 三菱商 | 1兆2566 | 30.3 |
| 10 | 三井物 | 1兆383 | 33.4 |
| 11 | 伊藤忠 | 7640 | 25.0 |
| 12 | デンソー | 7510 | 36.5 |
| 13 | ファナック | 7456 | 51.6 |
| 14 | セブン＆アイ | 7059 | 46.6 |
| 15 | アステラス | 7013 | 45.8 |
| 16 | ブリヂストン | 6577 | 32.6 |
| 17 | 住友商 | 6544 | 31.3 |
| 18 | 任天堂 | 6427 | 64.8 |
| 19 | コマツ | 5730 | 36.7 |
| 20 | SUBARU | 5675 | 33.9 |

（出所）「日本経済新聞」2019年3月26日付

### 急増する配当額

2008年のリーマンショック後、2019年までの11年間の大手企業の配当総額は、図表２―13「おもな企業の配当総額」のとおりです。1兆円を超える企業が10社もあります。トヨタ自動車は4兆7658億円、NTTドコモが2兆9295億円、NTTが2兆3375億円、キヤノン1兆7037億円などとなっています。図表２―14[58]「企業の自社株買いが増えている」のように、株主への利益配分を増やすための「自社株買い」も年々増えています。

企業の関係者は、株主だけではありません。労働者、下請企業、地域住民、自治体など、さまざまです。これらは、ステークホルダーといわれています。

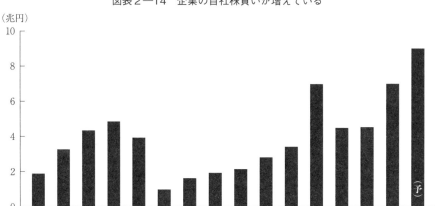

図表2—14　企業の自社株買いが増えている

(注) 自社株取得枠の設定額。東海東京調査センター調べ
(出所) 日本経済新聞2019年8月3日付

　それなのに、株主だけを優遇するのは、あまりにも一方的ではないでしょうか。

　米経営者団体のビジネス・ラウンドテーブルが2019年8月に「脱株主至上主義」を表明したのは、新しい動きとして注目されます。

> **自社株買い**
> 　自社株買いとは、自分の会社が発行している株を買い戻すことです。なんのためにそんなことをするのかというと、株主への利益配分を増やすことがおもな目的です。自社の株を買うと、発行済み株式数が減りますので会社の利益総額が同じなら1株当たりの利益が増えます。「それを好感して株価水準が高くなる」などと期待されるわけです。
> 　日銀の金融緩和を背景に、企業は潤沢な手元資金を持っていますが、賃上げや設備投資には回さず、自社株買いにその資金を使う企業が増えています。日本の2019年度の自社株買いの金額は、上場企業で10兆円を突破する勢いです。

第2章　財界はなぜつくられどう変わったか

## 日米財界のための新自由主義的改革

　日本経団連の構成企業が巨大化し、多国籍企業化し、外資によって株の三分の一を保有されている状況は何を意味するのでしょうか。たしかに、外国人株式保有は必ずしも経営支配に全部がつながっているわけではなく投資銀行や投資ファンドなどの機関投資家が投資目的で日本企業の株式を購入しているという側面があります。しかしより本質的には、それは巨大資本の相互浸透、グローバリズムの広がりを意味しており「経済の金融化」を反映しています。

　日本の主だった大企業が、国内経済を基盤とした企業活動、国民経済からグローバルな企業活動の展開へと変質し、その企業活動が大多数の国民、国内産業から遊離したものとなっており、世界的な規模で利益を拡大する方向に転換したということです。財界のトップを占める巨大企業のこのような活動が、新自由主義的な性格を強める背景にあります。新自由主義とは、国家による福祉や公共サービスを縮小して民営化と規制緩和をすすめるなど、市場原理主義を徹底する経済思想のことです。資本の国際移動を自由化するグローバル資本主義の中心的なイデオロギーです。

### アメリカの意向をくむ「内的構造の変化」とは

　ローラ・タイソン氏が、2000年に出した「米外交問題評議会リポート──新政権のための対日経済政策指針」という文書があります。ブッシュ大統領が誕生する直前のものです。そのなかで、こういっています。

　「日本経済の内的構造が変化しつつある以上、いまや、ワシントンが改革を求めて日本に公然と圧力をかける、これまでのやり方を後退させてもよいという認識を踏まえたものである」。「将来の日米経済関係の形成に向けた試みをめぐってはむしろ民間の起業家や投資家が大きなリーダーシップを発揮すべきであろう。日米両国政府はこのプロセスのためになし得る

ことを実行しなければならない」。[59]

　ここで注目すべきは、以前のような「貿易目標を設定する」強引なやり方ではなく、「日本国内の内的構造の変化」に着目して、それを促すというアプローチの方が有効であると述べていることです。日本政府も財界も、アメリカにいわれなくてもアメリカの意向に沿って実行する、そういう変化が起こったということです。それこそ、対米「忖度」路線というべきでしょう。

## 国民の「抵抗」を排除するリーダーシップ

　政治の面でも、従来型の保守的な政治基盤——族議員や関係業界団体、派閥が影響力を持つ状況から、いっそう集権的で強権的な新しい質を持つ方向へと変化をとげるようになっていきました。

　その内容は、第3章で詳しくみることにしますが、90年代末から2000年代にかけて日本の政治に起こった大きな変化は、日米の多国籍企業の総意をストレートに反映させるための体制づくりでした。それを行政組織のうえで制度としてつくりあげたのが「橋本改革」であり、それを引きつぎ実行したのが小泉内閣であり安倍内閣でした。それがもたらしたのは、日本経済の基盤を崩壊させる産業「空洞化」であり、国民にとって無慈悲な弱肉強食、貧困と格差をもたらす新自由主義の政策だったのです。

　首相のリーダーシップの強化の問題で、石原信雄「国家安全保障に関する官邸機能強化会議」座長が経過を振り返った発言があります。[60]そこでは、利害関係のある政治家、業界にどのようにしてマイナスの政策を押しつけるか、そのためには総理大臣のリーダーシップ、権限を強めることが必要だと説いています。

　「それぞれの役所は……、自分の権限を減らす、撤退するのは、みんな苦手です。そのようなときには、行政全体、政治全体をにらんでいる総理大臣が、この省は撤退しろということを言わなければならない」「そこで、議院内閣制のもとにおける内閣の、特に総理大臣官邸の指導力を強化することをねらった改革の一つが橋本行革でした。当時は省庁の再編成が大き

な関心を呼びましたが、あのときの改革の一番の重点は、内閣機能の強化であり、その一つの成果が、経済財政諮問会議でした」。

経済財政諮問会議をつくった目的は、強力な総理大臣のリーダーシップによって「抵抗勢力」ともいえる役所の権限をとりあげること、そこには国民むけの福祉やサービスも含まれていますから、とどのつまりは「国民の抵抗」を押さえ込むことにあったのです。


# 6　新自由主義が格差をいっそう拡大した


新自由主義的改革によって、格差はいっそう拡大しました。

日本経団連の御手洗元会長は、2006年5月24日の日本経団連総会における挨拶で「格差の拡大が問題視されておりますが、公正な競争の結果として経済的な格差が生じることは当然のこと」で、「格差は問題というよりも、むしろ経済活力の源であり、そのために必要なことは競争に敗れた者に再挑戦の機会が何度でも与えられるということ」と述べました。「格差は当然」で「格差は経済活力の源」と言いきっており、福祉・社会保障は国民の「甘え」だと言わんばかりです。

大企業の経営者の収入はどうでしょう。上場企業で1億円以上の役員報酬を受け取っている役員は、2019年3月期決算で567人となりました[61]（276社）。1億円以上の役員報酬を開示するルールは2010年3月期からはじまりましたが、いまでは当初の2倍以上の役員数となっています。図表2―15「1億円を超える役員報酬を受け取った大企業の役員」によると、最高額はソフトバンク・グループ副会長のロナルド・フィッシャー氏の32億6600万円でした。この報酬を、日本の管理職の年平均総労働時間（2116.7時間）で割ると、じつに時給154万円ということになるのです。驚くべき金額です。

これにたいして、労働者の賃金はどうでしょうか。労働者1人当たりの

図表２―15　１億円を超える役員報酬を受け取った大企業の役員（2019 年３月期）

| 1 | ロナルド・フィッシャー（SBG 副会長） | 32 億 6600 万円 |
| --- | --- | --- |
| 2 | 金綱一男（新日本建設元会長） | 23 億 4300 万円 |
| 3 | マルセロ・クラウレ（SBG 副社長） | 18 億 200 万円 |
| 4 | クリストフ・ウェバー（武田薬品工業社長） | 17 億 5800 万円 |
| 5 | カルロス・ゴーン（日産自動車前会長） | 16 億 5200 万円 |
| 6 | 宮内謙（SBG 取締役） | 12 億 3000 万円 |
| 7 | サイモン・シガース（SBG 取締役） | 10 億 9300 万円 |
| 8 | ディディエ・ルロワ（トヨタ自動車副社長） | 10 億 4200 万円 |
| 9 | 佐護勝紀（SBG 副社長） | 9 億 8200 万円 |
| 10 | 河合利樹（東京エレクトロン社長） | 9 億 2500 万円 |

（注）カッコ内は会社名と役職。SBG はソフトバンクグループ。東京商工リサーチ調べ
　　　（2019 年６月 28 日現在）
（出所）朝日新聞　2019 年７月２日付

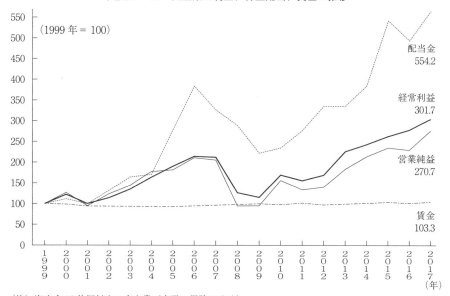

図表２―16　大企業の利益、株主配当、賃金の推移

（注）資本金 10 億円以上の大企業（金融・保険のぞく）
（資料）財務省「法人企業統計」
（出所）『2019 年国民春闘白書』（学習の友社）12 ページ

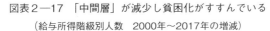

図表2—17 「中間層」が減少し貧困化がすすんでいる
（給与所得階級別人数　2000年〜2017年の増減）

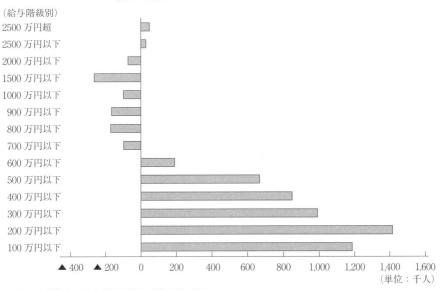

（注）1年勤続者の給与階級別給与所得者数（人）
（出所）財務省「民間給与実態統計調査結果」により作成

　「年平均給与」は2007年から2017年の10年間だけをみても、437万円から432万円へと減らされています。労働者の賃金が低下しているなかで、株主配当と役員報酬だけが急速に膨らんでいるのは、どうみても異様です。図表2—16「大企業の利益、株主配当、賃金の推移」をみると、1999年度から2017年度のあいだに、経常利益と営業利益は約3倍、配当は5.5倍となっているのに、労働者の賃金は、ほとんど増えていないことがわかります。財界・大企業は、政権との癒着を深めながら、労働者に対する賃上げ抑制、下請中小企業の収奪強化をすすめ、内外の大株主と経営者に利益を優先配分しているのです。

　図表2—17「『中間層』が減少し貧困化がすすんでいる」は、2000年から2017年の17年間における給与所得階層別の人数の増減を示しています。こ

図表２―18　大企業の内部留保の推移（各年１～３月期）

（兆円）

| 年 | 金額 |
|---|---|
| 2012 | 316.8 |
| 13 | 326.5 |
| 14 | 345.2 |
| 15 | 362.8 |
| 16 | 374.1 |
| 17 | 400.4 |
| 18 | 423.5 |
| 19 | 449.9 |

財務省「法人企業統計調査」から資本金10億円以上の金融・保険業含む全産業について集計
（出所）「しんぶん赤旗」2019年6月4日

れは、「給与所得者」の階級別人数ですから、かならずしも全階層を反映して
いるわけではありません。それでも一見してわかるように、600万円から
2000万円までの中間の階層が減少し、200万円以下の低所得層が大きく増え
ています。これにたいして、2000万円超、とくに2500万円を超える富裕層
が増えています。中間層が減少して富裕層と低所得層が増加していることは、
「富める者はますます富み、貧しい者はいっそう貧しくなる」という社会の
二極分化がすすんでいることを示しています。

　このなかで、大企業は内部留保を空前の規模に積み上げています。図表２
―18「大企業の内部留保の推移」をみると、大企業（金融・保険を含む）の
内部留保[62]は2019年１～３月期に449.9兆円となり史上最高となりました。
これは、第二次安倍内閣が成立する直前の2012年１～３月期とくらべて、
1.42倍です。大企業が内部留保を増やす大きな理由は、設備投資をしても生
産したものが売れる見通しがないからです。なぜ、そうなったのでしょう。
賃上げをおさえ下請単価を買いたたいて国内消費を冷え込ませ、貧困層をい
っそう拡大していることに原因があります。つまり、大企業自身が製品の売
れない原因をつくっているのです。

第２章　財界はなぜつくられどう変わったか　97

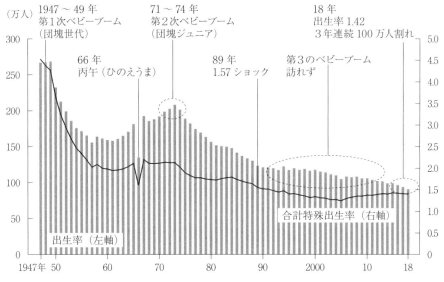

図表２—19　少子化の推移

（注）厚生労働省資料
（出所）日本経済新聞 2019 年 6 月 21 日付をもとに作成

　生産拠点の海外移転をすすめ、グルーバルな規模で利益を拡大する大企業・財界は、国内の賃金をアジア諸国並みに引き下げる要求を強めています。とくに自動車、電機など裾野の広い産業では、アジア地域での雇用が国内を上回る規模になり、日本の四分の一から六分の一という低い賃金で働かせています。

　財界と政府は、アジア諸国とくらべて日本には「高コスト構造」があるといって、労働法制をつぎつぎと改悪し、非正規雇用を増やし、過労死、長時間・過密労働を広げてきました。また、外国人労働者を使い捨てる政策をすすめています。長時間労働、サービス残業が横行し、とくに子育て世代である 30 代、40 代は男性の 7 人に 1 人が週 60 時間以上も働くなど、最も労働時間が長い世代になっています。[63]

　非正規雇用が増加したことも、若い世代の収入が低く抑えられる原因です。

図表２―20　結婚相手に求める条件（理想の年収と実際の分布との比較）

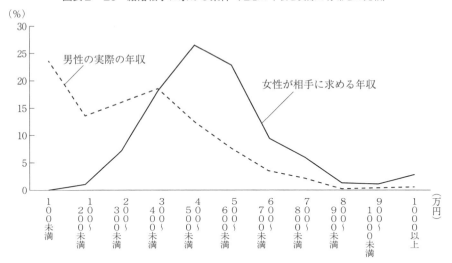

（注）「少子化対策白書」から作成
（出所）「しんぶん赤旗」2019年8月2日付

　派遣・契約社員には、常に雇い止めの不安もつきまといます。これでは結婚と子育てへの希望を見いだすことはできません。少子化がすすむのも、そこに理由の一つがあります。図表２―19「少子化の推移」がそれを示しています。もちろん、結婚するかどうか、子どもを産むか産まないか、いつ産むか、何人産むかは、それぞれの女性、それぞれのカップルが選択し決めることですが図表２―20「結婚相手に求める条件」をみても、経済的な不安がいちばんの問題であることは明らかです。結婚したい人が安心して結婚し、安全に子育てできる環境をととのえることこそ政治の責任です。

　家計消費を冷え込ませ、国内の経済基盤を崩壊させ、国民から活力を奪ってきたのは、巨大企業の貪欲な「利益第一主義」の行動によるものです。その行動をどのように規制し国民のためにコントロールできるか、これが、いま問われているのです。

＊1　阪口昭「財界・政党・官僚――財界を中心にみたパワーエリート集団の変遷」『日本の企業と国家』（日本経済新聞社、1976 年 10 月）201 ページ。

＊2　日本で罪を犯した外国人を日本の法律で裁けなかったり、輸入品に自由に関税をかけることができなかったり、日本は不利な立場に置かれていました。

＊3　森田良雄『日本経営者団体発展史』（日刊労働通信社、1958 年 4 月）31 ページ。

＊4　阪口昭「財界・政党・官僚――財界を中心にみたパワーエリート集団の変遷」『日本の企業と国家』（日本経済新聞社、1976 年 10 月）201 ページ。

＊5　経済団体連合会『経団連の二十年』（1969 年 12 月）10 ページ。

＊6　森田良雄『日本経営者団体発展史』（日刊労働通信社、1958 年 4 月）31 ～ 32 ページ。

＊7　「三菱・三井・住友　財閥グループの真実」（『週刊ダイヤモンド』2019 年 7 月 20 日号）

＊8　経済団体連合会『経団連の二十年』（1969 年 12 月）11 ページ。

＊9　日本工業倶楽部『日本工業倶楽部五十年史』（1972 年 3 月）19 ページ。

＊10　『週刊ダイヤモンド』2019 年 7 月 20 日号。

＊11　日本工業倶楽部『日本工業倶楽部五十年史』（1972 年 3 月）27 ページ。

＊12　経済団体連合会『経済団体連合会　前史』（中央公論事業出版、1962 年 5 月）20 ～ 21 ページ。

＊13　阪口昭「財界・政党・官僚――財界を中心にみたパワーエリート集団の変遷」『日本の企業と国家』（日本経済新聞社、1976 年 10 月）203 ～ 204 ページ。

＊14　経済団体連合会『経団連の二十年』（1969 年 12 月）12 ページ。

＊15　戦後、経団連会長をつとめた植村甲午郎氏は、次のように語ったことがあります。「財閥中心の日本財界の基調が、財閥解体でどうにもならなくなったので、そのうえにのっかっていた機構も、足場がないようなかたちになった」。経済団体連合会『経済団体連合会十年史　上』（中央公論事業出版、1962 年 9 月）102 ページ。

＊16　日本工業倶楽部『日本工業倶楽部五十年史』（1972 年 3 月）323 ページ。

＊17　日本工業倶楽部『日本工業倶楽部五十年史』（1972 年 3 月）326 ページ。

＊18　日本工業倶楽部『日本工業倶楽部五十年史』（1972 年 3 月）342 ページ。

＊19　佐々木啓『「産業戦士」の時代』（大月書店、2019 年 2 月）53 ～ 54 ページ。

＊20　日本工業倶楽部『日本工業倶楽部五十年史』（1972 年 3 月）328 ～ 329 ページ。

＊21　日本工業倶楽部『日本工業倶楽部五十年史』（1972 年 3 月）338 ページ。

＊22　日本工業倶楽部『日本工業倶楽部五十年史』（1972 年 3 月）368 ページ。

＊23　日本工業倶楽部『日本工業倶楽部五十年史』（1972 年 3 月）369 ～ 370 ページ。

＊24　経済団体連合会『経済団体連合会　前史』（中央公論事業出版、1962 年 5 月）764 ページ。

＊25　「ポツダム宣言」とは、第二次世界大戦末期の 1945 年 7 月 26 日、連合国であるアメリカ、イギリス、中国が、日本に対して出した 13 項目の文書です（後にソ連も参加）。日本の軍隊は完全な武装解除をすること、基本的人権を確立すること、などが列記されています。日本共産党は 1947 年 12 月の党大会で、「ポツダム宣言の厳正な実施」「日本の完全な独立」という行動綱領を掲げました。

＊26　経済団体連合会『経済団体連合会　前史』（中央公論事業出版、1962 年 5 月）54 ～ 55 ページ。

＊27　このとき商工大臣に招かれたのは、日本経済連盟会会長・井坂孝、重要産業協議会会長・松本健次郎、全国商工経済会協議会会長・藤山愛一郎、商工組合中央会会長・伍堂卓雄の 4 人でした。経済団体連合会『経済団体連合会十年史　上』（中央公論事業出版、1962 年 9 月）4 ページ。

＊28　同前、9 ページ。

＊29　『経済団体連合会五十年史』（経済団体連合会、1999 年 1 月）4 ページ。

＊30　全国商工経済会協議会は、1945 年 10 月に日本商工経済会と改称、46 年 11 月に日本商工会議所に復帰しました。

＊31　経済企画庁戦後経済史編纂室『戦後経済史（経済政策編）』（1960 年 9 月）26 ページ。

＊32　経済企画庁戦後経済史編纂室『戦後経済史（経済政策編）』（1960 年 9 月）52 ～ 53 ページ。

＊33　全国銀行協会連合会は、1945年9月に金融統制会が解散した後、10月1日につくられました。

＊34　経団連設立当初は、経済団体を主体とする正会員、個人と法人の賛助会員に分けられており、正会員は第一種と第二種に分けられていました。第一種会員は、日本産業協議会、全国金融団体協議会、日本商工経済会、日本貿易団体協議会、商工組合中央会の5団体に限定され、議決権でも第一種は5票、第二種は1票という格差がありました。『経済団体連合会五十年史』（1999年1月、経済団体連合会）5ページ、古賀純一郎『経団連──日本を動かす財界シンクタンク』（新潮選書、2000年4月）169～171ページ、菊池信輝『財界とは何か』（平凡社、2005年10月）18～40ページ等。

＊35　経済団体連合会『経団連の二十年』（1969年12月）21ページ。

＊36　これは「トルーマン・ドクトリン」ともいわれます。

＊37　経済団体連合会『経済団体連合会十年史　下』（中央公論事業出版、1963年4月）573ページ。

＊38　戦後日本の対米従属構造がどのようにしてつくられたかは、多くの調査研究がおこなわれています。さしあたり、谷川建司、須藤遙子編訳『対米従属の起源──「1959年米機密文書」を読む』（大月書店、2019年5月）、吉次公介『日米安保体制史』（岩波新書、2018年10月）、矢部宏治『知ってはいけない──隠された日本支配の構造』（講談社現代新書、2017年8月）、同前『知ってはいけない2──日本の主権はこうして失われた』（講談社現代新書、2018年11月）、前泊博盛編著『本当は憲法より大切な「日米地位協定入門」』（創元社、2013年3月）、矢部宏治『日本はなぜ、「戦争ができる国」になったのか』（集英社インターナショナル、2016年5月）、孫崎享『戦後史の正体』（創元社、2012年8月）、吉田敏浩『「日米合同委員会」の研究』（創元社、2016年12月）、末浪靖司『「日米指揮権密約」の研究』（創元社、2017年10月）、吉田敏浩、新原昭治、末浪靖司『検証・法治国家崩壊』（創元社、2014年7月）、琉球新報社編『日米地位協定の考え方（増補版）』（高文研、2004年12月）などを参照してください。

＊39　布川玲子、新原昭治編著『砂川事件と田中最高裁長官──米解禁文書が明らかにした日本の司法』（日本評論社、2013年11月）。

＊40　吉田敏浩、新原昭治、末浪靖司『検証・法治国家崩壊──砂川裁判と日米
　　　密約交渉』（創元社、2014 年 7 月）。

＊41　防衛生産委員会は当時、兵器、艦船、航空など 20 近い分科委員会をつく
　　　りました。（『防衛生産委員会十年史』経団連・防衛生産委員会、1964 年 6
　　　月）。現在も、防衛産業委員会（委員長は三菱重工業社長）と名称を変えな
　　　がら軍需産業を中心に活発な活動を続けています。

＊42　経済企画庁戦後経済史編纂室『戦後経済史（経済政策編）』1960 年 9 月）
　　　297 ページ。

＊43　福井治弘『自由民主党と政策決定』（福村出版、1969 年 8 月）59、60 ページ。

＊44　加藤義憲『財界（現代の経済、第 14 巻）』（河出書房新社、1966 年 2 月）
　　　31、32 ページ。

＊45　奥村宏『日本の六大企業集団』（朝日文庫、1993 年 12 月）100 ～ 101 ペー
　　　ジ。

＊46　法人企業統計年報。

＊47　この間、資本金 10 億円以上の大企業の数も増加していますから、多少割
　　　り引かなければなりませんが。

＊48　佐々木憲昭著『財界支配』（新日本出版社、2016 年 1 月）36 ～ 38 ページ
　　　参照。

＊49　財界や政府がふりまく「日本の法人税が高いから海外に出ていく」という
　　　宣伝は、法人税の負担を軽くするための偽りの理屈ですから、だまされては
　　　なりません。海外に出ていく実際の理由は労働者の賃金が低いこと、そこに
　　　大きな市場があること、原材料が手に入りやすいことがあげられます。

＊50　1985 年 9 月 22 日、ニューヨークのプラザホテルで開かれた先進 5 か国蔵
　　　相・中央銀行総裁会議でなされた「ドル高の是正」のための一連の事項合意
　　　をいいます。

＊51　アメリカの通商法 301 条（1974 年制定）で、他国政府が不公正に米国の
　　　通商を妨げた場合の報復措置を定めています。

＊52　萩原伸次郎『ワシントン発の経済「改革」──新自由主義と日本の行方』
　　　（新日本出版社、2006 年 12 月）94 ページ。

＊53　GPIF（年金積立金管理運用独立行政法人）の「業務概況書」（2018 年度）

第 2 章　財界はなぜつくられどう変わったか　103

によると、資産管理先として日本マスタートラスト信託銀行（50兆円）、日本トラスティ・サービス信託銀行（38兆円）、資産管理サービス信託銀行（51兆円）などがあげられており、3つのカストディアンで139兆円となっています。

＊54　南条隆「グローバル・カストディについて」（日本銀行金融研究所「金融研究」第10巻第1号、1991年3月）参照。なぜ、直接グローバル・カストディアンが、みずから日本国内でカストディ業務をおこなわず、サブ・カストディアンを利用するのでしょうか。それは、①各国の保管・決済機関には居住者しか参加できない。②情報収集は現地で行うのが効率的である等々が理由としてあげられます。

＊55　日本の証券市場で、経営参加、取引関係強化、高値による売りぬけを目的として株式を買い占めることが多くなり、株価が乱高下して情報を持たない投資家に不利益を与える恐れがあると、法的整備を求める声が高まりました。そのため、証券市場の「公正性」「透明性」を高め、投資家保護を徹底させることをうたい文句に、1990年に証券取引法が改正され5％を超える大量保有者に報告を義務づける「5％ルール」が導入されました。

＊56　工藤晃『リーマン危機10年後の世界経済とアベノミクス』（本の泉社、2019年8月）18ページ。

＊57　山脇友宏「トランプ政権と軍産複合体（下）」『経済』2018年11月号。121、131ページ。

＊58　日本経済新聞2019年3月26日付。

＊59　『フォーリン・アフェアーズ』　2000年12月号。

＊60　http://genron-npo.net/politics/archives/507.html

＊61　東京商工リサーチの調査による。

＊62　内部留保とは、①利益のうち株主に配当されず企業内に残された「利益剰余金」、②株式発行や企業再編、自己株式の売買などの資本活動によって生じた利益である「資本剰余金」、③利益に計上されないまま企業内に残された「引当金」「準備金」の合計をいいます。「しんぶん赤旗（日曜版）」2018年10月7日号参照。

＊63　総務省「労働力調査」による2017年平均。

第３章　新自由主義は強権国家を求める

大企業・財界は、なぜ、国家機構を利用しようとするのでしょうか。その本質的な理由は、自分たちの支配を安定させ、できるだけ大きな利益を手に入れるためです。


# 1　保守層にも広がる国民の抵抗


　第2章でみたように、日本の大企業・財界は、対米従属のもとで輸出に依存しながら高度経済成長をとげてきましたが、1990年代を通じて日米の巨大資本の利益を代表する多国籍企業へと大きな変貌をとげるようになりました。巨大企業は、自動車、電機など裾野のひろい加工・組み立て部門をつぎつぎとアジアに移転させ、現地の低賃金労働者をたくさん雇うことによって、日本国内の産業基盤からますます遊離していきました。多国籍企業化がすすめば「企業利益と国民の利益が一致しなくなる」ことは、1992年の『通商白書』でも指摘していたことです。

　多国籍企業と化した巨大企業は、日本の国内でもアジアとおなじような水準の低賃金と安い下請単価をもとめ、労働者や下請業者の生活が破壊されても気にしない、国内産業が衰退してもかまわない、グローバルな規模でもうけを上げればよい、という傾向をますます強めました。生産のネットワークが国際的に広がれば、国境がじゃまになります。国内産業を保護するために、各国がもうけた関税や非関税障壁[*1]をとりのぞくため、FTA（自由貿易協定）やEPA（経済連携協定）を結ぶように圧力をかけたり、TPP（環太平洋パートナーシップ協定）の合意を世界に広げようとしました。

　それは、強いものがひとり勝ちして当然という新自由主義のイデオロギーのもとですすめられました。

106

## 国民全体を「抵抗勢力」と決めつけ

　大企業・財界が内政に求めたのは、労働者、中小企業、農業などを保護してきた諸制度、教育や社会保障など国民の暮らしを支えてきた土台を、「岩盤規制」「既得権益」などとレッテルを貼って掘りくずすことでした。地域の産業を荒廃させ、格差と貧困を広げるこのような多国籍企業の身勝手な行動にたいして、保守層を含む広範な国民のなかで抵抗が広がり、対立はいっそう深刻化していきました。

　このような状況をまのあたりにした日本経団連会長の奥田碩氏は、ある講演でつぎのように述べました。「抵抗勢力とは、なにも特定の業界や族議員だけでありません。実は国民だれしもが、ある意味、抵抗勢力となりえます」。[2]——経団連会長のこの発言は、自分たちのいいなりにならない広範な国民を「抵抗勢力」と決めつけ、反対の声をおさえつける姿勢を露骨に示したものでした。

### グローバル化と空洞化

　1960年代から1970年代初頭までの高度経済成長を通じて、資本の巨大化をすすめた大企業の主流をなしていたのは「重厚長大」産業を基盤とする輸出産業でした。当時の経団連役員も輸出産業大企業の代表で構成されていました。1980年5月に経団連の会長（〜1986年5月）に就任した新日鐵の稲山嘉寛氏が目指したのは輸出主導型の経済であり、この路線は、同じ新日鐵の斎藤英四郎会長（1986〜1990年）に引き継がれました。そのため日米経済摩擦が起こると、高速道路の全国展開、東京湾横断道路など主として巨額の公共投資の拡大を中心とする内需拡大によって摩擦を回避しようとしました。[3]

　しかし1990年代を通じて、経団連は重化学工業中心の輸出産業を基盤とする大企業で構成される「国内型」の財界団体から、多国籍企業の利益を代

第3章　新自由主義は強権国家を求める　107

表する「多国籍型」の団体へと大きな変貌を遂げるようになりました。「日本の財界は、ほぼこの時期から国内産業を基盤とする経済団体から、日米多国籍企業の共同利益追求団体へと大きく舵を切った」のです。その後、第1章でみたように経団連の役員構成企業の発行済み株式の三分の一が外資によって保有されるようになり、その影響を強く受けるようになりました。

　経団連が、新自由主義路線に舵を切る「露払い」をしたのは、斎藤英四郎氏の後に就任した平岩外四氏（1990年〜94年）でした。平岩氏は「平岩レポート」（1993年）を発表して「聖域なき規制緩和」を主張、新自由主義路線への転換をはかったのです。1996年4月24日には「国際投資環境のあり方とわが国の対外・体内投資」と題する提言を公表し、「財・サービスの移動のみならず、資本・技術の移動」をスムーズにおこなえるよう多国籍企業の活動を保障する条件整備を求めました。

　その結果、第2章でみたように、日米間の経済摩擦はアメリカの要望を日本が受け入れるかたちで「調整」されていきました。1989年6月からおこなわれた「日米構造協議」でアメリカが求めたのは、公共投資や個別品目だけでなく、日本の貯蓄投資パターン、土地利用、流通機構、価格メカニズム、系列、排他的取引慣行など、こと細かな構造的・制度的な改革でした。1993年からは「日米包括経済協議」が開始され、アメリカが日本に数値目標をもとめ「年次改革要望書」を交換するようになりました。

　坂本雅子氏は、1990年代以降の経済動態の特徴を次のように指摘しています。

　　「企業のグローバル化、生産の海外移転は、日本企業だけのものではなく、先進各国の企業、特に米国の巨大企業が先行して推し進めてきたものであった。米国企業は、他国を生産基地や市場にするため、自国政府が後ろ盾となることを求めた。つまり、自国と他国のあらゆる分野への自由な参入や、各分野への参入障壁（規制）等を取り除く『規制撤廃』政策を他国に強制することを、米国政府に要求したのである。
　　そして米国と米国企業が真っ先に、かつ徹底してこうした要求を押しつ

けたのが日本であった。1990年代に入って米国は、日本政府に膨大な項目からなる要望書を毎年突き付けて、日本の経済と制度のあらゆる面の改変を要求したが、この米国の要求実現の中で日本企業の競争力は大きく毀損され、日本経済の強さの根源も破壊され、日本市場は『開放』されていった。それは米国を中心としたグローバル企業による日本の新たな『属国化』ともいうべきもので、敗戦後の米国による日本占領・属国化とは質の異なったものとして進行した」。*5

## 「国際化」した大企業は国民に「自己責任」を求める

保守層を含む広範な国民の不満と抵抗を抑え込み、その支配を維持するため、巨大資本は政治の強権化を求めるようになりました。

橋本内閣のもとで作成された行政改革会議の「最終報告書」(1997年12月)は、「わが国の経済社会のシステムを国際的に通用するようなシステムとしていく」と述べ、国際社会を見渡す「総合的、戦略的判断」「機動性」を協調し、そのための内閣機能の強化、総理大臣の指導性の強化をうちだしました。その反面、国民には、「国家の健全な運営を図ることに自ら責任を負う」「自律した個人」を説いたのです。

これは、巨大企業がすすめるグローバル化、国際化に対応した国家機構の集権化と、それに従う従順な国民づくり戦略でした。こうして、大企業・財界と一体化した官邸主導のもとで「市場原理の重視」と「政府介入の抑制」を旗印とする「新自由主義的改革」が露骨に推進されるようになりました。

### 新自由主義と「自己責任」「滅私奉公」

新自由主義は、「自己責任」論を説き公的保障への依存体質を「たたき直す」という強権性をもっています。それは、国家主義、「滅私奉公」の思想と一体化させながら推進されています。*6 新自由主義は、強権政治をますます求め、そのもとで図表3―1「2013年参院選以降、採決が強行され成立し

図表3—1　2013年参院選以降、採決が強行され成立したおもな

| 成立時期 | 法律名 | 法律の内容 | 国会審議で指摘された問題点 |
|---|---|---|---|
| 2013年12月 | 特定秘密保護法 | 国の安全保障の情報漏洩（ろうえい）に厳罰 | 国民の知る権利の侵害、秘密の範囲のあいまいさ |
| 15年9月 | 安全保障関連法 | 集団的自衛権の行使など自衛隊の役割拡大 | 憲法が禁じる武力行使につながる |
| 17年6月 | 「共謀罪」法 | 犯罪を計画段階から処罰 | 処罰・捜査対象などの基準があいまい |
| 18年6月 | 働き方改革関連法 | 残業時間の上限規制や同一労働同一賃金など | 高度プロフェッショナル制度が過労死を助長 |
| 18年7月 | 改正公職選挙法 | 参院議員の定数を計6増やす | 選挙区から立候補できない議員を特定枠で救済 |
| 18年7月 | カジノ実施法 | カジノを含む統合型リゾートを国内に設置 | ギャンブル依存症対策の実効性の疑問 |
| 18年12月 | 改正出入国管理法 | 外国人労働者の受け入れ拡大など | 新在留資格など制度設計の詳細が不明 |

（出所）朝日新聞2019年7月2日付

たおもな法案」でみるように、第二次安倍内閣になって秘密保護法、戦争法、共謀罪法など立憲主義と民主主義に反する法案を、国会でまともな審議なしにつぎつぎと強行しました。

　加計学園をめぐって「総理のご意向」「官邸の最高レベルが言っている」と書かれた文部科学省の文書を「真正なもの」と証言し「あったものを、なかったことにできない」と述べた前川喜平・元文部科学事務次官は、マスコミのインタビューに答え、「官邸主導は、小泉政権の頃から強まった」と述べています。これは、重大な意味をふくんでいます。前川氏は、「徐々にそういう力関係が形成されてきています。政と官の関係、政府と党の関係、官邸と各省との関係は、ここ20年で変化して、その結果で現在の関係があります」と言いました。首相官邸が、トップダウンでものごとをすすめる仕掛けが20年かけてつくられてきたと告発しているのです。

　それは、どのようにすすめられたのでしょうか。一つは、小選挙区制を導入し政党助成制度を持ち込んだ1990年代の「政治改革」です。二つは、首相官邸の機能をいちじるしく強化した2000年代の「橋本行革」です。そし

法案

| 特異な国会運営 |
|---|
| 衆院委員会で討論省略、参院では審議を遅らせたとして野党の委員長２人を解任 |
| 早期成立を狙い、改正案10本と新法１本を一括して審議 |
| 参院の委員会採決を省略して、本会議での「中間報告」をもとに可決・成立 |
| 法案の「議論の出発点」として示していた労働時間データに異常値 |
| 自民党が与野党協議を打ち切り法案提出。審議時間は衆参計約９時間 |
| 豪雨災害対応を最優先すべき国土交通相が審議を優先 |
| 与党議員の「質問放棄」や野党議員不在の「空回し」 |

て三つめは、官邸への奉仕を求める2010年代の「公務員制度改革」です。これらが集権的・強権的な政権を生みだしました。以下、その経緯と内容をみることにしましょう。

## 2 「政治改革」による民意の切り捨て

　まず、「政治改革」についてです。その中心をしめる小選挙区制の導入からみることにしましょう。

　国会では自民・公明の与党の議席占有率は衆議院で６割を超え、参議院では６割弱となっています。[*8]衆議院465議席のうち自由民主党・無所属の会は283議席で61％、公明党の29議席を含めると312議席で67％を占めています。それは、民意をゆがめる選挙制度、小選挙区制によって得たものです。

　図表３―２「2017年総選挙での自民党の『虚構の多数』」にみるように、自民党は47.82％の得票率（有権者比での絶対得票率は24.98％）で74.39％の議席を占めています。４割台の得票で、議席は７割台を確保しているのです（比例代表では、得票率と議席占有率はほぼ同じです）。

　与党・自民党はその「虚構の多数」の力で野党の質問時間を削減し、強行採決をおこなうなど、強引な国会運営をおこなってきました。このような事態をもたらしたのは、1994年の「政治改革」です。その中心は、小選挙区制と政党助成金の導入でした。

第３章　新自由主義は強権国家を求める　111

図表3-2　2017年総選挙での自民党の「虚構の多数」

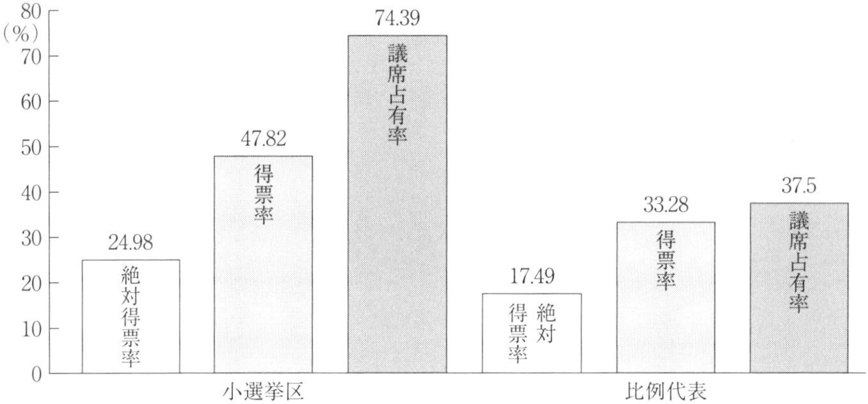

（％）

小選挙区
- 絶対得票率 24.98
- 得票率 47.82
- 議席占有率 74.39

比例代表
- 絶対得票率 17.49
- 得票率 33.28
- 議席占有率 37.5

（出所）『月刊学習』2019年5月号、109ページ


## 金権・腐敗政治への国民の怒りを利用

　日本で最初に小選挙区制を導入しようとしたのは、鳩山一郎内閣のときでした。1956年に憲法改正に必要な衆議院で三分の二の議席確保をもくろみ、小選挙区法案（公職選挙法改正案）を国会に提出したのです。この国会は、1955年の保守合同で誕生した自由民主党にとって最初の国会でした。

　このとき提出された小選挙区法案は、議員定数を当時の467議席から30増の497議席としたうえで、一人区457選挙区と二人区20選挙区の計477選挙区を設置するという内容でした。ところが、きわめて不自然な選挙区割りが含まれていたのです。社会党が強い地域を中心に二人区を20選挙区設けたこと、飛び地が6選挙区もあることなど、奇妙な形をした区割りのため、「ゲリマンダー*9」をもじって「ハトマンダー」だと批判されました。

　この小選挙区制を提案した自民党の幹事長が岸信介でした。岸は、そのねらいについて後にこう語ったことがあります。

　「私が『小選挙区』論を唱える一番大きな理由は、……それが党内にお

ける派閥解消につながるということです。これはどうしてもやらなきゃい
かんですよ。いまの中選挙区では、同じ選挙区から同じ党の人間が立候補
するという場面が多く出てくる。同じ党から同じ選挙区で複数の立候補が
お互いに闘って当選するためには、やはり同じ派閥というわけにはいかな
い。……勢い、派閥と派閥の対立ということになるわけだ」[*10]。「派閥はなく
なりませんよ。けれども小選挙区制の党単位の方法になれば派閥のあり方
も変わってくると思うんだ」「なくすことはできないかもしれないが、い
まのは熾烈(しれつ)なものだからね。……小選挙区制でだいぶ緩和されると思う
がね」[*11]。

岸は、小選挙区制を導入することによって国会で憲法改悪に必要な三分の
二以上の議席を確保する真意を隠しながら、派閥の力を低下させる効能につ
いて述べていました。これは、その後の「政治改革」につながる発想でした。

## 汚職・腐敗のスキャンダルが発端

　1990年代の「政治改革」の理由とされたのは何でしょう。1980年代から
1990年代にかけて発覚した一連の汚職腐敗事件でした。1980年のKDD事
件、1986年の撚糸工連事件、1988年のリクルート事件、1992年の東京佐川
急便事件、1993年のゼネコン汚職事件などがありました。とりわけ、リク
ルート事件（1988年）は、政官財を巻き込む大スキャンダルとなり国民の怒
りが広がりました。

> ### リクルート事件
> 　1988年6月18日に発覚した贈収賄(ぞうしゅうわい)事件です。リクルート社の創業
> 者である江副浩正(えぞえ)氏が、政治や財界のなかで自社の地位を高める目的で、
> 証券取引所に公開していない不動産会社（リクルートコスモス社＝リク
> ルート社の関連会社）の株式を、政官界に賄賂(わいろ)として譲渡しました。こ
> の株は、中曽根康弘、竹下登、宮沢喜一、安倍晋太郎、渡辺美智雄など
> の政治家や官僚・財界にばらまかれました。値上がり確実な未公開株を

第3章　新自由主義は強権国家を求める　113

公開前に譲渡して利益を与えようとしたのです。東京地検特捜部は、1989年に江副浩正氏や藤波孝生元官房長官、高石邦男元文部事務次官など、贈賄側と収賄側あわせて12人を起訴し全員の有罪が確定しました。この事件をきっかけに、竹下登元首相は退陣に追い込まれました。

　これに危機感をいだいたのは財界でした。

　社会経済国民会議・政治問題特別委員会[*12]の「議会政治への提言」（1988年5月）は、これら政治腐敗への財界側からの最初のまとまった対応でした。住友電工の亀井正夫会長が、特別委員会の委員長をつとめ、メンバーには、住友不動産会長、富士銀行相談役、川崎製鉄会長、鉄鋼連盟副会長などの大企業代表も参加していました。亀井氏は、のちの民間政治臨調[*13]（政治改革推進協議会）の会長となり財界主導の「政治改革」を推進した人物です。

　「議会政治への提言」の最大のねらいは、自民党の「族議員」や「派閥」、選挙制度の「中選挙区制」を徹底的に批判することでした。「カネを無制限に必要とする政治の体質」と「個別利益誘導政治」を厳しく批判したうえで、このような「族議員」を中心とした利権構造をもたらしたのが「衆議院中選挙区・単記制」だと選挙制度をやり玉にあげたのです。中選挙区制が「同一政党内における候補者間の競合を招き、政党選挙の意義を希薄にし、政党間の討論や政策論争を二次的なものにするなどの弊害を生み、また、正規の党機関以外に公然と形成された派閥組織や、地元選挙区や業界を中心とした私的な個人後援会の定着を促進し、これに依存せざるをえない選挙と政治の仕組みを築きあげてきた」と述べています。つまり、諸悪の根源は中選挙区制にあると決めつけたのです。

　一見すると自民党の体質を批判しているように思われますが、この「提言」の真のねらいは、族議員や派閥の力をおさえて総裁・首相主導の集権的な体制をつくる選挙制度をめざすことにありました。それが「国際化」や「社会経済の変化」への対応のために必要だと考えたからです。自民党の利権・金権体質そのものに正面からメスを入れるのではなく、金権政治の原因

を中選挙区制にあると問題をすり替え、選挙制度を変えるべきだと主張した
のです。[14]これは、国民の腐敗政治批判を逆手にとって、中選挙区制を破壊す
る道へと誘導するものでした。

## 小選挙区制導入にすりかえ

のちに自民党の政治改革本部の役員をつとめた保岡興治氏は、この「提
言」を高くもちあげ次のように書きました。「一読して、この提言が日本政
治の構造問題を体系的に説明し、あるべき改革の方向を提示していることに、
深く感じ入りました。繰り返し熟読したために、手元の提言は赤い傍線で真
っ赤になった」[15]。

保岡氏が「提言」の影響を強く受けたと述べていますが、「提言」を読ん
でみると、あるべき選挙制度として「比例代表制導入の検討」が書かれてい
るだけで「小選挙区制の導入」には言及していません。ところが保岡氏は、
この「提言」をベースに作成した「今、なにを政治改革か」(1989年3月)
という文書(保岡私案)に、「中選挙区制を廃止し、小選挙区比例代表制を
導入する」と書き込んだのです。

この「保岡私案」を、後藤田正晴氏を会長とする自民党の政治改革委員会
(のちに政治改革本部)に持ち込み、それを「たたき台」にして作成したのが
自民党の「政治改革大綱」(1989年5月)でした。この「大綱」では「小選
挙区制の導入を基本とした選挙制度の抜本改革にとりくむ。そのさい、少数
世論も反映されるよう比例代表制を加味する」としたのです。選挙制度は小
選挙区制の導入を基本とし、比例代表制は単なる付け足しにしてしまいまし
た。

その直後、経団連、日商、日経連、同友会、関経連の財界5団体が、財界
の総意として共同発表したのが「当面の政治改革に関する共同宣言」(1989
年6月19日)でした。この宣言では、「自民党の政治改革大綱については、
少なくともこれを100％実行することを前提に、実行プログラムを明確に」

第3章　新自由主義は強権国家を求める　115

すべきだと主張したのです。


**細川内閣が法案を強行**

　この流れを受けて、1989 年 6 月 28 日から第 8 次選挙制度審議会が開かれました。審議会は 1990 年 4 月 26 日に「選挙制度及び政治資金制度の改革についての答申」を提出しました。選挙制度につては中選挙区制を廃止して「小選挙区比例代表並立制」を導入すること、政治資金については、「政党助成金」を導入するとともに、企業・団体献金については「できるだけ政党に集中させるため……政治家個人に対する寄附は」規制を強化するとしたのです。ここには、その後の「政治改革」の基本となる内容がすべて盛り込まれました。

　この答申をもとに、海部俊樹内閣は 1991 年に小選挙区比例代表並立制案を国会に提出しましたが成立せず、宮沢喜一内閣も失敗しました。これを契機におこなわれた衆議院総選挙（1993 年 7 月）で自由民主党が過半数を割り、代わって細川護熙連立政権が誕生し 1993 年秋の臨時国会に小選挙区比例代表並立制を提案しました。与野党折衝で修正を加えられた公職選挙法改正案は、同年 11 月、衆議院本会議で可決されましたが、1994 年 1 月 21 日の参議院本会議では、与党社会党から反対投票が現われて否決されてしまいました。そのため、細川首相と河野洋平自民党総裁が会談、連立政権案を修正することで合意し、1 月 29 日両院協議会で成案をえたのち、衆参両院本会議で可決成立するというたいへん複雑な経緯をたどりました。[*16]

　このように、小選挙区制比例代表並立制への選挙制度の改革、政党助成金の導入は、自民党が分裂して下野したとき、政権についた細川護熙内閣によって 1994 年に成立させられたのです。日本共産党は、この悪法に反対したただ一つの政党でした。


**財界が切望していた「政治改革」**

　経団連は、1994 年 5 月 27 日、「変革と創造に向けてのわれわれの決意」

を発表し「政治改革の着実な実行」を求めました。また、1996年1月16日に発表した経団連の「豊田ビジョン」（「魅力ある日本——創造への責任」）は、「小選挙区制のもとでの総選挙を、事実上の首相公選と位置づけ」ること、「政党活動のコストは、主に公的助成と個人寄付により賄われるようになること」と述べ、小選挙区制と政党助成金導入の意義を強調しました。

　財界にとって、新自由主義的な路線をすすめるためには、派閥と族議員による利益誘導型の政治システムを生みだす中選挙区制がじゃまになり、トップダウン型の政治を実現する仕組みを強く求めるようになっていたのです[17]。衆議院で与党・自民党の多数議席を確保することが大企業・財界支配の安定につながるため、小選挙区制は保守層がかねてから切望していたものでした[18]。

　この「政治改革」によって、自民党の内部に大きな変化が現われました。それは、総裁への権力集中でした。国政選挙における「公認権」と「資金力」の二つが、その手段となりました。

## 公認権を派閥から総裁へ集中させた

　公認権というのは、国政選挙の候補者を自民党として公認する権限です。中選挙区制[19]のもとでは、自民党内の「派閥」[20]が候補者決定で大きな影響力を持っていました。各派閥が選挙対策小委員会に委員を送り出し、事前に派閥間の調整をおこない、そのうえで自民党の選挙対策本部で公認候補を決めるという手続きが踏まれていたからです[21]。おもな派閥には会則があり、常任幹事会、事務総長が設置されていました。自民党は五〜七つの派閥が寄り集まった派閥の集合体でもありました。派閥は党中党（党内につくられた党）であり、党のなかの「疑似政党」でした。

### 中選挙区制では保守系政治家は派閥の候補者からはじめた

　中選挙区制のときは、自民党の新人候補の場合、「党の県連に出かけていく前に、まず派閥事務所にいって派閥の推薦を取りつける」ことから活動を

第3章　新自由主義は強権国家を求める　117

はじめたそうです。派閥で推薦してくれたら自動的に県連の公認推薦をえられるわけではないけれども、それが「有力な支援材料」となるからです。そのため「保守系政治家は、自民党の候補となる以前に派閥の候補となる。立候補以前の段階から"派閥漬け"になっている[22]」といわれました。

しかし、1994年に衆議院で中選挙区制が廃止され、一つの選挙区で一人しか当選できない小選挙区制に変えられたため、この状況は一変しました。候補者を公認する権限が、党本部・総裁に一元的に集中することとなったからです。小選挙区制のもとでは、無所属で当選することはほぼ不可能に近いのです。そのため、自民党内の特定の派閥が総裁と対立すると、その派閥に所属する政治家が公認から排除されることがあります。そのため、自派閥の政治家の公認を得るため、派閥のトップが総裁との対立を避けるようになったり、「公認を願い出る」立場へと転換したのです。

政治学者の竹中治堅氏はこう指摘しています。「小選挙区制では総裁と派閥の関係は逆転する。まず、党の公認候補が各選挙区で1人にしぼられた結果、派閥は総裁に対して、所属する政治家の公認をお願いする立場になったからだ。／また、派閥の長＝領袖が総裁と違う意見を押し通そうとしても、派閥全体として結束を保つことは難しくなった。派閥に所属する政治家にとって、派閥の意向に従って総裁と対決し、次の選挙で公認されない場合、当選できる見込みは低いからである[23]」。

そのうえ、拘束名簿式の比例代表制の名簿登載者も自民党本部が作成するため、党公認に関する総裁の権限はいっそう強まっていきました。

## 政治資金の自民党本部・総裁への集中

つぎは、政治資金です。この面でも「政治改革」によって自民党本部・総裁への集中がすすみました。1990年代に政党助成金を創設したこと、企業・団体献金は政治家個人にではなく政党に集中させる仕組みをつくったこと、この二つが大きいのです。

政党助成金は、国家財政から政党に対して直接、資金援助をおこなうもので、いわば「税金の山分け」です。国民一人当たり250円、総額約320億円もの血税が政党にばらまかれています。[24] 政党助成金は党本部に配られますので、それをどのように使うかは党指導部の権限です。そのため、政治資金の配分権を総裁と幹事長が一手に握ることとなりました。[25]

　それだけではありません。企業・団体献金については、受け取ることができるのは政党とその政治資金団体に限定されることになりました。これも「政治改革」のさいの政治資金規正法の改正で定められました。これによって、派閥や政治家個人がつくっていた政治団体は、企業・団体献金を受け取ることができなくなりました。[26]

> ### 政党助成金と政党
>
> 　政党は、ほんらい思想・信条にもとづく自発的な結社であり、その財政は、党費と支持者の個人献金などでまかなわれるべきものです。国民には、政党を支持する自由も、支持しない自由もあります。しかし政党助成金は、国民の税金の分け取りですから、支持もしていない政党への献金を事実上強制することにならざるをえません。つまり、思想及び信条の自由を踏みにじることになるのです。日本共産党は、政党助成金も企業・団体献金も受け取らず、党の財政は、党費、個人献金、機関紙などの事業収入でまかなっています。政党助成金は廃止し、企業・団体献金は禁止すべきです。

### 党内派閥の力の低下と「総主流化」

　こうして、1960年代から70年代にかけて形成された族議員や派閥が、[27] 1990年代の「政治改革」以降、急速に弱体化したのです。

　図表3―3「派閥の政治資金総額の推移」にみるように、派閥の政治資金の総合合計額は、衆参ダブル選挙のあった1986年に426億円に達することさえあったのですが、1990年代の後半には激減し1998年には54億円となり

第3章　新自由主義は強権国家を求める　119

ました。その後は、2005年の270億円まで盛り返しますが、政権を失うとともに減少し60億円を割り込みました。

では、派閥ごとの政治資金は、どうなっているでしょうか。

図表３―４「自民党主要派閥の政治資金の推移（1985〜2002年）」をみると、80年代後半から90年代にかけて派閥ごとに約10億円から二十数億円の政治資金を手にしていました。しかし「政治改革」の後、1990年代半ば以降になると各派閥の政治資金が５億円以下へと大きく低下しています。派閥の弱体化とともに組閣の方法も変わりました。従来の派閥推薦（順送り）による組閣から、「派閥にとらわれない組閣」へと変化しました。*28 それが可能になった背景に、このような派閥の衰退があったのです。こうして、総裁にたいする批判を封じ込める集権的な仕組みが自民党内で形成されていきました。*29

派閥はその後どうなったのでしょうか。

図表３―５「自民党主要派閥の政治資金の推移（2005〜2017年）」をみると、2000年代の後半には派閥ごとの収入が３〜７億円で推移したあと、

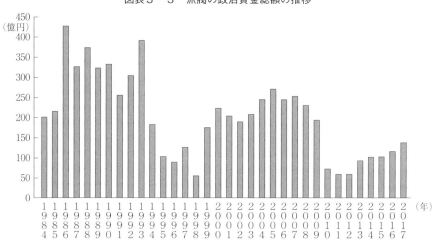

図表３―３　派閥の政治資金総額の推移

（出所）「政治資金収支報告」書により作成

図表3−4　自民党主要派閥の政治資金の推移（1985年〜2002年）

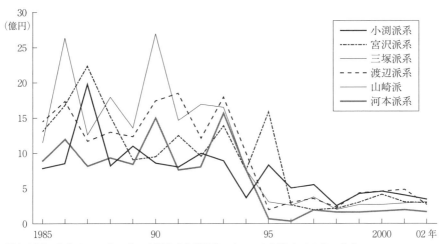

（注）派閥の名称は1994年6月、自民党政権復帰時のもの。山崎派は1998年に結成
（出所）竹中治堅著『首相支配』（中公新書、2006年）155ページから

図表3−5　自民党主要派閥の政治資金の推移（2005年〜2017年）

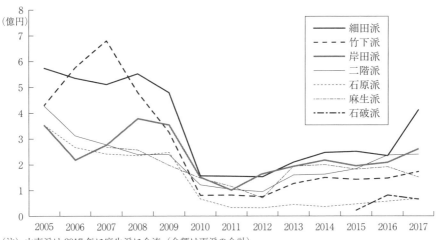

（注）山東派は2017年に麻生派に合流（金額は両派の合計）
（出所）「政治資金収支報告書」「国会便覧」により作成

2009 年以降にさらに 1 億円ほどに急減しています。その最大の理由は、2008 年の総選挙で民主党政権が誕生し、自民党が野党に転落したことです。企業や団体は、野党となった自民党に献金をしてもメリットがないとみたからでしょう。ところがその後、2012 年 12 月に自民党が政権に復帰すると、じわじわと派閥の政治資金が増えはじめています。

とりわけ、安倍晋三総理の出身派閥である細田派（清和政策研究会）は、2013 年から政治資金を急速に伸ばしており、2017 年には 4 億 1000 万円も集めているのです。先にみたように派閥への直接献金が禁止されているのに、どのような手段で資金を集めているのでしょうか。それは、企業・団体献金の抜け道となっている政治資金パーティーが大きな手段となっているのです。

## 政治資金パーティーと派閥資金

パーティー券は 1 回 20 万円を超えないかぎり、購入者や団体名を記載する必要はありません。使い勝手がよく手っ取り早く資金集めができるというわけです。自民党のパーティー券は 1 枚 2 万円。ある派閥が参加者 5000 人のパーティーを開いたとすると、それだけで 1 億円の売り上げになるのです。2017 年度の政治資金収支報告書によると、細田派の政治資金パーティー収入は 2 億 98 万円、経費は 3039 万 6487 円ですから、パーティーだけで差し引き 1 億 7058 万 3513 円の利益を生み出したことになります。

第二次安倍内閣以降、自民党内の派閥の性格が以前とは大きく異なっていることに注目しなければなりません。多くの派閥が総裁になびく「総主流化」現象が現われ、それに対抗すると、はじき出される集権的な仕組みが自民党内でつくられました。

安倍晋三氏は、総裁選の対抗馬をおさえ込み、総裁候補の推薦人もさまざまな方法で切り崩してきました。石破氏は、次期総裁選をめぐる安倍氏の「出馬つぶし」について「『三角大福中』や『安竹宮』、『麻垣康三』[30]といわれたように、歴代首相には後継候補がいた。次に総裁選に出そうな人をこんなに徹底的につぶそうとするのは見たことがない」となげいています[31]。図表 3

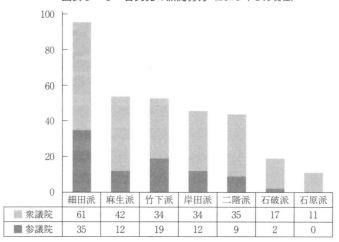

―6「自民党の派閥勢力」は、現在の派閥ごとの人数をしめしています。

こうして、ヒト・モノ・カネの流れが自民党本部と総裁によって一元的に管理され、自民党総裁への権力の異様な集中があらわれました。これが、「政治改革」によってもたらされた自民党内の大きな変化でした。

## 3　橋本「行政改革」で官邸機能を強化

つぎは、1990年代後半におこなわれた「行政改革」です。「行政改革」といっても、行政の民主化や効率化ではなく、そのおもな目的は、政策決定にかんする総理大臣の権限を強化することでした。ひとことでいうと「官邸機能の強化」です。

1994年6月14日、経団連は「行政改革に向けた内閣の指導性発揮を望む」を公表しました。そこで、「既得権益の壁」を打破し「行政改革」を果

第3章　新自由主義は強権国家を求める　123

図表3―7　行政改革会議のメンバー

| 会長 | 橋本龍太郎 | 内閣総理大臣 |
| --- | --- | --- |
| 会長代理 | 武藤嘉文 | 総務庁長官・行政改革担当大臣（1996年11月21日〜9月11日） |
| | 佐藤孝行 | 総務庁長官・行政改革担当大臣（1997年9月11日〜9月22日） |
| | 小里貞利 | 総務庁長官・行政改革担当大臣（1997年9月22日〜） |
| 委員 | 芦田甚之助 | 連合総合生活開発研究所理事長、日本労働組合総連合会顧問 |
| 委員 | 有馬朗人 | 東京大学名誉教授、理化学研究所理事長 |
| 委員 | 飯田庸太郎 | ★三菱重工業株式会社相談役、行政改革委員会委員長 |
| 委員 | 猪口邦子 | 上智大学法学部教授 |
| 委員 | 河合隼雄 | 国際日本文化研究センター所長 |
| 委員 | 川口幹夫 | 日本放送協会顧問 |
| 委員 | 佐藤幸治 | 京都大学大学院法学研究科教授 |
| 委員 | 塩野谷祐一 | 一橋大学名誉教授、国立社会保障・人口問題研究所所長 |
| 委員 | 豊田章一郎 | ★トヨタ自動車株式会社取締役会長、経済審議会会長 |
| 委員 | 藤田宙靖 | 東北大学法学部教授 |
| 委員 | （事務局長）水野清 | 内閣総理大臣補佐官 |
| 委員 | 諸井虔 | ★秩父小野田株式会社取締役相談役、地方分権推進委員会委員長 |
| 委員 | 渡辺恒雄 | 読売新聞社代表取締役社長・主筆　　　　　（★印＝財界代表） |

　断に指導するよう求め「行政改革委員会の早期設置」「中央省庁の再編・合
理化」などをもとめました。これを受けるかたちで、橋本龍太郎首相は、[32]
1996年11月8日の記者会見で、行政改革会議を月内に設置し「二十一世紀
の国家機能」「それを踏まえた中央省庁の再編」「官邸機能の強化」の3点に
ついて1年以内に成案をまとめると宣言しました。

　図表3―7「行政改革会議のメンバー」のように、司令塔となった行政改
革会議の会長には、橋本龍太郎首相がみずから就任し、経団連会長の豊田章[33]
一郎氏をはじめ財界代表3人を含む13人が委員に任命されました。行政改
革会議の委員に官僚や官僚OBを参加させなかったのが大きな特徴で、首相
と財界代表の意向が強く反映される仕組みとなっていました。

　財界団体の代表によってつくられた行革推進五人委員会は、1996年12月[34]
18日、「行政改革会議に期待する」声明を発表し「国家機能の明確化、中央
省庁の再編、官邸機能の強化」の三つをあげ、これらは行政改革の「最重要
課題」であると強調し、橋本「行革」を「平時の革命」と位置づけました。

124

「経済界としても、一致協力して、行政改革会議を支援」すると強い決意を示したのです。経済同友会の牛尾治朗氏は、「こういう世の中の体制を変えるときは、経団連が首脳部に入っていかないとやはり無理なのです」と述べています。[35]

　1997 年 12 月にまとめられた行政改革会議の最終報告[36]には、「現代国家の要請する機能を果たすためには、内閣の『首長』である内閣総理大臣がその指導性を十分に発揮できるような仕組みを整えること」が必要と述べ、「トップダウン的な政策の形成・遂行の担い手となり、新たな省間調整システムの要として機能できるよう、『内閣』の機能強化が必要である」と書き込みました。この報告にもとづいて中央省庁等改革基本法案がつくられ、98 年 6 月に成立しました。新体制がスタートしたのは 2001 年 1 月でした。

　注目すべきは、経団連の今井敬会長（新日本製鐵会長）を座長とする 9 人よりなる顧問会議（中央省庁等改革推進本部顧問会議）が置かれたことです[37]。これは、法案成立からスタートするまでの監視体制ともいえるもので、1998 年 6 月から 2001 年 4 月まで継続されました。

　このように、橋本「行革」は、財界代表が主導して推進したのであり、そこに一貫して流れている考え方は「新自由主義的な改革」と、それを推進するための「権力の集中」でした。

## 政策決定のトップダウン化

　では、内閣機能はどのように強化されたのでしょうか。つぎの三点が重要です。

　一つは、それまであいまいだった「内閣総理大臣の指導性」をはっきりさせたことです。もともと、総理大臣に「政策を提案する権限」があるのかどうかは、法律のうえではっきりしていませんでした（各大臣の提案権は書かれていましたが）。そのため、内閣法第 4 条を改正し、内閣総理大臣は「内閣の重要政策に関する基本的な方針その他の案件を発議することができる」と

第 3 章　新自由主義は強権国家を求める　125

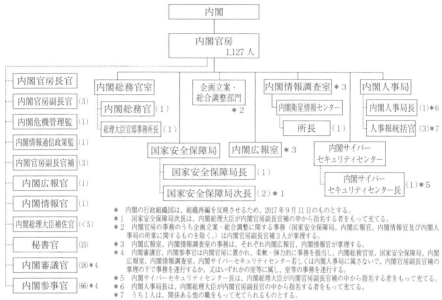

(出所)官邸ホームページの行政機構図にもとづき作成

明記したのです。

　二つは、首相を直接補佐する内閣官房を強化したことです。それまでは「閣議に係る重要事項に関する総合調整」とされていました。つまり各省庁の「調整」が内閣官房の仕事とされていたのです。これを「内閣の重要政策に関する基本的な方針に関する企画及び立案並びに総合調整に関する事務」と変え、内閣官房の「企画立案機能」が明確にされました。

　なぜ、企画立案機能が重要なのでしょうか。橋本内閣の行政改革会議の事務局長をつとめた水野清氏は、こう述べています。「企画立案機能というのは、企画というアイディアと、立案というアイディアに基づいた『法案作り』をするということを意味します[38]」。それまでは法案を各省庁がつくってきましたが、内閣官房も法案をつくることができるようにしたのです。また、首相補佐官の定数を３人から５人に増やしました。図表３－８「内閣官房の

組織図」にみるように、内閣官房の人員は1127人（2018年度末定員1218人）となっており、2000年の261人から4.3倍に増加しています。公務員全体の定数が削減され続けているなかで、この増え方はたいへん際立っています。

　三つは、図表3―9「内閣府組織図」（128〜129ページ）のような内閣府を新たに設置したことです。[39]内閣府は2336人を擁し、総理大臣を長とする内閣官房の総合戦略機能を助け、横断的に重要政策に関する企画立案および総合調整をおこなうとされています。

　重要なのは、内閣府を他省庁の上に位置すると法律に明記したことです。さらに、経済財政諮問会議や総合科学技術会議などの会議体が、内閣府に置かれました。これによって、政権運営の基本となる予算編成方式が大きく変えられました。経済財政諮問会議が毎年つくる「骨太の方針」（6月）で予算編成の基本方針を決め、首相がそれを閣議決定するというトップダウン方式に切り替えられました。それまでは、財務省が大きな力を持っていましたが、その権限を経済財政諮問会議に移したのです。

　第二次安倍内閣のもとで、新たに「日本経済再生本部」と「未来投資会議（産業競争力会議）」を設置し「日本再興戦略」を策定しています。また、規制改革推進会議が「規制改革実施計画」をつくって、毎年6月に閣議決定するという方式を採用するようになりました。

　小泉政権の秘書官を務めた飯島勲氏は、「2001年の橋本改革による中央省庁改革後、官邸機能は非常に強化された。行政の制度というか意思決定の仕組みは文字通り『官邸主導』『総理主導』になり、総理自身のイニシアティブが行政組織の隅々まで行き渡るようになっている」[40]と述べています。


# 4　首相官邸が高級官僚の人事権をにぎる


　さらに重要なのは、第二次安倍内閣が内閣人事局を設置して高級官僚の人

第3章　新自由主義は強権国家を求める　127

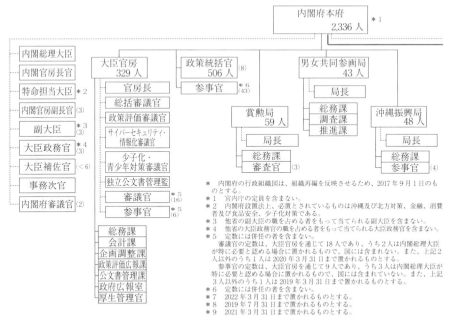

図表3－9　内閣府組織図

(出所) 官邸ホームページの行政機構図にもとづき作成

事権を内閣が直接にぎったことです。これは「公務員制度改革」と称して実行に移されました。それを主導したのも、やはり財界でした。

　経団連は、2005年4月に「さらなる行政改革の推進に向けて――国家公務員制度改革を中心に」という提言をおこない、つぎの課題は国家公務員のあり方を変えることだと主張しました。経団連の考える国家公務員とは、どのようなものでしょうか。その中心は「内閣総理大臣のリーダーシップの最大限発揮に貢献する」こと、「国益の追求を念頭において、戦略的な政策の企画・立案に専心する」ことです。これは、従来の公務員のあり方を根本的にくつがえす性格を持っていました。

## 官邸の意向しだい

　それまでは、局長以上の人事は各省庁が独自に決定した後、内閣の承認をうるという方式で、いわば事後承認のようなやり方でした。しかし、2014年4月に成立した国家公務員制度改革関連法によって、内閣が約600人の幹部職員（高級官僚）人事権を直接にぎるようにしたのです。まず、内閣人事局が「適格性審査」をおこなって「幹部候補者名簿」を作成し、これをもとに各省が人事案を作成、首相と官房長官を交えた「任免協議」で最終決定するという方式になりました。

　図表3─10「幹部職員の任用に係るプロセス」でわかるように、「適格性審査」をおこない「幹部候補者名簿の作成」をおこなうのは、すべて官房長官だというのがこの仕組みの核心です。実際の任免に先立って、首相・官房長官との協議をおこなうことが義務づけられることになりました。この任免協議は、「政府の人事方針」にもとづいて首相・官房長官から持ちかけることができます。

　大臣はかたちのうえでは「任命権者」ではありますが、官邸からの影響力を断ち切ることはできません。官邸は、いかなる段階でも幹部職員の人事に介入することが可能となりました。さらに注目したいのは、官邸の一方的な判断で幹部職員を「降格」できるようにしたことです。仕事がよくできても、

第3章　新自由主義は強権国家を求める　129

本人の「意に反して」「降任を行うことができる」としたのです。

　このような仕組みによって、幹部官僚のすべての人事、すなわち誰を幹部に引き上げどこに配置するか、また誰を降格させるかなど、官邸の意向しだいとなります。重要なのは、幹部官僚の人物に関するくわしい情報を官邸が握ったことです。幹部官僚の個人情報をどのように握っているか、官邸の動向にくわしい御厨貴氏はつぎのように述べています。

　「内閣人事局長を務めているのが杉田和博さんという警察官僚出身の方です。……杉田さんは、公安情報というものを知り尽くして、ありとあらゆる人物の裏側をむき出しにできる手法はすごいものです。だから、いまの官邸は何百人という官僚の一挙手一投足をすべて知り尽くしています。そういう意味で、いまの官僚人事はこれまでとは違っていて、警察が人事

表3―10　幹部職員の任用に係るプロセス

| 各大臣 | 官房長官 | 官房長官 | 各大臣 | 各大臣 | 各大臣 |
|---|---|---|---|---|---|
| | | | | 総理・官房長官 | |
| 幹部職員（現任）<br>各大臣による推薦 | 人事評価 | 適格性審査 | 幹部候補者名簿 | 任用候補者の選抜 | 任免協議 → 任命 |

**【人事評価】**
・各大臣が職員の人事評価を実施

**【適格性審査】**
・各大臣の人事評価を基本に、幹部職に属する官職に係る「標準職務遂行能力」の有無を確認
・政府全体の人事方針と整合性がとれているかを確認
・幹部職員・各大臣が推薦した者・これらに準ずる者として政令で定める者を対象

**【幹部候補者名簿】**
・適格性審査を踏まえ作成

**【任免協議】**
・任用候補者の官職への適正・政府全体の人事方針との整合性を協議
・各大臣は、幹部職への昇任・転任等を行う場合にはあらかじめ総理・官房長官に協議

・総理・官房長官は、適切な人事管理のために必要と認めるときは、各大臣に協議を求めることができる

（出所）官邸ホームページから

を握っているという面があって、それはどちらかというと全体としては暗いほうに向かってしまう。……それは行き過ぎだと思います[41]」。

第二次安倍内閣になってから、「全体の奉仕者」としての公務員の役割を否定し、公安情報まで利用しながら、官邸のために働く「官邸の奉仕者」をつくろうとする露骨な姿勢が生まれています。

## 「全体の奉仕者」を否定

新しい人事制度がつくられてから、公務員は「全体の奉仕者」であるといういちばん大事な性格がますます後退するようになりました。首相官邸の顔色をみたり忖度する官僚が増え、決裁文書の改竄などの不祥事を生みだす原因となってきました。しかしその一方で、少なくない官僚のなかに不満が広がり、前川喜平・元文科事務次官のような「反乱」もみられるようになりました。

前川氏は、こう述べています。「公務員も主権者たる国民の一人である。……主権者である国民の視点を常に持っていれば、憲法が国家権力の横暴や暴走を防ぐためのものだという立憲主義に立って国のあり方を考えるだろうし、権力の私的な濫用や国政の私物化が行われる事態を直ちに感得することもできる。……権力を持つ者が一部の者の利益のためにその権力を使おうとするなら、それに抗おうとするのは、公務員として当然のことだと言わねばならない[42]」。

これまでみてきたように、大企業・財界の全面的なてこ入れのもとで、1990年代から今日まで「政治改革」「行政改革」「公務員制度改革」が推進され、それによって今日の集権的な仕組みがつくられてきたのです[43]。さらに、重視しなければならないのは、内閣情報調査室の存在です。

第3章　新自由主義は強権国家を求める　131

# 5 内閣情報調査室、公安警察、公安調査庁の危険な役割

## 内閣情報調査室

2019年7月に封切られた「新聞記者」という映画が、大きな反響をよびました。

フィクション仕立てではありますが、官邸情報機関である内閣情報調査室（内調）のヤミの部分を真正面からえぐりだした作品です。主人公の記者を演じるのはシム・ウンギョン、官邸の官僚役の松坂桃李の真に迫った演技が感動的です。政権が隠す権力中枢の闇に迫ろうとする女性記者と、内閣情報調査室の職員である若手エリート官僚との対峙と葛藤を描いています。

原案は、東京新聞の記者、望月衣塑子氏の著書『新聞記者』です。望月氏は、武器輸出と軍事研究に関する一連の報道にたいし「第23回平和・協同ジャーナリスト基金賞奨励賞」を受賞しています。私は、『武器輸出と日本企業』（角川新書、2016年7月）の書評を「しんぶん赤旗」（2016年8月28日付）に書いたことがあります。望月氏は、官房長官の定例会見のさいに菅官房長官に真っ向から質問をする記者としてよく知られるようになりました。[*44]

いったい、内閣情報調査室とは、どのような部署なのでしょうか。

2001年から実行された「橋本行革」による「省庁再編」で、それまでの内閣情報調査室長は「内閣情報官」と改められました。図表3—11「内閣情報調査室の組織図」によると、内閣情報官・次長のもとに総務・国内・国際・経済・内閣情報集約の5部門があります。また、内閣情報官に直結して内閣衛星情報センターがあり、さらに次長のもとに内閣情報分析官が置かれています。定員数は415名で、うち内閣情報調査室が194名、内閣衛星情報センターが221名です。職員は、内部職員だけでなく警察庁、公安調査庁、

表3—11　内閣情報調査室の組織図（2019年7月現在）

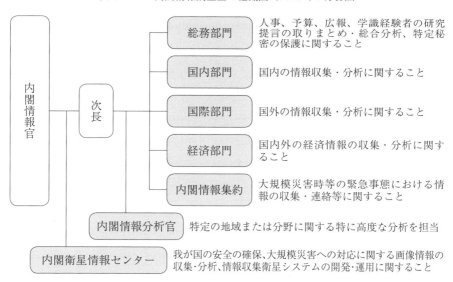

（出所）官邸ホームページより

防衛省情報本部、外務省国際情報統括官組織などの「インテリジェンス・コミュニティー」からの出向者で構成されています。ここには、あとでもみるように民間・大企業からの天上がりも多数います。

> インテリジェンス・コミュニティー
> 　日本のインテリジェンス・コミュニティーは、内閣情報会議とその下に設置されている合同情報会議を頂点とする体制をいいます。
> 　この会議は、各情報関係機関の連絡調整によって、国内外の内閣の重

第3章　新自由主義は強権国家を求める　133

要政策に関する情報を総合的に把握する名目で1998年10月、内閣に設置されました。内閣官房長官が主宰する関係省庁次官級の会議で、年2回開催されています。議長は内閣官房長官がつとめ、委員には内閣官房副長官（政務2、事務1）、内閣危機管理監、内閣情報官、警察庁長官、防衛事務次官、公安調査庁長官、外務事務次官があたっています。2008年3月には、内閣情報会議再編に関する閣議決定がおこなわれ、海上保安庁長官、財務事務次官、金融庁長官、経済産業事務次官が加わりました。

今井良氏の著書『内閣情報調査室』[*45]によると、安倍内閣のもとで「内閣情報調査室の約250人のスパイたちは国内外のあらゆる情報を日々積み上げている」といわれています。

「第2次安倍内閣が発足した2012年末からは、安倍総理大臣と北村内閣情報官の蜜月関係と呼応して、内調の果たす役割、総理の依存度が高まっていると言える。北村情報官は、すでに在任7年余りで、歴代の室長・情報官の在任期間で最長だ。北村情報官の存在感が増していることは、官邸の機能が強まれば強まるほど内閣情報調査室の力も増していくということを証明している」[*46]。

内調は、政局や世論動向の調査をおこなっているだけでなく、官僚や政治家のスキャンダルを収集したり閣僚候補にたいする「身体検査」までおこなっています。「身体検査」とは、政治家の政治資金、選挙活動、異性関係、飲酒癖などについて問題がないか調べることです。

官邸のホームページによると、北村滋氏の経歴は、1980年4月に警察庁に採用されるところからはじまります。1989年には警視庁本富士警察署長、1992年に在仏日本国大使館一等書記官、1995年に警察庁警備局外事課理事官、2004年には警備局外事情報部外事課長となります。その後、2006年の第一次安倍内閣発足のときに、安倍内閣総理大臣秘書官となり、兵庫県警察本部長、警察庁警備局外事情報部長、長官官房総括審議官を歴任し、2011

年から内閣情報官になりました。さらに、2019年9月の内閣改造を契機に国家安全保障局長になっています。

　第一次安倍内閣のときに北村氏が安倍総理大臣の秘書官を担ったことが、個人的つながりを深める契機になったと思われます。「ダイヤモンドDATAラボ[*47]」は、第二次安倍内閣の発足後から第三次改造内閣の誕生まで（2012年

図表3—12　安倍首相との「親密度」ランキング

| 順位 | 面会日数 | 氏名 | 役職等 |
|---|---|---|---|
| 1 | 533 | 北村滋 | 内閣情報官 |
| 2 | 349 | 斎木昭隆 | 外務省前事務次官 |
| 3 | 347 | 谷内正太郎 | 国家安全保障局長 |
| 4 | 312 | 麻生太郎 | 副総理兼財務相 |
| 5 | 287 | 菅義偉 | 官房長官 |
| 6 | 257 | 世耕弘成 | 経済産業相 |
| 7 | 239 | 加藤勝信 | 働き方改革担当相 |
| 8 | 225 | 昭恵夫人 | |
| 8 | 225 | 杉山晋輔 | 外務事務次官 |
| 10 | 192 | 岸田文雄 | 外相兼防衛相 |
| 11 | 187 | 甘利明 | 元経済財政再生相 |
| 12 | 150 | 秋葉剛男 | 外務審議官 |
| 13 | 144 | 萩生田光一 | 官房副長官 |
| 14 | 136 | 河野克俊 | 統合幕僚長 |
| 15 | 132 | 前田哲 | 防衛政策局長 |
| 16 | 128 | 茂木敏充 | 経済再生担当相兼人づくり革命担当相 |
| 17 | 126 | 平松賢司 | 駐インド大使 |
| 18 | 116 | 石兼公博 | 前総合外交政策局長 |
| 19 | 113 | 下村博文 | 自民党幹事長代行 |
| 19 | 113 | 谷垣禎一 | 前自民党幹事長 |
| 21 | 109 | 稲田朋美 | 前防衛相 |
| 22 | 105 | 二階俊博 | 自民党幹事長 |
| 23 | 103 | 高村正彦 | 副総裁 |
| 24 | 97 | 田中一穂 | 元財務省事務次官 |
| 25 | 94 | 伊原純一 | 元アジア大洋州局長 |

（注）集計期間2012年12月26日〜2017年8月3日、毎日新聞「首相日々」をもとに『週刊ダイヤモンド』編集部作成
（注）1日に複数会う場合があるため日数にした

135

12月26日〜2017年8月3日）を対象に「総理が誰と会っていたのかランキング」を公表しています。図表3—12「安倍首相との『親密度』ランキング」がそれです。もっとも多かったのが北村氏で、533回にのぼっています。それは2位の349回を大きく引き離しダントツでした。北村氏は「官邸のアイヒマン」[*48]の異名を持つ人物といわれており、安倍総理との密着ぶりに驚かされます。

　2019年9月、安倍総理はこの北村滋氏を国家安全保障局長に据えました。警察庁出身で外交・安全保障の「素人」である北村氏をこのような役職につけるのは、きわめて異例なことだと言われています。国家安全保障局（NSS）は、総理、官房長官、外務大臣、防衛大臣などで構成する国家安全保障会議（NSC）の事務局で、外交・防衛政策の「司令塔」の役割をになっています。それまで国家安全保障局長だった谷内正太郎氏（外務省出身）は退任（内閣特別顧問は続ける）し、北村氏の後任の内閣情報官には同じ警察庁出身の滝沢裕昭氏が就任しました。さらに側近である首相秘書官の今井尚哉氏を首相補佐官兼務にし内政、外交を問わず重要政策をこれまで以上に主導できる「政策企画の総括」を担当させました。

　警察出身のもう一人の重要人物は、政治学者の御厨氏も指摘していた内閣官房副長官の杉田和博氏です。官邸のホームページで経歴をみると、東京大学法学部卒業後、1966年に警察庁に入り、1982年に内閣官房長官秘書官事務取扱（後藤田・藤波官房長官）、1985年警視庁第一方面本部長、1994年警察庁警備局長、そして1997年には内閣官房内閣情報調査室長に就任し2001年に内閣情報官になっています。そして、2012年12月の第二次安倍内閣発足のときに内閣官房副長官となり今日に至っています。

　重要なのは、2017年8月から、杉田和博官房副長官が府省庁の幹部人事を一元管理する内閣人事局長に就任していることです。それまでは、政務担当の官房副長官が兼務してきましたが、はじめて官僚トップで事務担当の副長官が務めることとなりました。

## マスコミ工作と世論操作まで

　内閣情報調査室は、マスコミ工作や世論操作にも深くかかわっています。内調職員は、週刊誌等のマスコミと頻繁に接触しています。今井良氏によると「公開情報を収集してインテリジェンスを導くだけでなく、逆に公開情報を作る──。内調には『マスコミへの情報操作・世論工作部門』があるとされている。具体的には内閣情報調査室国内部門の特命班に、『マスコミ担当』が新聞・出版・テレビなどのメディアごとに分かれて存在している」といいます。

　具体例として、前川喜平・元文科事務次官にたいする不当な「出会い系バー通い」報道があげられます。2017年5月22日付読売新聞の社会面に「前川前次官　出会い系バー通い　文科省在職中、平日夜」という見出しの記事が掲載されました。プライベートな行動を、なぜか読売新聞だけが詳細に記事にしたのです。前川氏は、すぐ記者会見を開き「行ったのは事実だが、女性の貧困の実態を知るためだった。ああいうところに流れ着く子を見て、学び直しを経済的にサポートする仕組みが必要だと思い知りました。別の女性の話からは通信制高校の実態も知ることができた」と説明しました。

　問題は、この「読売」報道の背後に誰がいたかです。このマスコミ工作にも、内閣情報調査室がかかわっていたのです。加計学園をめぐる前川氏の言動が「日本の官僚トップ、杉田和博内閣官房副長官の不興を買った」ことが発端だと今井良氏はいいます。「杉田官房副長官から北村内閣情報官に指示が出されたという。北村情報官は国内部門のマスコミ担当班を動かし、前川氏に対する徹底した行動確認を行った」。そこで得た情報をマスコミに流して社会的な打撃を与えようとしたのです。そのうえで「マスコミ担当班は各メディアに太いパイプを持つ。情報操作を行う。つまり世論を形成していくことができる内調の秘密部隊と言っても過言ではない」とする内調関係者の言葉を紹介しています。[49]

　官邸ナンバー3の杉田和博官房副長官、内調トップの滝沢裕昭内閣情報官、

第3章　新自由主義は強権国家を求める　137

外交・防衛のかなめの北村滋国家安全保障局長をはじめ、内調の総務・国内・国際部門の主幹は警察庁出身者で占められています。内閣事務官クラスには警視庁をはじめとする全国の警察から公安捜査官が出向し、警察庁のキャリア幹部を支えています。[*50] このため「官邸警察派」「官邸ポリス」などといわれているのです。

このようにみてくると、安倍総理大臣を警察あがりの人物がとりまき、マスコミを工作し世論を操作するというきわめて異常な事態が進行しているといわなければなりません。

## 公安警察

権力のためにスパイ・諜報活動をおこなう機関は、内閣情報調査室だけではありません。公安警察と公安調査庁があります。

公安警察というのは、警察庁警備局をトップに、警視庁公安部、各道府県警察本部警備部、所轄警察署警備課で組織されています。公安警察に関する予算は国が出しているので、都道府県警察の公安部門は警察庁の直接指揮のもとにおかれています。そのうち東京都を所轄する警視庁のホームページをみると、一二の部署の一つに公安部があります。警視庁公安部には1100人の公安捜査官がいるといわれ、最大規模で諜報活動などをおこなっています。

2017年に「共謀罪」法が強行されたことにより、公安警察の恣意的な捜査や不当弾圧の拡大が危惧（きぐ）されています。公安警察が取得した情報が内閣情報調査室に提供され、政権の支配機能の強化に利用する傾向がますます強まっています。公安警察が犯罪の捜査を口実に情報収集をおこない、国民の人権を侵害する行為は許されるものではありません。

公安警察がおこなう情報収集活動のなかに、「対象となる組織内にスパイを育成」する方法があります。今井良氏の著書によると、警察庁警備局が全国の公安捜査官向けに作成した「協力者設定作業の基本」というものがあり、そこには六つの段階にわたる「スパイ育成」の巧妙な手口が紹介されてい

ます。このような公安警察の違憲・違法なスパイ活動は中止すべきです。警[*51]
察は、国民の基本的人権と生命・身体の安全が保障されるよう治安を確保す
るほんらいの活動に立ちかえらなければなりません。

## 公安調査庁

公安調査庁は、サンフランシスコ講和条約が締結（1951年9月8日）され
た翌年の1952年に、破防法（破壊活動防止法）の施行にともなう担当部門と
して、法務省の外局として設置されました。公安警察と違うのは、公安調査
庁には逮捕、家宅捜索等の司法警察権が与えられていないことです。ただし、
団体規制法（オウム新法）にもとづく公安調査官による対象団体への立入や
検査について拒み、妨げ、または忌避した者にたいして、1年以下の懲役刑
又は50万円以下の罰金刑が同法第39条に規定されており、公安調査庁の団
体規制権能には一定の強制力も付与されています。

根拠となる破防法は、団体として暴力主義的破壊活動をおこなった組織に
たいする活動規制や団体の解散をおもな目的としてかかげていますが、最初
から日本共産党をターゲットとしていました。詳しくは、柳沢明夫氏の論考
「謀略とウソにまみれた破防法と公安調査庁」を参照してください。[*52]ここで
は、そのポイントを紹介しておきましょう。

この法律制度はなぜつくられたのでしょうか。戦後の米軍占領下で日本共
産党や労働組合、民主団体などの弾圧に猛威を振るっていた団体等規正令[*53]
（団規令）を占領体制が終わったあとも継続させる目的で、支配勢力が求め
ていたからでした。当時、破防法制定の動きにたいして、多くの労働組合や
各種団体、市民の激しい反対運動が起こり、圧倒的多数の世論が反対でした。
しかし与党は、国会での野党の批判にもかかわらず、謀略と虚偽宣伝による
反共攻撃の大キャンペーンのもとで採決を強行したのです。

第3章　新自由主義は強権国家を求める　139

国民運動を敵視・監視

　公安調査庁は、公党である日本共産党や正当な活動をしている民主団体を
主なターゲットにしてきました。それは、破防法の規定にすら反し、そのやり方も盗聴、脅迫、窃盗、飲食や金品の提供によるスパイ工作など、違法・卑劣なものです。法律上は、任意捜査しかできないことになっているのですが、じっさいには団体にスパイを送り込んだり育成するという卑劣な活動を日常の業務としています。

　これまでも、大震災の救援にあたったボランティア活動、汚職腐敗を追及する市民オンブズマン活動、PTA組織、弁護士会、消費税引き上げ反対の労働組合や老人クラブ、原発・基地・産廃処理場建設をめぐる住民投票、従軍「慰安婦」問題での市民運動などに不当な監視の手をのばしてきました。アメリカや日本の支配勢力にとって、その支配の障害になるとみなした国民運動を敵視し監視することが、公安調査庁の最大の目的となっているのです。

　日本共産党についていえば、破防法ができてから67年たちますが、ただの一度も党員が破防法による処罰を受けたことはありません。政党として処分の適用をうけたこともありません。処分どころか公安審査委員会への申請がおこなわれたことさえ一度もなく、処分の可否が検討されたこともなかったのです。日本共産党の側に、攻撃のターゲットとなる理由がまったくなかったからです。[54]

　民主主義や国民の基本的人権とあいいれない、このような公安調査庁と破防法はただちに廃止すべきです。


## NHKへの介入とマスコミ操作

　内閣情報調査室のマスコミ工作と世論操作について先にふれましたが、マスコミそのものを変質させ利用する危険な動きも見逃すことはできません。
　その一つはNHKです。具体的な事例をあげると、たとえばNHKの

「ETV2001」問題があります。これは2001年1月30日に放送したETV特集シリーズ「戦争をどう裁くか」の第2夜「問われる戦時性暴力」で、慰安婦問題などをあつかう民衆法廷（模擬法廷）の日本軍性奴隷制を裁く女性国際戦犯法廷（主催：VAWW－NETジャパン）に関する番組です。

　当時、官房副長官だったのは安倍晋三氏でした。安倍氏は、番組が放送される直前の1月29日、NHK役員などから官邸で説明を受けたとき「公平公正にやってほしい」と述べたといわれます。その後、役員みずから「慰安婦」の発言部分をカットするよう指示をだし、番組の改編が引き起こされました。この件で、安倍氏がNHKに番組の改変を働きかけたのではないかという疑念を持たれました。

　政治学者で東京工業大学リベラルアーツ研究教育院教授の中島岳志氏によれば、当時の放送総局長が朝日新聞の取材に応えて明らかにしたところでは、安倍さんが言ったのは「勘ぐれ、おまえ」という言葉だったそうです。その結果、「忖度」によって番組の内容が変えられてしまいました。中島氏は「自主規制の構造をよく知っているのがいまの官邸だということを、メディアはしっかりと認識しておかなくてはならない」と述べています。[55]また、メディア側の問題として、「こうしたら官邸が満足するんじゃないか」「文句を言われないんじゃないか」と、「忖度に忖度を重ねて、結果として過度に政権をもちあげるようなニュース番組ができあがるという構造」を考えなければならないと指摘しています。[56]

　2006年に安倍氏は総理の座につきましたが、そのとき経営委員として任命を受け、2007年6月に委員長となったのが、安倍氏を支援する財界人の集まり「四季の会」のメンバーである古森重隆・富士フイルムホールディングス社長でした。

　2008年3月の参議院総務委員会で、安倍晋三総理の補佐官を務めた自民党の世耕弘成参議院議員（第二次安倍政権では、内閣官房副長官、経済産業大臣などを歴任）は、NHKスペシャルの番組内容を次のように批判しました。「気になるのが、どうもNHKスペシャル、看板番組、NHKが世の中に、今

第3章　新自由主義は強権国家を求める　141

これが問題ですよ、世の中こっちの方へ注意をしなければいけないんじゃないかというような注意喚起の番組だと思っていますが、その内容がこの一年ぐらいどうも、格差の問題とかワーキングプアの問題とか貧困の問題、どうもそっちに偏り過ぎているんじゃないか。この問題も私は非常に重要だとは思いますけれども、しかし余りに内容としてそっちに偏り過ぎている。……新会長として、こういった面についてもやはりビジネス御出身の立場としてもう少し（背景の国際経済などに）重点を置くべきではないか」。

　2016年2月の衆院予算委員会では、高市早苗氏は総務大臣の立場から「放送局が政治的な公平を欠く放送を繰り返し改善しない場合には電波停止もありうる」と答弁したことがありました。きわめて高圧的な発言で国民の顰蹙をかい、民放各社はフジテレビも含めて批判的見解を明らかにしました。ところが当時のNHKの籾井勝人会長だけは、明確な見解を示しませんでした。

　これらはそれぞれ、安倍晋三氏と密接に関連した事例です。NHKは公共放送であり、視聴者の受信料によって運営されています。その予算や事業計画は毎年、国会で承認されることになっています。また、NHKの局内で圧倒的な権限を持っているNHK会長の任免権をもつ12人の経営委員は、国会の同意を得て首相が任命することになっています。ですから、与党・自民党と総理大臣の影響力を受けやすい仕組みになっているのです。[57]

　さらに、財界の圧力も受けやすいのがNHKです。最初に生粋の財界人としてNHK会長に選ばれたのは、元三井物産社長で相談役の池田芳蔵氏でした。推薦したのは、NHK経営委員長をしていた磯田一郎・住友銀行会長です。[58] また、籾井氏を会長に推薦したのもJR九州会長の石原進経営委員だったといわれていますが、実際に推薦したのは新日鐵社長と会長を歴任し経団連会長をつとめた今井敬・新日本製鐵名誉会長でした。安倍首相秘書官兼補佐官をつとめる今井尚哉氏は、今井名誉会長の甥にあたります。籾井氏は三井物産時代に鉄鋼を長く担当しており、今井名誉会長とつながりがありました。[59]

こうして、日本の支配層はNHKにたいしても人事などを通じて内部に深く介入し、安倍内閣の政策に迎合する方向へと誘導する仕掛けをつくりだしているのです。


# 6　集権的国家づくりは臨調からはじまった


これまでみてきたような集権的国家づくりは、いつごろからはじまったのでしょう。

その前に、第二次大戦後の統治・行政機構の「改革」[*60]はどうだったのでしょうか。少しふりかえってみましょう。

### 敗戦直後は行政機構の民主化が課題

1945年8月の敗戦による対日占領と新憲法原則への転換は、立法・行政・司法全般にわたる日本の統治構造についての根本的な変革をもたらしました。行政機構については、軍事組織・政治警察の解体、官僚的中央集権体制の排除、地方自治の確立、民主的な公務員制度の拡充などが求められ、大規模な行政機構の改革がおこなわれました。

その後、行政の簡素化が焦点の一つとなり、1949年には吉田内閣のもとで経済安定政策に対応する行政機構の縮小、1952年には講和条約発効のもとで行政機構の縮小を目指すこととなり、1952年に行政管理庁長官の諮問機関として第一次行政審議会が設置されました。敗戦直後から1950年代初頭の行革は、行政機構の民主化と効率化が中心テーマだったのです。

ところが、1955年に始まる高度経済成長政策のもとで、行政負担が急増し重点の置き方にも変化が現われました。このため、これに対応する目的で1956年から鳩山内閣によって能率的な行政機構の編成、行政事務管理の改革などが議論され、1956年の第三次、58年の第四次、59年に第五次の行政

第3章　新自由主義は強権国家を求める　143

審議会が設置されていきました。

　その後、1960年代以降の「改革」に、財界・大企業はどのようにかかわってきたのでしょうか。


**臨時行政調査会（臨調）方式**

　まず注目しなければならないのは、二度にわたって設置された臨時行政調査会（臨調）です。これは、内閣総理大臣の諮問機関として行政改革をすすめるために設置した審議会であり、第一次臨調（1961〜64年まで池田内閣のもとに置かれた）と，第二次臨調（1981〜83年まで鈴木内閣・中曽根内閣のもとに置かれた）があります。

　臨調方式とは、北岡伸一氏によれば「日常的な意思決定とは違った形で、違った参加者のもとに問題を解決していくしくみであった」。「その中心となったのは、財界であり、また自由経済体制を主張する学者、知識人であった。こうした人びとを臨調やその部会の中心に据え、成案を求め、これを世論の後押しで実現していこうというもの」と、財界のリーダーシップを特徴の一つとしてあげています。[*61]


## 第一次臨調

　第一次臨調は、池田勇人内閣の時代、臨時行政調査会設置法にもとづいて1961年11月に設置されました。[*62]この臨調は、1964年9月に16項目にわたる報告書を答申しています。

　図表3—13「第一臨調のメンバー」のように、調査会のメンバーは7人で財界代表は2人でした。経団連副会長などの要職を歴任した三井銀行会長の佐藤喜一郎氏が調査会の会長に就任し、昭和電工社長の安西正夫氏がメンバーに入っています。その全陣容は、調査会のもとに24名の専門委員と71名の調査員を配置し、四十余名の参与の協力を得るという大がかりなもので、2年半を費やして作業をおこないました。

図表３―13　第一臨調のメンバー

| | |
|---|---|
| 佐藤喜一郎（会長） | ★三井銀行会長（後に経団連副会長） |
| 高橋雄豺（会長代行） | 読売新聞副社長 |
| 安西正夫 | ★昭和電工社長 |
| 今井一夫 | 国家公務員共済組合連合会理事長 |
| 太田　薫 | 日本労働組合総評議会議長 |
| 花井　忠 | 弁護士、元検事総長 |
| 蝋山政道 | 国際基督教大学教授 |

（★印＝財界代表）

　第一臨調は、行政制度および行政運営について全面的な検討を加え、「行政改革にかんする網羅的な勧告[63]」をおこないましたが、このとき会長をつとめた佐藤喜一郎氏は、財界のなかにも「行政改革推進合同委員会をつくって、具体案を政府に要望」したと述べています[64]。

　注目したいのは、「私が行政改革の最大の柱として、内閣の機能強化をあげているのも、国政の担当者である首相に思い切った政策を実行してもらうためである」としていることです。このことから「内閣機能の強化」という課題は、当初から財界が要望していたものであったことがわかります。さらに佐藤氏は「内閣府をつくり、そこに首相が信頼し、首相と政治的運命をともにする有能な内閣補佐官を必要なだけ選ぶ。そして、いま政府が何に重点を置くべきかを検討する。……それを内閣府で総合調整して、政府として一本の線を出せ」と主張しています。

　ここには、今日の内閣機能強化の原型が現われています。しかしそれは、今日問題となっている官邸主導とは異なるものでした。1964年９月に出された「内閣の機能に関する改革意見」によると、「行政の責任は内閣にあるのであるから、与党の政策は、与党内で調整されたものが内閣の政策決定に反映されるべきものである」としています。官邸主導を強化するという発想ではなく、まずは与党内で派閥や族議員のあいだでの政策調整を優先するよう説いていたのです。

第３章　新自由主義は強権国家を求める　145

第一臨調が設置された 1960 年代は、高度経済成長に入った時代であった
ため、財界の危機意識はそれほど深刻なものではありませんでした。第一臨
調は「直接、政治や政策にかかわることについては、原則としてふれない」[65]
立場をとっていました。これは「所与の政治状況と政策目標のもとでの行政
の組織・運営の改革を論じようとした」ものであり、「この点については、
第二臨調とまったく異なる」ものであったと指摘されています。[66]

　注目すべきは、答申で「行政における民主化の徹底」を掲げており、「行
政における民主化は不徹底であり」「中央集権主義の行き過ぎを是正」する
と指摘している箇所もあることです。[67]答申が出された時期は、戦後 20 年も
経ておらず、安保闘争の直後という時代的背景があったものと思われます。[68]
ただしこれらの答申は、ほとんど実行されませんでした。

## 中曽根内閣の「土光臨調」（第二臨調）

　続いて設置されたのが、第二臨調（1981 年 3 月～ 1983 年 3 月）です。図表
3―14「第二臨調のメンバー」のように、1981 年 3 月、経団連名誉会長で
ある土光敏夫氏を会長に 9 人で構成されました。[69]また、有識者　21 人を専

図表3―14　第二臨調のメンバー（1983 年 3 月現在）

| | |
|---|---|
| 土光敏夫（会長） | ★経団連名誉会長 |
| 圓城寺次郎 | 日本経済新聞社顧問 |
| 林　敬三 | 日本赤十字社社長 |
| 宮崎　輝 | ★旭化成工業取締役社長 |
| 瀬島龍三 | ★東京商工会議所副会頭、伊藤忠商事相談役 |
| 辻　清明 | 国際基督教大学教授 |
| 谷村　裕 | 前東京証券取引所理事長 |
| 金杉秀信 | 全日本労働総同盟副会長 |
| 丸山康雄 | 日本労働組合総評議会副議長 |

（★印＝財界代表）

門委員としたほか、参与、顧問などが配置されました。総勢80名を超えるメンバーでした。[*70]

第二次臨時行政調査会（第二臨調）は審議会の一つではありましたが、そのトップに経団連名誉会長の土光敏夫氏を据え、首相の個人的リーダーシップのもとで強引におしすすめたところに特徴がありました。

この財界主導の体制について、飯尾潤氏はこう述べています。「第二臨調の行政改革は、中曽根首相が自民党の国会議員を使って実行したものではない。これは政治家ができないことを、土光敏夫会長などの財界人を中心に、元官僚なども加えて、第二臨調という別の舞台で方針を決めたものである。……財界人が、事務局官僚を使って、委員となっている元官僚などを窓口に、役所相手に調整をしたのが実態である」。このように指摘し、「政治家による政治をバイパスにする改革プロセス[*71]」とよびました。しかも、「政界工作にあたっては瀬島龍三委員を中心に、中曽根長官、橋本龍太郎自民党行財政調査会長に、関係する部会長が加わって対策を練ることが多く、『裏臨調』ともいわれた[*72]」のです。

その手法は、「財界の指揮で、国会からも国民からも超越したところで、『行革』方針をきめておしつける」方式でした。[*73]背景には、日本経済の停滞と深刻な財政危機がありました。経団連は、1978年4月、内部に行革特別委員会を設置し、7月に「行政改革推進に関する意見」を出し政府にたいして「直面する財政危機打開を大前提として、勇断をもって行政改革を実行」することを要望しています。うたい文句は「増税なき財政再建」でしたが、その核心は法人税の「増税なき」財政再建でした。

## 強権的な国家づくりと福祉切り捨て

注目すべきことは、「国の歩みを変える」国家改造の手段として「行革」を利用しようとしたことです。中曽根氏はこう述べています。「国家統治の機構、あるいは機能、そういうものの運営が行政であるわけであり、行政改革には国家統治という基底に及ぶ視点がなければならない」「行政改革とは、

第3章　新自由主義は強権国家を求める　147

統治権の行使の改革である。……財政はその一部分であって、財政のために行政改革があるのではない」「国家の構造改革」であると[*74]。

第二臨調の第一次答申は、この方向を踏まえて「行政改革の最大の眼目は、行政の在り方を大きく改めることを通じて、国家と国民を合わせた国全体の歩みを、より望ましい方向に変えていこうとする点にある」としました[*75]。まさに、権力の集中と国民統合をめざす「国家改造」計画です。

中曽根康弘首相は、対米従属のもとで「日米運命共同体」論を唱え、軍国主義的な色彩を強めながら、「戦後政治の総決算」「日本列島不沈空母」論をかかげ、中央集権的な国家づくりと軍国主義の復活を目指しました[*76]。

他方で、国民にたいしては、国に頼らない「自立・自助」の精神を説き犠牲を強いるものでした。たとえば、第一次答申の「行政改革の理念」は、「個人の自立・自助の精神に立脚した家庭や近隣、職場や地域社会での連帯を基礎としつつ、効率の良い政府が適正な負担の下に福祉の充実を図ることが望ましい」として、福祉・社会保障分野での国の役割を放棄する方向を鮮明にしています[*77]。戦後、国民の運動のもとで曲がりなりにも維持されてきた社会保障・福祉制度を切り捨てる方向に舵を切ったのです。

---

**第二臨調が標的にした福祉**

1973年は「福祉元年」と呼ばれ、老人医療費の無料化、医療保険の給付率の改善、年金の物価スライド制の導入などが行われました。老人医療費の一部負担金（患者負担）を公費により肩替わりする制度は、東京都や秋田県など一部の自治体において実施されていましたが、その後、全国の多くの自治体に広がっていきました。国もそれに押されて1972年の老人福祉法の一部改正により、1973年1月から国の制度として老人医療費支給制度が実施されました。第二臨調と中曽根首相の思想である新自由主義や新保守主義は、このような福祉拡充の方向に攻撃を加えたのです。

---

第二臨調に象徴される「新保守主義」は、1970年代の二度にわたるオイ

ルショックが引き起こした世界的な不況のなかで、「膨らみ続ける社会保障費」に対する財界と自民党による攻撃でした。欧州先進国は、戦後からの積み重ねで充実した社会保障制度をもっていたのに、日本ははるかに貧弱でした。日本では、これから充実しなければならないときに、社会保障を無慈悲に削る姿勢を示したのです。[78]

## 国鉄、電電、たばこ事業の民営化

　中曽根・第二臨調が実行した象徴的な「改革」は、日本国有鉄道、日本電信電話公社、日本専売公社の分割・民営化でした。「国家的独占」[79]を解体し「私的独占」に変えたのです。三公社は、JR、日本電信電話（NTT）、日本たばこ産業（JT）へと経営形態が変えられました。

　中曽根首相の考えは、国鉄改革などの三公社改革を基本答申の目玉にすることであり、それがマス・メディアで大きく報道され、関心の強い国鉄問題を処理できれば、それだけで行革の成果とすることができるというものでした。逆に、省庁再編や中央・地方関係の組み替えは、問題が山積しており「関係機関の抵抗が強い割には、市民の期待も盛り上がらないので、先送りしてもよいという判断であった」[80]といいます。

　1980年代は、米国のレーガン大統領、英国のサッチャー首相とともに中曽根康弘首相の新保守主義の流れが大きくなり、そのもとで国有企業の民営化がおこなわれました。これは、巨大企業・財界が、利益のあがる分野にはどこにでも進出する貪欲さをしめすものでした。

## 財界による監視体制

　重要なことは、第二臨調が解散した後も、その路線の実行をフォローアップする監視体制として行革審（臨時行政改革推進審議会）がつくられたことです。その初代会長となったのが土光敏夫・元経団連会長でした（1983年6月〜1986年6月）、また大槻文平・元日経連会長が会長を務めた第二次臨時行政改革推進審議会（1987年4月〜1990年4月）、さらに、鈴木永二・元日

第3章　新自由主義は強権国家を求める　149

経連会長が会長となった第三次臨時行政改革推進審議会（1990年10月〜1993年10月）がありました。

中曽根「第二臨調」は、三公社の民営化が最大の「成果」とされました。しかし、中央への権力集中という課題は、法制度のうえでは具体的な成果をあげることができませんでした[81]。それを、財界主導で制度上つくりあげたのが、先にみた橋本「行革」だったのです。


＊1　関税以外の手段で貿易を規制すること。たとえば、国内の産業をまもるために設けた輸入の数量制限や課徴金などがあります。

＊2　2002年10月3日、東京サンケイビルグランドオープン・サンケイビル創立50周年記念経済セミナーで奥田碩会長がおこなった「日本経済再生への道」と題した講演。

＊3　1989年7月の日米首脳会談での合意を受けて設置された日米構造問題協議作業グループが1990年6月28日に提出した「最終報告」によると、「社会資本整備の必要性、重要性を強く認識し、今後とも社会資本整備の着実な推進を図る」ことをまっ先に掲げています。日米構造問題研究会編『日米構造問題協議最終報告書』（1990年9月、財経詳報社）13ページ。

＊4　佐々木憲昭編著『変貌する財界』（新日本出版社、2007年1月）80〜81ページ。

＊5　坂本雅子『空洞化と属国化』（新日本出版社、2017年9月）13ページ。

＊6　『経済』2017年11月号が安倍政権を「新自由主義と復古・国家主義」として特集を組んでいます。

＊7　政党助成金導入の経緯については、拙著『財界支配』（新日本出版社、2016年1月）247〜252ページを参照してください。

＊8　その反面、野党にたいし「多弱」との指摘もあります。しかし現行の選挙制度のもとでは、少数政党は得票率にみあった議席配分を得られず、獲得議席を大幅に切り縮められ、民意の反映を大きくゆがめられています。「死票」は各小選挙区投票の過半数にのぼっています（山本陽子「議員定数削減に根拠なし、いまこそ国民の民意を正確に反映する選挙制度へ」『前衛』2016年

３月号、108 ページ）。しかも議員定数が次々と削減され、中選挙区時代には最高で 512 あった衆議院の定数は、現在 465 に減らされています。

＊９　特定の候補に有利になるように選挙区の境界線をひいたため、いびつな形になった選挙区のことをいいます。1812 年、米国マサチューセッツ州知事Ｅ＝ゲリーが自党に有利なように区割りした選挙区の形が、サラマンダー（伝説上のトカゲ）に似ていたことからつくられた言葉といわれています。

＊10　原彬久編『岸信介証言録』（中公文庫、2014 年 11 月）465 〜 466 ページ。

＊11　岸信介・矢次一夫・伊藤隆『岸信介の回想』（文藝春秋、2014 年 10 月）233 ページ。

＊12　社会経済国民会議は、主要大企業の労資を中心としたフォーラム組織です。 1973 年当時のエネルギー・環境問題を契機に設立されました。労資代表だけでなく、学者、消費者など各界の代表により構成されていました。政治問題特別委員会は、そのなかにつくられた組織です。

＊13　1992 年 4 月に発足した民間政治臨調の前身は、社会経済国民会議（後の日本生産性本部）の政治問題特別委員会が発足させた「政治改革フォーラム」（1989 年 10 月）でした。民間政治臨調は 1992 年 4 月に発足し、小選挙区比例代表連用制を提唱するなど政治改革・選挙制度改革論議を主導しました。

＊14　保岡興治『政治主導の時代——統治構造改革に取り組んだ 30 年』（中央公論新社、2008 年 1 月）281 ページ。

＊15　保岡興治『政治主導の時代——統治構造改革に取り組んだ 30 年』（中央公論新社、2008 年 1 月）33 ページ。

＊16　細川護熙総理の総理秘書官だった成田憲彦氏が 1995 年 8 月 22 日に講演した記録「政治改革法案の成立過程——官邸と与党の動きを中心として」（北海道大学大学院法学研究科、北大法学論集 46 巻 6 号、1895 ページ）が、この間の詳しい経緯を明らかにしています。

＊17　小沢隆一、上脇博之、白髪寿一、穀田恵二「座談会『政治改革』20 年　日本政治に何をもたらしたのか」（『前衛』2014 年 2 月号）20 ページ。

＊18　たとえば、1970 年代に福田恆存をはじめとする保守系の学者等が結成した「自由民主党へ訴える学者の会」は、「小選挙区制の実施が自民党政権、

第３章　新自由主義は強権国家を求める　151

したがって、わが国の『自由社会』の存続を確実ならしめるために残された
ほとんど唯一の合法的手段である」と露骨に主張したことがありました
(「自由新報」1973年8月21日、中北浩爾『自民党』〔中公新書、2017年4
月〕67ページ)。

*19　1993年の第40回総選挙まで実施されてきた選挙制度。一つの選挙区から
複数人(3人から5人程度)を選出する。1994年に廃止。なお、「中選挙区
制」とは日本独自の呼称で大選挙区制非移譲式単記制というのが正式名称。

*20　派閥は、総裁選挙と中選挙区制の二つを主たる背景として自民党内部で定
着していきました。派閥の領袖は、企業・団体献金を調達し国政選挙で候補
者を擁立し、資金援助などを与え、それを通して派閥のメンバーを増やし、
党内での発言力を高め、政府・国会・党のポストを獲得します。それによっ
てメンバーの忠誠を強化する一方、政策決定過程に影響力を及ぼし資金提供
者の要望に応えるのです。こうして派閥は、総裁選出、資金配分、役職分配
という機能を果たし結束を固めました(中北浩爾『自民党』21ページ、内
山融『小泉政権』〔中公新書、2007年4月〕14ページ)。

*21　中北浩爾『自民党』28ページ。

*22　井芹浩文『派閥再編成』(中公新書、1988年9月)194ページ。

*23　竹中治堅『首相支配』(中公新書、2006年5月)152ページ。

*24　拙編著『変貌する財界』(新日本出版社、2007年1月)202〜203ページ。
拙著『財界支配』(新日本出版社、2016年1月)247〜252ページ。

*25　1994年、細川内閣の連立与党と自由民主党の合意により成立したいわゆ
る政治改革4法によって、選挙制度改革・政党助成制度を導入するとともに、
企業・団体からの寄附の対象を政党(政党の本部・支部)と新たに規定した
資金管理団体に限定しました。

*26　1999年までは、政治家が政治資金管理のために設立した資金管理団体に
ついては、年50万円に限って企業・団体献金を認められましたが、1999年
に政治資金規正法が再改正され2000年以降は不可能となりました(竹中治
堅『首相支配』152ページ)。そのため、派閥の集金力は1994年の「政治改
革」を境に大幅に低下しました。ただし、政治資金パーティーを催したり政
党支部を通すことによって、政治家個人が企業・団体献金を事実上受け取る

ことができるという抜け穴があり、それを悪用する例が増えました。（拙編著『変貌する財界』207 〜 209 ページ、竹中治堅『首相支配』152 〜 154 ページ、中北浩爾『自民党』33 ページ）。

＊27　族議員とは、「省庁を基本単位として仕切られた政策分野について日常的に強い影響力を行使している中堅議員の集団」であり、「政調部会・調査会等の審議をリードする作戦司令塔の役割を果たしています。1960 年代後半からしだいに形成され、70 年代末までには主要な行政分野に明確な形で存在するようになった」。（佐藤誠三郎・松崎哲久『自民党政権』〔中央公論社、1986 年 5 月〕92 ページ）

＊28　石原信雄氏は、派閥順送り人事について、「7 人の総理に仕えた」が「一般には、閣僚は各派閥からの推薦の議員を尊重する形で任命することが多く、大臣は必ずしも首相の権限でどうにでもできるものではない」とのべたことがあります（石原信雄『権限の大移動』かんき出版、2001 年 1 月、106 ページ）。

＊29　中北浩爾『自民党』31 ページ。竹中治堅『首相支配』152 ページ。野上忠興『ドキュメント安倍晋三』（講談社、2006 年 8 月）233 〜 234 ページ。

＊30　「三角大福中」（さんかくだいふくちゅう）は、佐藤栄作政権の後継の座を、自民党内の三木武夫、田中角栄、大平正芳、福田赳夫、中曽根康弘が争ったことを表わした言葉です。「安竹宮」（あんちくぐう、あんちくみや）は、中曽根康弘政権の後継をめぐって争った安倍晋太郎、竹下登、宮沢喜一からとったものです。「麻垣康三」（あさがきこうぞう）は、小泉純一郎政権の後任をめぐって争った麻生太郎、谷垣禎一、福田康夫、安倍晋三の 4 人の名前からとっています。

＊31　日本経済新聞 2018 年 2 月 27 日。

＊32　1996 年 11 月 8 日、橋本龍太郎首相は「五つの改革」すなわち行政改革、財政構造改革、金融システム改革、社会保障制度改革、経済構造改革を打ち出しました。後に教育改革を加え「橋本六大改革」と呼ばれました。

＊33　1996 年 11 月に橋本龍太郎首相が設置しました。同時に、自民党内にも行政改革推進本部が設置されました。

＊34　行革推進五人委員会は、経済五団体の長を中心とする組織で、1981 年の

第 3 章　新自由主義は強権国家を求める　153

第二次臨調（臨時行政調査会）発足以来、政府に対し臨調や行革審の提言の実現を働きかけてきました。

*35　経済同友会編『経済同友会は行動する』（2016年11月、中央公論新社）37ページ。

*36　行政改革会議の最終報告（1997年12月3日）。
https://www.kantei.go.jp/jp/gyokaku/report-final/

*37　顧問会議の座長は、今井敬（経済団体連合会会長、新日本製鐵会長）。メンバーは、石原信雄（地方自治研究機構理事長、前内閣官房副長官）、小池唯夫（毎日新聞社相談役）、佐藤幸治（司法制度改革審議会会長、元行政改革会議委員）、高原須美子（経済評論家、元経済企画庁長官）、得本輝人（日本労働組合総連合会顧問）、西崎哲郎（経済評論家、元共同通信社国際局長）、藤田宙靖（東北大学法学部教授、元行政改革会議委員）、山口信夫（東京商工会議所副会頭、旭化成会長）。

*38　『文藝春秋』1997年10月号。

*39　内閣府の庁舎は首相官邸の向かいにあり、地上6階、地下1階の鉄筋コンクリート造りの建物です。そのなかに内閣官房と内閣府が入っています。

*40　飯島勲『小泉官邸秘録』（日本経済新聞出版社、2006年12月）6ページ。

*41　御厨貴・芹川洋一編著『平成の政治』（日本経済新聞社、2018年11月）129〜130ページ。

*42　前川喜平『面従腹背』（毎日新聞出版、2018年6月）8〜9ページ。

*43　政治学者の三谷太一郎氏（東京大学名誉教授）も、次のように指摘しています。「小選挙区比例代表並立制という現行制度が、首相統治を支えているのは間違いない。党内権力が少数の幹部に集中し、選挙候補者の選任や政党助成金の配分に、首相が大きな力を持った。加えて、内閣人事局による行政への支配が強まり、立法と行政の権力分立が縮小し、癒着問題が生まれた」（朝日新聞2019年3月29日付）。

*44　望月衣塑子『新聞記者』（角川新書、2017年10月）、南彰『報道事変』（朝日新聞出版、2019年6月）、望月衣塑子、前川喜平、マーティン・ファクラー『同調圧力』（角川新書、2019年6月）など。

*45　今井良『内閣情報調査室——公安警察、公安調査庁との三つ巴の闘い』

（幻冬舎新書、2019 年 5 月）。

＊46　今井良『内閣情報調査室──公安警察、公安調査庁との三つ巴の闘い』51
　　　～ 52 ページ。

＊47　週刊ダイヤモンド編集部「政治・経済　ダイヤモンド DATA ラボ」
　　　2017.9.4。https://diamond.jp/articles/-/140797?page=2

＊48　アイヒマンとは、ナチス政権下のドイツの親衛隊中佐だったアドルフ・オ
　　　ットー・アイヒマンのこと。秘密警察ゲシュタポのユダヤ人移送局長官とし
　　　て、アウシュヴィッツ強制収容所へのユダヤ人大量移送にかかわった人物で
　　　す。

＊49　今井良『内閣情報調査室』（幻冬舎新書、2019 年 5 月）56 ～ 58 ページ。
　　　著書のなかでは前川喜平氏を「M 氏」として紹介し実名を伏せています。

＊50　今井良『内閣情報調査室』96 ページ。

＊51　今井良『内閣情報調査室』115 ～ 117 ページ。

＊52　柳沢明夫「謀略とウソにまみれた破防法と公安調査庁─『調査対象団体』
　　　の根拠はまったくない」『前衛』2019 年 7 月号、194 ～ 195 ページ。

＊53　団体等規正令（団規令）は、米軍による全面占領下で押しつけられたもの
　　　でした。「占領目的違反」などを理由に占領軍への批判をいっさい許さず、
　　　日本共産党の国会議席を奪ったり中央委員会や赤旗編集委員を「公職追放」
　　　し、「アカハタ」の発行を停止したり後継紙の発行を禁止するなど、政党や
　　　団体の言論活動そのものを抑えるという日本国憲法に真っ向から反する法律
　　　でした。

＊54　日本共産党は、戦後の一時期、党が分裂し徳田・野坂派といわれる人たち
　　　が旧ソ連や中国のいいなりに極左冒険主義の方針をとっていたことがありま
　　　す。しかし、その路線を党が正式に決定したことはなく、そのうえ統一を回
　　　復した 1958 年の第 7 回党大会で明確にそのような路線を否定し、1961 年の
　　　第 8 回党大会で、平和な社会変革の方針を貫いてきました。1961 年の綱領
　　　制定の時点から数えても 58 年たちますが、行動上も、方針のうえでも明確
　　　な平和的な変革の立場に立っている政党です。この党にたいして、いまもな
　　　お「破防法対象団体」などと、法律上の規定にもない「指定」を続けること
　　　は絶対に許されないことです。（柳沢明夫「謀略とウソにまみれた破防法と

第 3 章　新自由主義は強権国家を求める　155

公安調査庁——『調査対象団体』の根拠はまったくない」『前衛』2019 年 7 月号、204 ページ参照）。

＊55　堤未果、中島岳志、大澤真幸、高橋源一郎『支配の構造—国家とメディア —世論はいかに操られるか』（SB 新書、2019 年 7 月）226 ページ。

＊56　堤未果、中島岳志、大澤真幸、高橋源一郎『支配の構造—国家とメディア —世論はいかに操られるか』225 ページ。

＊57　川本裕司『変容する NHK 「忖度」とモラル崩壊の現場』（花伝社、2019 年 2 月）12 〜 13 ページ。

＊58　三井物産出身の池田芳蔵氏は、籾井勝人氏（元三井物産副社長で 2014 年間から 1 期 3 年会長をつとめた）の先輩にあたります。川本裕司『変容する NHK 「忖度」とモラル崩壊の現場』（花伝社、2019 年 2 月）50、57 ページ。

＊59　川本裕司『変容する NHK 「忖度」とモラル崩壊の現場』（花伝社、2019 年 2 月）141 ページ。

＊60　臨時行政調査会編『行政の改革——臨時行政調査会意見書』（時事通信社、1967 年 12 月）3 〜 4 ページ。関恒義、室井力編『臨調行革の構図』（大月書店、1982 年 11 月）239 〜 244 ページ。

＊61　北岡伸一『自民党』（中公文庫、2008 年 7 月）245 ページ。

＊62　初会合が開催されたのは翌 1962 年 2 月なので、1962 年に設置されたとされる場合もあります。

＊63　「改革についての考え方」では、次の六点が示されました。
①総合調整の必要とその機能の強化
②行政における民主化の徹底
③行政の過度の膨張の抑制と行政事務の中央偏在の排除
④行政運営における合理化・能率化の推進
⑤新しい行政需要への対応
⑥公務員精神の高揚

＊64　佐藤喜一郎「行政改革のために——序に代えて」臨時行政調査会編『行政の改革——臨時行政調査会意見書』8 ページ。

＊65　臨時行政調査会編『行政の改革——臨時行政調査会意見書』（時事通信社、1967 年 12 月）5 ページ。

＊66　関恒義、室井力編『臨調行革の構図』246 ページ。

＊67　臨時行政調査会編『行政の改革——臨時行政調査会意見書』12 〜 13 ページ。

＊68　日米安全保障条約改定に反対する国民的な闘争。1959 年から 60 年にかけて全国的に展開され、とりわけ 60 年 5 月の自民党単独強行採決に対して闘争は最大の規模に発展しました。岸内閣は、条約の自然承認（6 月）後に辞職しました。

＊69　第二臨調は 1983 年 3 月まで 5 回にわたり、緊急提言（1981）、許認可提言（1982）、基本提言（1982）、行革推進体制提言（1983）、最終答申（1983）を出しました。

＊70　大野隆男氏は第二臨調の「財界主導」の実態を詳しく分析しています。大野隆男『臨調路線批判』（新日本出版社、1983 年 9 月）。

＊71　飯尾潤『政局から政策へ』（NTT 出版、2008 年 3 月）10 〜 11 ページ。

＊72　飯尾潤『民営化の政治過程』（東京大学出版会、1993 年 8 月）59 ページ。

＊73　日本共産党不破哲三委員長の談話「臨調『行革』をうちきり、民主的行政改革への再出発を」（「赤旗」1983 年 6 月 16 日付）。日本共産党第 16 回大会決議は次のように指定しました。「総理府の一諮問機関にすぎない『臨時行政調査会』を、事実上国家のうえにたつ最高機関扱いし、財界が直接指揮権をにぎって、国民の声も手もとどかないところで、軍拡優先とか福祉切り捨てなど『国策』の根幹を決定するという、ファッショ的な手法に訴えている」。

＊74　『月刊自由民主』1981 年 6 月号、9 月号、1982 年 9 月号。大野隆男『臨調路線批判』（新日本出版社、1983 年 9 月）21 ページ。

＊75　「行政改革に関する第 1 次答申」1981 年 7 月 10 日（臨時行政調査会 OB 会『臨調と行革』〔1983 年 12 月、文真舎〕237 ページ）。

＊76　中曽根首相は、私的諮問機関を多用しました。私的諮問機関には根拠法がなく国会のコントロールがききません。「首相好みのブレーン人脈で占められ」「密室性」があります。その露払いによって軍事費の「GNP 1 ％枠見直し」や「靖国参拝」などがすすめられました。これを「ブレーン政治」といいます（上西朗夫『ブレーン政治』〔講談社現代新書、1985 年 11 月〕144、

第 3 章　新自由主義は強権国家を求める　157

158 ページ）。

＊77　臨調・行革審 OB 会監修『日本を変えた 10 年』（行政管理研究センター、1991 年 12 月）183 ページ。

＊78　五十嵐敬喜、小川明雄『市民版　行政改革』（岩波新書、1999 年 1 月）140 〜 141 ページ。

＊79　その中心は国有企業です。レーニンは、「国家的独占」を国家独占資本主義の中心的メルクマールとしていました。

＊80　飯尾潤『民営化の政治過程』（東京大学出版会、1993 年 8 月）59 ページ。

＊81　内閣官房副長官を務めた石原信雄氏は「土光臨調は結局、中央官庁の本部機構にメスを入れることはできなかった」と述べています。石原信雄『権限の大移動』（かんき出版、2001 年 1 月）27 ページ。

# 第４章　支配勢力が国家機構を動かす仕掛けとは

大企業・財界は、日本政府をその強い影響のもとに置き、国家機構の全体を自分たちの階級的利益のために最大限に活用してきました。国家機構とは、立法・行政・司法のすべての機関であり、日本の統治機構そのものです。

　加藤義憲氏は、財界と保守党の関係についてこう述べています。

　「財界がよって立つ基盤は、いうまでもなく資本主義であり、保守党とは、要するに、その資本主義を護持し、その延命をはかることを目的とした政党である。この目的を達成するため、支配体制は、あるときは治安第一主義の警察国家の道を選び、またあるときは、経済の繁栄を背景に、いわゆる福祉国家の建設を看板に掲げるであろう。そのように、とられる道は、内外の情勢、その社会の発展の度合い、その他によって、かなり違ってくる。しかし、保守支配体制の目標が、資本主義の護持と発展、延命にあることに変わりはない」[*1]。

　この章では、大企業・財界が保守党を強い影響のもとに置き、国家機構を支配する"仕掛け"をみることにしましょう。


# 1　政策提言と与党への直接の働きかけ


　一つは、従来からとられている方法ですが、大企業・財界の利益をはかる政策を提言し政権・与党に直接はたらきかけることです。たとえば、法人税を引き下げる提言をおこない、それを実現するよう政府・与党の税制調査会などに働きかけるというやり方がそれです。

　税制に関していえば、経団連は政府・与党に対して、法人税減税をはじめ大企業の負担軽減を繰り返し要望する一方、消費者・庶民が負担する消費税については税率引き上げを求めてきました。しかも、その提案を実行させる

ため自民党税制調査会、財務省（旧大蔵省を含む）、場合によっては総理大臣にも直接、露骨な働きかけをおこなってきたのです。その実態は、『経済団体連合会五十年史[*2]』にも記述されています。法人税と消費税をめぐる経団連と政府・与党の攻防については、拙著『財界支配[*3]』で紹介しました。

　消費税10％への引き上げについても財界の意向が強く働いています。2018年10月15日に安倍首相は19年10月に消費税率を予定通り8％から10％へ引き上げることを表明しましたが、日本経団連はただちに中西宏明会長のコメントを発表し「消費税率の引き上げは不可欠である。今般の安倍総理の引き上げ表明を歓迎する」と述べたうえで、衆議院選挙で与党が「10％への引き上げを行うことを公約としていた。先般の衆議院選挙の結果により、国民の信任はすでに得ていると理解している」とけしかけました。

## 経団連の委員会と政府の審議会

　図表4―1「日本経団連の委員会一覧」でみるように、日本経団連のなかには、経済財政委員会、行政改革推進委員会、社会保障委員会、産業競争力強化委員会、宇宙開発利用推進委員会、防衛産業委員会など、あわせて70近くの委員会がつくられています。各委員会はさまざまな提言をまとめ、それを日本経団連の政策提言として発表し、政権に直接はたらきかけています。

　政治学者の中野実氏は、その実態についてこう述べたことがあります。「各省庁の担当部局と経団連事務局との日常的接触を通じての政策調整」がおこなわれている。「経団連には各経済官庁の重要部局に対応した形で常設委員会が設置されており、経団連の各委員会は対応する官庁の高級官僚や自民党政務調査会の専門部会と密接に連絡をとりあって、政策立案に関与している。通常は担当省庁の局長および担当部課長が経団連常設委員会、懇談会等に招かれて、原案についての説明会がもたれる[*4]」。

　このように、経団連内部の各委員会は、各省庁や与党議員と直接つながりを持ち、政策立案に影響を与えているのです。

第4章　支配勢力が国家機構を動かす仕掛けとは　161

図表4―1　日本経団連の委員会一覧（2019 年 5 月 30 日現在）

Ⅰ．政策活動
【会議】
1．デジタルトランスフォーメーション会議
　　議長　　中　西　宏　明　　（日立製作所会長）
2．経済構造改革会議
　　議長　　中　西　宏　明　　（日立製作所会長）
【特別委員会等】
1．総合政策特別委員会
　　委員長　中　西　宏　明　　（日立製作所会長）
2．震災復興特別委員会
　　委員長　中　西　宏　明　　（日立製作所会長）
　　委員長　古　賀　信　行　　（野村ホールディングス会長）
3．政治特別委員会
　　委員長　大　塚　陸　毅　　（東日本旅客鉄道相談役）
4．経営労働政策特別委員会
　　委員長　大　橋　徹　二　　（コマツ会長）
5．スタートアップ委員会
　　委員長　泉　谷　直　木　　（アサヒグループホールディングス会長）
　　委員長　永　野　　　毅　　（東京海上ホールディングスグループ CEO）
　　委員長　髙　橋　　　誠　　（KDDI 社長）
6．サプライチェーン委員会
　　委員長　立　石　文　雄　　（オムロン会長）
【経済・法制関係】
1．経済財政委員会
　　委員長　柄　澤　康　喜　　（三井住友海上火災保険会長）
　　委員長　永　井　浩　二　　（野村ホールディングス社長）
2．行政改革推進委員会
　　委員長　筒　井　義　信　　（日本生命保険会長）
　　委員長　山　本　正　已　　（富士通会長）
3．社会保障委員会
　　委員長　小　堀　秀　毅　　（旭化成社長）
　　委員長　鈴　木　伸　弥　　（明治安田生命保険会長）
　　委員長　西　澤　敬　二　　（損害保険ジャパン日本興亜社長）
4．人口問題委員会
　　委員長　隅　　　修　三　　（東京海上ホールディングス会長）
　　委員長　宮　本　洋　一　　（清水建設会長）
5．税制委員会
　　委員長　宮　永　俊　一　　（三菱重工業会長）
　　委員長　柿　木　厚　司　　（JFE ホールディングス社長）
6．経済法規委員会
　　委員長　平　野　信　行　　（三菱 UFJ フィナンシャル・グループ会長）
7．金融・資本市場委員会

委員長　國　部　　　毅　　（三井住友フィナンシャルグループ会長）
委員長　日比野　隆　司　　（大和証券グループ本社会長）
委員長　林　田　英　治　　（JFE ホールディングス取締役）
【産業関係】
1．産業競争力強化委員会
　　委員長　進　藤　孝　生　　（日本製鉄会長）
　　委員長　岡　藤　正　広　　（伊藤忠商事会長）
2．地域経済活性化委員会
　　委員長　古　賀　信　行　　（野村ホールディングス会長）
　　委員長　小　林　哲　也　　（近鉄グループホールディングス会長）
　　委員長　浅　野　邦　子　　（箔一会長）
3．農業活性化委員会
　　委員長　十　倉　雅　和　　（住友化学会長）
　　委員長　佐　藤　康　博　　（みずほフィナンシャルグループ会長）
　　委員長　磯　崎　功　典　　（キリンホールディングス社長）
4．観光委員会
　　委員長　菰　田　正　信　　（三井不動産社長）
　　委員長　新　浪　剛　史　　（サントリーホールディングス社長）
5．都市・住宅政策委員会
　　委員長　菰　田　正　信　　（三井不動産社長）
　　委員長　根　岸　修　史　　（積水化学工業相談役）
　　委員長　常　陰　　　均　　（三井住友信託銀行会長）
6．ロジスティクス委員会
　　委員長　武　藤　光　一　　（商船三井会長）
7．生活サービス委員会
　　委員長　石　塚　邦　雄　　（三越伊勢丹ホールディングス特別顧問）
　　委員長　高　原　豪　久　　（ユニ・チャーム社長）
　　委員長　澤　田　道　隆　　（花王社長）
【イノベーション関係】
1．イノベーション委員会
　　委員長　山　西　健一郎　　（三菱電機特別顧問）
　　委員長　畑　中　好　彦　　（アステラス製薬会長）
　　委員長　田　中　孝　司　　（KDDI 会長）
2．デジタルエコノミー推進委員会
　　委員長　篠　原　弘　道　　（日本電信電話会長）
　　委員長　井　阪　隆　一　　（セブン＆アイ・ホールディングス社長）
3．サイバーセキュリティ委員会
　　委員長　遠　藤　信　博　　（日本電気会長）
　　委員長　金　子　眞　吾　　（凸版印刷社長）
4．知的財産委員会
　　委員長　日　覺　昭　廣　　（東レ社長）
　　委員長　山　本　正　已　　（富士通会長）
5．宇宙開発利用推進委員会
　　委員長　下　村　節　宏　　（三菱電機特別顧問）

６．海洋開発推進委員会
　　委員長　山　内　隆　司　　（大成建設会長）
７．防衛産業委員会
　　委員長　泉　澤　清　次　　（三菱重工業社長）
【環境・エネルギー関係】
１．資源・エネルギー対策委員会
　　委員長　越　智　　　仁　　（三菱ケミカルホールディングス社長）
　　委員長　市　川　秀　夫　　（昭和電工会長）
２．環境安全委員会
　　委員長　杉　森　　　務　　（JXTG ホールディングス社長）
　　委員長　小　堀　秀　毅　　（旭化成社長）
【社会関係】
１．企業行動・SDGs 委員会
　　委員長　二　宮　雅　也　　（損害保険ジャパン日本興亜会長）
　　委員長　津　賀　一　宏　　（パナソニック社長）
　　委員長　中　山　讓　治　　（第一三共会長）
２．ダイバーシティ推進委員会
　　委員長　柄　澤　康　喜　　（三井住友海上火災保険会長）
　　委員長　中　川　順　子　　（野村アセットマネジメント社長）
３．消費者政策委員会
　　委員長　渡　邉　光一郎　　（第一生命ホールディングス会長）
　　委員長　杉　山　博　孝　　（三菱地所会長）
４．オリンピック・パラリンピック等推進委員会
　　委員長　豊　田　章　男　　（トヨタ自動車社長）
　　委員長　長　榮　周　作　　（パナソニック会長）
５．社会基盤強化委員会
　　委員長　山　内　隆　司　　（大成建設会長）
　　委員長　渡　邉　健　二　　（日本通運会長）
６．教育・大学改革推進委員会
　　委員長　渡　邉　光一郎　　（第一生命ホールディングス会長）
　　委員長　岡　本　　　毅　　（東京ガス相談役）
【労働関係】
１．雇用政策委員会
　　委員長　岡　本　　　毅　　（東京ガス相談役）
　　委員長　淡　輪　　　敏　　（三井化学社長）
２．労働法規委員会
　　委員長　冨　田　哲　郎　　（東日本旅客鉄道会長）
【対外関係】
１．外交委員会
　　委員長　片野坂　真　哉　　（ANA ホールディングス社長）
　　委員長　大　林　剛　郎　　（大林組会長）
２．通商政策委員会
　　委員長　早　川　　　茂　　（トヨタ自動車副会長）
　　委員長　中　村　邦　晴　　（住友商事会長）

３．開発協力推進委員会
　　委員長　飯　島　彰　己　　（三井物産会長）
　　委員長　遠　藤　信　博　　（日本電気会長）
４．OECD 諮問委員会
　　委員長　稲　垣　精　二　　（第一生命ホールディングス社長）


Ⅱ．地域別・国別活動
【北米】
１．アメリカ委員会
　　委員長　早　川　　　茂　　（トヨタ自動車副会長）
　　委員長　植　木　義　晴　　（日本航空会長）
　　委員長　永　野　　　毅　　（東京海上ホールディングスグループ CEO）
２．カナダ委員会
　　委員長　佐　藤　洋　二　　（双日会長）
　　委員長　植　木　義　晴　　（日本航空会長）
【欧州】
１．ヨーロッパ地域委員会
　　委員長　越　智　　　仁　　（三菱ケミカルホールディングス社長）
　　委員長　佐　藤　義　雄　　（住友生命保険会長）
【アジア・大洋州】
１．アジア・大洋州地域委員会
　　委員長　伊　藤　雅　俊　　（味の素会長）
　　委員長　原　　　典　之　　（三井住友海上火災保険社長）
２．南アジア地域委員会
　　委員長　冨　田　哲　郎　　（東日本旅客鉄道会長）
　　委員長　平　野　信　行　　（三菱 UFJ フィナンシャル・グループ会長）
３．中国委員会
　　委員長　進　藤　孝　生　　（日本製鉄会長）
　　委員長　佐　藤　康　博　　（みずほフィナンシャルグループ会長）
４．日本・インドネシア経済委員会
　　委員長　小　林　　　健　　（三菱商事会長）
　　委員長　國　分　文　也　　（丸紅会長）
５．日タイ貿易経済委員会
　　委員長　大八木　成　男　　（帝人相談役）
　　委員長　鈴　木　善　久　　（伊藤忠商事社長）
６．日本ベトナム経済委員会
　　委員長　市　川　秀　夫　　（昭和電工会長）
　　委員長　藤　本　昌　義　　（双日社長）
　　委員長　兵　頭　誠　之　　（住友商事社長）
７．日本ミャンマー経済委員会
　　委員長　小　林　　　健　　（三菱商事会長）
　　委員長　中　村　邦　晴　　（住友商事会長）
８．東亜経済人会議日本委員会
　　委員長　槍　田　松　瑩　　（三井物産顧問）

９．日本・香港経済委員会
　　委員長　國　部　　　毅　　（三井住友フィナンシャルグループ会長）
【中南米】
１．中南米地域委員会
　　委員長　加　瀬　　　豊　　（双日特別顧問）
２．日本メキシコ経済委員会
　　委員長　片野坂　真　哉　　（ANA ホールディングス社長）
３．日本ブラジル経済委員会
　　委員長　飯　島　彰　己　　（三井物産会長）
４．日本ベネズエラ経済委員会
　　委員長　小　林　　　健　　（三菱商事会長）
５．日本コロンビア経済委員会
　　委員長　小　林　　　健　　（三菱商事会長）
【中東・アフリカ】
１．中東・北アフリカ地域委員会
　　委員長　杉　森　　　務　　（JXTG ホールディングス社長）
　　委員長　石　飛　　　修　　（住友化学相談役）
２．サブサハラ地域委員会
　　委員長　小　澤　　　哲　　（豊田通商相談役）
　　委員長　長　坂　勝　雄　　（千代田化工建設会長）
３．日本トルコ経済委員会
　　委員長　山　西　健一郎　　（三菱電機特別顧問）
　　委員長　斎　藤　　　保　　（IHI 会長）
４．日本イラン経済委員会
　　委員長　宮　本　洋　一　　（清水建設会長）
５．日本アルジェリア経済委員会
　　委員長　佐　藤　雅　之　　（日揮会長）
【ロシア・NIS】
１．日本ロシア経済委員会
日本 NIS 経済委員会
　　委員長　朝　田　照　男　　（丸紅取締役常任顧問）

Ⅲ．特別活動
１．21 世紀政策研究所
　　所　長　飯　島　彰　己　　（三井物産会長）
２．むつ小川原開発推進委員会
　　委員長　泉　澤　清　次　　（三菱重工業社長）

## 2 「司令塔」に入り込む

　二つめは、財界・大企業の代表が政権の「司令塔」に乗り込んで、自分たちに都合のよい政策をつくる方法です。

　第3章でみたように、2000年代初頭の行政機構の改革によって首相と官邸のリーダーシップが強化され、行政をトップダウンで運営する体制がつくられてから、この傾向が一段と強まりました。財界は、先にみたように2000年以前は省庁ごとの審議会に財界代表を送り込むことが多かったのですが、内閣に「司令塔」といわれる会議体がつくられてからは、そこに財界代表を送り込んで官邸を戦略的に動かすことに重点を移すようになりました。*5

　図表4―2「安倍内閣の経済『司令塔』」でみるとおり、2012年12月に政権に復帰した自民党・安倍内閣は、「経済再生の司令塔」として内閣に「日本経済再生本部」を創設すること、中断していた「経済財政諮問会議」を再起動させること、そのうえで「日本経済再生本部」と連携を密にし「経済財政の中長期的方針や予算編成の基本方針などの経済財政政策の諸課題に取り組む」こととする閣議決定をおこないました（「基本方針」2012年12月26日）。つづいて2013年1月11日の閣議では「日本経済再生に向けた緊急経済対策」を決定し、日本経済再生本部及び経済財政諮問会議は、それぞれ日本経済再生の司令塔、経済財政運営の司令塔として総合科学技術会議、社会保障制度改革国民会議（後に廃止）、新たに設置する規制改革会議等とも密接に連携し、間断なく各府省に課題を示すことを決めました。

　図表4―3「首相が出席した官邸会議の開催ランキング」によると、安倍首相の出席がいちばん多かったのが、国家安全保障会議（NSC）で182回、2位は経済財政諮問会議で131回、3位の月例経済報告等に関する関係閣僚会議にはすべて出席していました。4位は未来投資会議でした。これは、安

第4章　支配勢力が国家機構を動かす仕掛けとは　167

図表4―2　安倍内閣の経済「司令塔」

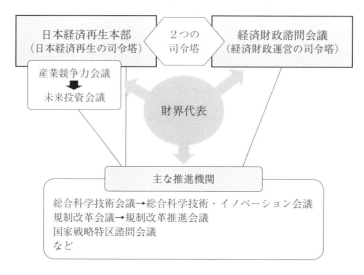

(注1) 産業競争力会議は、2016年9月未来投資会議の新設にともない廃止
(注2) 規制改革会議は、2016年9月に規制改革推進会議へ移行
(注3) 総合科学技術会議は、2014年5月に「総合科学技術・イノベーション会議」と改称

倍首相の関心の高さをしめすものでもあり、安倍内閣がいかに「司令塔」機能を重視しているかを表わすものでもあります。
　二つの司令塔が戦略的方向（基本設計と実施設計）を定め、推進機関として総合科学技術・イノベーション会議、規制改革推進会議、国家戦略特区諮問会議などが位置づけられています。これらの会議体に、それぞれ財界・大企業の代表が参加して、大企業・財界本位の政策を反映させトップダウンで押しつける仕組みがつくられています。図表4―4「主な会議体に参加している財界代表」は、それぞれの会議体に参加している財界代表のメンバーです。

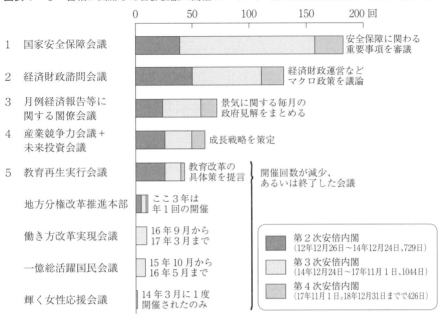

図表4−3 首相が出席した官邸会議の開催ランキング（第2次安倍政権発足～2018年末まで）

(注) 持ち回りは含まない。合同会議はそれぞれ1回の会議と数えた。産業競争力会議は関連会合を含む。同会議は未来投資に向けた官民対話と統合して未来投資会議になった。
(出所) 日本経済新聞2019年3月8日付

## 予算編成の方式を変える

2001年に経済財政諮問会議ができてから、政権運営の基本となる予算編成の方法が大きく変えられました。それまでは、財務省が予算編成のうえで大きな力を持っていたのですが、諮問会議ができてからは「骨太の方針」（6月）で予算編成の基本方針を決め、首相がそれを閣議に持ち込んで決定するという方式に切り替えられたのです。予算編成の権限を「財務省から諮問会議に移した」ともいわれました。

この点について、1987年から95年2月まで内閣官房副長官であった石原

図表4―4　主要な会議体に参加している財界代表

| 経済財政諮問会議 | |
| --- | --- |
| 中西　宏明 | 日立製作所会長 |
| 新浪　剛史 | サントリーホールディングス社長 |
| 未来投資会議 | |
| 金丸　恭文 | フューチャー会長兼社長 グループCEO |
| 櫻田　謙悟 | SOMPOホールディングス グループCEO社長 |
| 志賀　俊之 | INCJ会長、日産自動車取締役 |
| 竹中　平蔵 | パソナ取締役会長 |
| 中西　宏明 | 日本経団連会長、日立製作所会長 |
| 南場　智子 | ディー・エヌ・エー会長 |
| 総合科学技術・イノベーション会議 | |
| 梶原　ゆみ子 | 富士通理事 |
| 小林　喜光 | 三菱ケミカルホールディングス会長 |
| 篠原　弘道 | 日本電信電話（NTT）会長 |
| 規制改革推進会議 | |
| 金丸　恭文 | フューチャー会長兼社長 グループCEO |
| 古森　重隆 | 富士フイルムホールディングス会長兼CEO |
| 竹中　平蔵 | パソナ取締役会長 |
| 山本　正已 | 富士通会長 |
| 国家戦略特区諮問会議 | |
| 秋池　玲子 | ボストンコンサルティンググループ シニア・パートナー&マネージング・ディレクター |
| 坂根　正弘 | 小松製作所顧問 |
| 竹中　平蔵 | パソナ取締役会長 |

（出所）官邸ホームページにより作成

信雄氏は、次のように証言しています。

　「バブル崩壊で日本の経済成長力が落ち、税収も減り、それまでの行政水準を維持できなくなった。どうしても歳出削減、行政の守備範囲の縮小をしなければならず、内閣が前面に出ていかなければならない。それが時代背景としてありました。そこで、議院内閣制のもとにおける内閣の、特に総理大臣官邸の指導力を強化することをねらった改革の一つが橋本行革でした。当時は省庁の再編成が大きな関心を呼びましたが、あのときの改革の一番の重点は、内閣機能の強化であり、その一つの成果が、経済財政諮問会議でした。

　橋本行革のときに、経済財政諮問会議の設置を提案したのは私でした。内閣機能を強化するにはどうすればいいか、私は、この国を動かしていく一番の基本は予算であり、財政であり、経済政策であり、それは従来の各

省がばらばらにやっていて、専ら大蔵省の主計局の査定の力だけでやる時代はもう過ぎたと考えました。世の中が前へ進んでいて、増える財源をどう分配するかというときにはそれでもできたのですが、削り込むときは、役人の力だけでやるのは限界があります。そこで、財政政策や経済政策の基本的な大方針については、内閣全体の場で議論し、内閣総理大臣の責任でやる形をより明確にするために、それを議論する場が要る。それも日本型のものをつくるべきだと申し上げました[*6]」。

## 財界代表が閣議決定を決める

経済財政諮問会議は、安倍首相が議長となり日本経団連会長などの財界代表２名が入っています。これに学者２名が加わって「民間四議員」を構成し、常に財界・大企業の立場から政策提起をおこない会議をリードしています[*7]。

小泉内閣の時期に、民間から事務局に入ったことがある大田弘子氏は、経済財政諮問会議について、みずからの著書のなかでこう書いています。「通常の審議会では、事務局が答申を書き、委員がそれに意見を言う」けれども、「諮問会議の民間議員が特異な位置を占めるのは、みずからペーパーを書くという点にある」としています。そして「諮問会議のような常設機関で、広範なテーマにわたって、しかも閣議決定文書につながる議論の土俵を、民間議員が設定する」「諮問会議では、その閣議決定文書の最初の土俵を民間メンバーが設定してきた」と述べています[*8]。大企業・財界が、官邸を丸がかえするような事態がすすんだのです。

# 3 「天下り」を受け入れ癒着を深める

三つめは「天下り」です。「天下り」とは、退職した官僚が所属していた

第4章　支配勢力が国家機構を動かす仕掛けとは　171

役所と関係のある業界の会社や団体などに再就職することです。大企業・財界が「天下り」を受け入れるのは、その見返りに公共事業の配分などさまざまな優遇措置を受けるためです。

　天下りにたいする国民の批判が高まったため、安倍内閣は、第一次政権の2007年に国家公務員法を改定し、省庁があっせんする天下りは「禁止」したと強調しました。ところが、規制の対象となったのは現職職員の関与だけでした。それまであった「離職後二年間は仕事と密接な営利企業に再就職をしてはならない」とする条文は削除してしまったのです。その理由は、「官民の人材の闊達な交流を損なう」からだというのです。これでは、天下りを「原則禁止」から「原則自由」に一八〇度逆転させる法改悪といわれてもしかたがありません。

　じっさい、退職職員（OB）が知り合いの現職職員を紹介することや、職員が退職後に企業に再就職の働きかけをおこなうことは禁じられませんでした。しかも、独立行政法人などに「現役出向」したり、内閣につくる「官民人材交流センター」が紹介をおこなう場合などは禁止の対象外とされたのです。

## 「天下り」の自由化と財界の意向

　「官民人材交流センター」をつくることによって、省庁ごとにやっていた「天下り」を一元的に管理するようになりましたが、かえって「天下り」が大手を振ってまかり通るようになりました。図表4―5「国家公務員の天下り件数の推移」にみるように、国家公務員の天下りの件数は、2010年度に733件だったのが、2017年度には1628件へと2倍以上になりました。また、政府系法人への「現役出向」で常勤役員に就いた国家公務員は、2010年度の193人から2018年には280人に増えました。

　天下りが「自由化」されたウラに、大企業・財界の意向が働いていました。内閣官房長官のもとにつくられた「官民人材交流センターの制度設計に関す

図表4―5　国家公務員の天下り件数の推移（件数）

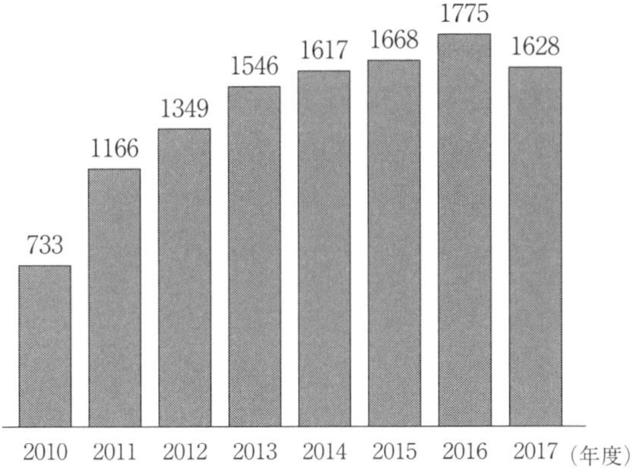

```
                                        1775
                                 1668        1628
                          1617
                   1546
            1349
     1166
733


2010  2011  2012  2013  2014  2015  2016  2017（年度）
```

（出所）内閣人事局「国家公務員の再就職状況の公表」から作成

る懇談会」（2007年）には、日本経団連と経済同友会から代表が送り込まれ
ていました。そして、できあがった「官民人材交流センター」に、財界三団
体（日本経団連、日本商工会議所、経済同友会）が協力する仕組みがつくられ
たのです。

　日本共産党は、このような国家公務員法の改定案は「天下り自由化法」だ
として反対しました。そして、天下りを禁止し特権官僚層を生みだす「キャ
リアシステム」にメスを入れ、公務員が定年まで能力を生かして働ける仕組
みをつくるよう主張しました。公務員が「全体の奉仕者」として、公正・中
立で効率的な行政を第一として働ける民主的な公務員制度に改めるよう求め
たのです。


# 4　「天上がり」で官邸に人材を送り込む


　四つめは、「天上がり」です。これは、大企業・財界から官邸などに直接

第4章　支配勢力が国家機構を動かす仕掛けとは　173

図表4―6　民間企業から各省庁への「天上

| 省庁 | 2001 | 2002 | 2003 | 2004 | 2005 | 2006 | 2007 | 2008 |
|---|---|---|---|---|---|---|---|---|
| 内閣官房 | 79 | 112 | 100 | 116 | 108 | 132 | 60 | 68 |
| 内閣法制局 | 0 | 0 | 0 | 0 | 0 | 0 | 0 | 0 |
| 内閣府 | 62 | 63 | 61 | 65 | 74 | 73 | 68 | 88 |
| 復興庁 | ― | ― | ― | ― | ― | ― | ― | ― |
| 総務省 | 17 | 11 | 10 | 11 | 10 | 20 | 28 | 29 |
| 法務省 | 0 | 0 | 2 | 2 | 2 | 2 | 0 | 0 |
| 外務省 | 78 | 68 | 72 | 84 | 89 | 91 | 95 | 95 |
| 財務省 | 9 | 10 | 11 | 12 | 20 | 25 | 25 | 30 |
| 文部科学省 | 50 | 43 | 71 | 11 | 25 | 31 | 25 | 27 |
| 厚生労働省 | 27 | 17 | 16 | 15 | 24 | 31 | 30 | 37 |
| 農林水産省 | 5 | 3 | 2 | 2 | 1 | 18 | 25 | 26 |
| 経済産業省 | 51 | 51 | 48 | 125 | 198 | 261 | 317 | 376 |
| 国土交通省 | 30 | 37 | 34 | 39 | 47 | 88 | 125 | 92 |
| 環境省 | 6 | 8 | 8 | 10 | 11 | 13 | 7 | 11 |
| 防衛省 | 0 | 0 | 0 | 0 | 0 | 0 | 0 | 0 |
| 警察庁 | 0 | 0 | 0 | 0 | 0 | 0 | 0 | 0 |
| 個人情報保護委員会 | ― | ― | ― | ― | ― | ― | ― | ― |
| 金融庁 | 7 | 12 | 15 | 29 | 28 | 39 | 36 | 43 |
| 消費者庁 | ― | ― | ― | ― | ― | ― | ― | ― |
| 宮内庁 | 0 | 0 | 0 | 0 | 0 | 0 | 0 | 0 |
| 公正取引委員会 | 0 | 0 | 2 | 1 | 1 | 2 | 0 | 1 |
| 公害等調整委員会 | 0 | 0 | 0 | 0 | 0 | 0 | 0 | 0 |
| 会計検査院 | 1 | 1 | 0 | 1 | 1 | 2 | 3 | 4 |
| 人事院 | 0 | 0 | 1 | 2 | 2 | 1 | 1 | 0 |
| 計 | 422 | 436 | 453 | 525 | 641 | 829 | 845 | 927 |

（出所）内閣官房、総務省のホームページ等により作成

人材を送り込む方法で、先にみた「官民人事交流」を口実にすすめられてきました。この点については、少し詳しくみることにしましょう。

　「天上がり」をシステム化したのは2000年前後です。はじめは、研究者を対象に一定の期間、国が受け入れていました。しかし、「公務の活性化のための民間人材の採用」（人事院規則、1998年4月導入）、官民人事交流法（2000年3月施行）、任期付職員法（2000年11月施行）、官民人事交流センター設置（2008年12月）などによって、「天上がり」はいっそう広い範囲に拡大されるようになりました。

がり」の推移

| 2009 | 2010 | 2011 | 2012 | 2013 | 2014 | 2015 | 2016 | 2017 | 2018 |
|------|------|------|------|------|------|------|------|------|------|
| 83 | 122 | 152 | 137 | 150 | 164 | 205 | 220 | 221 | 228 |
| 0 | 0 | 0 | 0 | 0 | 0 | 0 | 0 | 0 | 0 |
| 97 | 91 | 98 | 98 | 112 | 121 | 140 | 159 | 168 | 190 |
| — | — | — | 9 | 8 | 8 | 16 | 26 | 28 | 25 |
| 37 | 38 | 35 | 38 | 38 | 42 | 51 | 49 | 51 | 60 |
| 0 | 0 | 1 | 2 | 1 | 2 | 2 | 1 | 1 | 0 |
| 101 | 105 | 105 | 109 | 105 | 107 | 105 | 116 | 131 | 108 |
| 45 | 52 | 63 | 67 | 62 | 59 | 58 | 58 | 56 | 59 |
| 28 | 29 | 30 | 24 | 24 | 26 | 35 | 38 | 37 | 48 |
| 33 | 22 | 34 | 36 | 86 | 91 | 63 | 66 | 70 | 68 |
| 33 | 36 | 39 | 49 | 46 | 49 | 45 | 45 | 47 | 52 |
| 413 | 397 | 397 | 401 | 406 | 433 | 483 | 504 | 523 | 538 |
| 110 | 121 | 130 | 149 | 177 | 209 | 216 | 236 | 248 | 289 |
| 17 | 19 | 33 | 106 | 157 | 212 | 263 | 275 | 347 | 353 |
| 0 | 0 | 1 | 2 | 0 | 1 | 1 | 2 | 2 | 3 |
| 0 | 0 | 0 | 0 | 0 | 0 | 2 | 2 | 4 | 5 |
| — | — | — | — | — | 2 | 9 | 14 | 15 | 14 |
| 84 | 89 | 100 | 113 | 114 | 131 | 146 | 142 | 138 | 142 |
| — | 7 | 11 | 15 | 24 | 23 | 23 | 21 | 28 | 28 |
| 0 | 0 | 0 | 0 | 0 | 0 | 0 | 1 | 1 | 1 |
| 1 | 1 | 0 | 1 | 3 | 6 | 5 | 6 | 4 | 2 |
| 0 | 0 | 0 | 0 | 0 | 0 | 0 | 0 | 0 | 0 |
| 6 | 7 | 7 | 4 | 4 | 6 | 6 | 7 | 7 | 7 |
| 0 | 0 | 0 | 0 | 3 | 3 | 8 | 8 | 8 | 6 |
| 1,088 | 1,136 | 1,236 | 1,360 | 1,520 | 1,695 | 1,882 | 1,996 | 2,135 | 2,226 |

## 「官民人事交流」の名のもとで

　官民人事交流法（国と民間企業との間の人事交流に関する法律）は、財界から官邸等に人材を送り込む手段としてつかわれています。当初は、いったん企業を退職した者を採用する「退職型[*9]」だったのですが、2006年の法改正により企業に在籍したままで採用できる「雇用継続型」が新たに追加されました。また、所管官庁との交流制限もいっそう緩和されるようになりました。

第４章　支配勢力が国家機構を動かす仕掛けとは　175

図表4—7 増えつづける企業から国への「天上がり」数

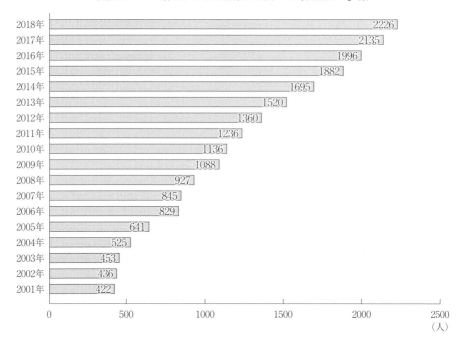

図表4—8 内閣官房、内閣府へ

| | 年 | 2001 | 2002 | 2003 | 2004 | 2005 | 2006 | 2007 | 2008 |
|---|---|---|---|---|---|---|---|---|---|
| 内閣官房 | 定員 | 590 | 674 | 703 | 723 | 742 | 757 | 778 | 792 |
| | 企業 | 79 | 112 | 100 | 116 | 108 | 132 | 60 | 68 |
| | 企業／定員 | 4.58 | 3.26 | 2.99 | 4.98 | 3.91 | 6.34 | 7.58 | 8.08 |
| 企業内訳 | （常勤） | 52 | 90 | 79 | 80 | 79 | 84 | 1 | 4 |
| | （非常勤） | 27 | 22 | 21 | 36 | 29 | 48 | 59 | 64 |
| 内閣府 | 定員 | 2,210 | 2,199 | 2,299 | 2,302 | 2,362 | 2,363 | 2,368 | 2,443 |
| | 企業 | 62 | 63 | 61 | 65 | 74 | 73 | 68 | 88 |
| | 企業／定員 | 2.81 | 2.86 | 2.65 | 2.82 | 3.13 | 3.09 | 2.87 | 3.60 |
| 企業内訳 | （常勤） | 6 | 8 | 12 | 12 | 12 | 14 | 12 | 22 |
| | （非常勤） | 56 | 55 | 49 | 53 | 62 | 59 | 56 | 66 |

（出所）内閣官房、総務省のホームページ等により作成。定員は「定員審査結果」各年度末

民間企業から国への「天上がり」の人数は、年々増えつづけています。「天上がり」の省庁ごとの推移をみたのが図表4―6「民間企業から各省庁への『天上がり』の推移」です。人数が多いのは経産省、国土交通省、環境省ですが、このなかには、専門的・技術的な知識の必要性から政府が採用している職員もあると思われます。総計の推移をわかりやすくグラフにしたのが図表4―7「増えつづける企業から国への『天上がり』数」です。2001年には全体で422人だったのが、2010年に1136人、2018年に2226人へと5倍に増えています。注目すべきは、政府の中枢である内閣官房で79人から228人へ、内閣府では62人から190人へと増加していることです。

　図表4―8「内閣官房、内閣府への民間企業からの『天上がり』」で重要なのは、内閣官房の定員が2001年から2018年のあいだに590人から1218人へと増加していることです。国家公務員の総定員が減らされているなかで、内閣官房だけが破格の扱いを受けていることがわかります。なかでも、民間企業出身者の増加が著しく、79人から228人へと増加しています。定員に占める民間企業出身者の比率は、2001年の4.58％から2018年の14.29％台へと増加しています。内閣官房の「天上がり」をグラフにしたのが、図表4

の民間企業からの「天上がり」　　　　　　　　　　　　　　　　　　　（人）

| 2009 | 2010 | 2011 | 2012 | 2013 | 2014 | 2015 | 2016 | 2017 | 2018 |
|---|---|---|---|---|---|---|---|---|---|
| 813 | 886 | 899 | 883 | 884 | 1,083 | 1,141 | 1,175 | 1,202 | 1,218 |
| 83 | 122 | 152 | 137 | 150 | 164 | 205 | 220 | 221 | 228 |
| 8.98 | 11.40 | 13.24 | 10.53 | 11.43 | 11.08 | 13.94 | 13.62 | 13.48 | 14.29 |
| 10 | 21 | 33 | 44 | 49 | 44 | 46 | 60 | 59 | 54 |
| 73 | 101 | 119 | 93 | 101 | 120 | 159 | 160 | 162 | 174 |
| 2,358 | 2,334 | 2,342 | 2,283 | 2,273 | 2,243 | 2,345 | 2,324 | 2,333 | 2,349 |
| 97 | 91 | 98 | 98 | 112 | 121 | 140 | 159 | 168 | 190 |
| 4.11 | 3.90 | 4.18 | 4.29 | 4.93 | 5.39 | 5.97 | 6.84 | 7.20 | 8.09 |
| 23 | 24 | 24 | 25 | 30 | 27 | 25 | 19 | 18 | 23 |
| 74 | 67 | 74 | 73 | 82 | 94 | 115 | 140 | 150 | 167 |

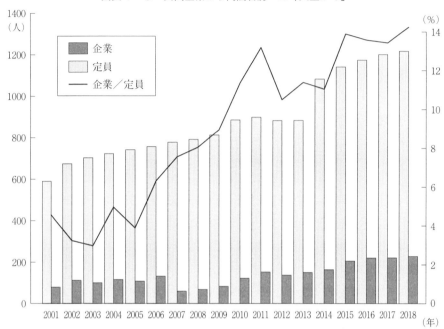

図表4―9　民間企業から内閣官房への「天上がり」

―9「民間企業から内閣官房への『天上がり』」です。この傾向は、内閣府も同じです。同じ期間の内閣府の定員は微増ですが、民間からの天上がりは62人から190人へと増加し、定員に占める比率は2.81％から8.09％へと増加しています。

　次に、常勤と非常勤の推移をみることにしましょう。注目したいのは、非常勤の増え方です。図表4―8「内閣官房、内閣府への民間企業からの『天上がり』」のように、内閣官房は、2001年から2006年までは常勤が多かったのですが、2007年以降になると非常勤の人数が常勤を上まわるようになり、2018年には常勤が54人にたいして非常勤は174人もいます。内閣府ははじめから非常勤が多く、2018年には常勤23人にたいし非常勤は167人となっています。非常勤というのは、企業に在籍しながら官邸の仕事もおこなうということですから、官邸と民間企業のより強い「癒着」を示すものと

いわなければなりません。

　政府の重要政策立案の司令塔である官邸への「天上がり」が増大していることを国会で追及したのは、塩川鉄也衆議院議員です。「民間企業が政府の重点政策に深く関与することで、国民全体の奉仕者としての公務の性格がゆがめられて、大企業、財界の利益が優先されるということにならざるを得ない。大企業、財界の利潤追求を求める政策を企画立案する司令塔として内閣官房の機能強化が行われていることは極めて重大だ。官邸機能の強化は、官民癒着を拡大して財界奉仕の政治を推進するものだ」と追及しました。[*10]

## 経団連役員企業の比率が高い

　内閣官房と内閣府に「天上がり」している民間企業の出身者のなかに経団連役員企業の出身者がどの程度いるのか、どのポストについているのか。それをみたのが図表4―10「民間企業・経団連役員企業から官邸への『天上がり』」です。内閣官房への「天上がり」は、民間企業から228人いますが、そのうち経団連役員企業からは68人で29.8％を占めています。同じように内閣府をみると、民間企業からの「天上がり」は190人いますが、そのうち経団連役員企業からは61人で32.1％をしめています。官邸全体では、民間企業からの「天上がり」の30.9％を経団連役員企業が占めています。3人に1人が経団連役員企業から送り込まれているのです。日本経団連と官邸の人的な癒着がいかに深いかを示すものです。

　個別企業でみますと、人数がもっとも多いのは日本電気（NEC）の20人です。つづいて三菱電機の16人、日立製作所の12人となっています。IT関連の日本経団連中核企業が官邸権力の中枢に深くくい込んでいることが見て取れます。この3社だけで48人もいます。そのうち内閣情報調査室（内調）に25人も入っています。内調の定員は約200人強といわれていますから、定員の13％にあたる職員がわずか3社から送り込まれていることになります。第3章でみた内調のヤミの活動を、警察出身者とこれら大企業の

図表4—10　民間企業・経団連役員企業から

| 官邸 | 民間企業からの天上がり | 企業から　うち経団連役員 | 比率 | NEC | 三菱電機 | 日立製作所 | 野村HD | JR東日本 | NTT | 三井住友海上火災保険 | 大和証券G本社 | ANAHD | パナソニック | 日本生命 | 三井住友FG | 三菱重工 | みずほFG | トヨタ自動車 |
|---|---|---|---|---|---|---|---|---|---|---|---|---|---|---|---|---|---|---|
| 内閣官房　定員1218人（19年3月末） | 228 | 68 | 29.8 | 15 | 13 | 6 | 5 | 5 | 4 | 3 | 1 | 4 | 2 | 1 | 2 | 1 | 1 | 1 |
| 内閣総務官室 | 1 | 1 | 100.0 | 1 | | | | | | | | | | | | | | |
| 内閣官房副長官補付 | 121 | 18 | 14.9 | | | 1 | 2 | 3 | | 2 | | 2 | 1 | 1 | 1 | | 1 | 1 |
| 内閣広報室 | 11 | 2 | 18.2 | | | | | | 1 | | | 1 | | | | | | |
| 内閣情報調査室 | 39 | 27 | 69.2 | 9 | 12 | 4 | | | | | | | | | 1 | | | |
| 内閣サイバーセキュリティセンター | 55 | 19 | 34.5 | 5 | 1 | 1 | 3 | 2 | 3 | 1 | | 1 | 1 | | | 1 | | |
| 内閣人事局 | 1 | 1 | 100.0 | | | | | | | | 1 | | | | | | | |
| 内閣府　定員2349人（19年3月末） | 190 | 61 | 32.1 | 5 | 3 | 6 | 5 | 4 | 5 | 2 | 4 | 0 | 2 | 3 | 1 | 2 | 2 | 1 |
| 大臣官房 | 11 | 8 | 72.7 | | | | 3 | 1 | | | 1 | | | 1 | | | | |
| 政策統括官（経済財政運営担当） | 5 | 0 | 0.0 | | | | | | | | | | | | | | | |
| 政策統括官（経済社会システム担当） | 29 | 14 | 48.3 | 1 | | | | 1 | 1 | 1 | 1 | 2 | | | 1 | | | |
| 政策統括官（経済財政分析担当） | 19 | 7 | 36.8 | | 1 | | | | | | 1 | | | | 1 | | | |
| 政策統括官（科学技術・イノベーション担当） | 51 | 19 | 37.3 | 2 | 2 | 2 | | 1 | 3 | | | | | 1 | | 2 | | 1 |
| 政策統括官（防災担当） | 5 | 2 | 40.0 | | | | | | | 1 | | | | | | | 1 | |

官邸への「天上がり」（2019年）

| 東京海上HD | JXTGHD | 三菱UFJFG | IHI | アステラス製薬 | サントリーHD | 日本製鉄 | 三菱ケミカルHD | 第一生命HD | コマツ | 住友化学 | アサヒGHD | 旭化成 | 丸紅 | 東京ガス | 三菱商事 | 三越伊勢丹HD | 大成建設 | 住友商事 | 箔一 | 積水化学工業 | 三井不動産 | セブン&アイ・HD |
|---|---|---|---|---|---|---|---|---|---|---|---|---|---|---|---|---|---|---|---|---|---|---|
| 2 | 0 | 0 | 0 | 1 | 0 | 1 | 0 | 0 | 0 | 0 | 0 | 0 | 0 | 0 | 0 | 0 | 0 | 0 | 0 | 0 | 0 | 0 |
| 2 |  |  |  | 1 |  |  |  |  |  |  |  |  |  |  |  |  |  |  |  |  |  |  |
|  |  |  |  |  |  |  | 1 |  |  |  |  |  |  |  |  |  |  |  |  |  |  |  |
| 0 | 2 | 2 | 2 | 1 | 2 | 0 | 1 | 1 | 1 | 1 | 1 | 1 | 1 | 0 | 0 | 0 | 0 | 0 | 0 | 0 | 0 | 0 |
|  |  |  |  |  |  |  |  |  |  |  |  |  | 1 |  |  |  |  |  |  |  |  |  |
|  | 1 |  | 1 | 1 | 1 |  |  | 1 |  |  | 1 |  |  |  |  |  |  |  |  |  |  |  |
|  |  | 2 | 1 |  | 1 |  |  |  |  |  |  |  |  |  |  |  |  |  |  |  |  |  |
|  | 1 |  |  |  |  |  | 1 |  | 1 | 1 |  | 1 |  |  |  |  |  |  |  |  |  |  |

図表4−10 つづき

| 官邸 | 民間企業からの天上がり | うち経団連役員企業から | 比率 | NEC | 三菱電機 | 日立製作所 | 野村HD | JR東日本 | NTT | 三井住友海上火災保険 | 大和証券G本社 | ANAHD | パナソニック | 日本生命 | 三井住友FG | 三菱重工 | みずほFG | トヨタ自動車 |
|---|---|---|---|---|---|---|---|---|---|---|---|---|---|---|---|---|---|---|
| 政策統括官<br>(原子力防災担当) | 1 | 0 | 0.0 | | | | | | | | | | | | | | | |
| 政策統括官<br>(共生社会政策担当) | 3 | 0 | 0.0 | | | | | | | | | | | | | | | |
| 男女共同参画局 | 9 | 1 | 11.1 | | | | | | | | | | | 1 | | | | |
| 食品安全委員会事務局 | 1 | 0 | 0.0 | | | | | | | | | | | | | | | |
| 公益認定等委員会事務局 | 13 | 1 | 7.7 | 1 | | | | | | | | | | | | | | |
| 消費者委員会事務局 | 6 | 0 | 0.0 | | | | | | | | | | | | | | | |
| 経済社会総合研究所 | 8 | 3 | 37.5 | | | | 2 | | | | | | | | | 1 | | |
| 迎賓館 | 2 | 0 | 0.0 | | | | | | | | | | | | | | | |
| 地方創生推進事務局 | 14 | 4 | 28.6 | | | | 1 | 1 | 1 | | | | | 1 | | | | |
| 知的財産戦略推進事務局 | 7 | 2 | 28.6 | 1 | 1 | | | | | | | | | | | | | |
| 子ども・子育て本部 | 3 | 0 | 0.0 | | | | | | | | | | | | | | | |
| 国際平和協力本部事務局 | 2 | 0 | 0.0 | | | | | | | | | | | | | | | |
| 沖縄総合事務局 | 1 | 0 | 0.0 | | | | | | | | | | | | | | | |
| 合計 | 418 | 129 | 30.9 | 20 | 16 | 12 | 10 | 9 | 9 | 5 | 5 | 4 | 4 | 4 | 3 | 3 | 3 | 2 |

（注）フィナンシャルグループはFG、ホールディングスはHD、グループはG。民間企業からの受入数
　　　アドバンストシステムズ、日立ソリュー ションズを含む。三菱電機は、三菱電機エンジニアリン
　　　ノベータ、NEDネッツエスアイ、NEDライティングを含む。三菱日立パワーシステムズは、三
　　　日鉄住金ソリューションズ。三菱UFJフィナンシャルグループは、三菱UFJ信託銀行、三菱
　　　ックは、パナソニックモバイルコミュニケーションズを含む。みずほFGは、みずほ証券、みず
（出所）官邸ホームページ、各社「有価証券報告書」にもとづき作成

| 東京海上HD | JXTGHD | 三菱UFJFG | IHI | アステラス製薬 | サントリーHD | 日本製鉄 | 三菱ケミカルHD | 第一生命HD | コマツ | 住友化学 | アサヒGHD | 旭化成 | 丸紅 | 東京ガス | 三菱商事 | 三越伊勢丹HD | 大成建設 | 住友商事 | 箔一 | 三井不動産 | 積水化学工業 | セブン&アイ・HD |
|---|---|---|---|---|---|---|---|---|---|---|---|---|---|---|---|---|---|---|---|---|---|---|
| 2 | 2 | 2 | 2 | 2 | 2 | 1 | 1 | 1 | 1 | 1 | 1 | 1 | 1 | 1 | 0 | 0 | 0 | 0 | 0 | 0 | 0 | 0 |

は、2018年10月1日現在。経団連役員企業は、2019年5月現在。日立製作所は、連結子会社の日立
グ、三菱電機特機システム、三菱プレシジョンを含む。日本電気（NEC）は、NED ソリューションイ
菱重工（65％）と日立製作所（35％）の共同出資。ここでは三菱重工に含めている。日本製鉄は、新
UFJ リサーチ＆コンサルティング。野村ホールディングスは、野村総合研究所、野村証券。パナソニ
ほトラストシステムズを含む。大和証券グループ本社は、大和証券、大和証券、大和証券投資信託委託

「天上がり」が一体になってすすめていることを示しているのです。


**財界が求めた「天上がり」**

　このような「天上がり」を求めたのは、大企業・財界でした。経団連は、「さらなる行政改革の推進に向けて——国家公務員制度改革を中心に」（2005年4月19日）という提言を発表し、そのなかでこう述べています。「民間から人材を受け入れる際には、その者が官の単なる補助的な存在として扱われるのではなく、政策の企画・立案の中枢に積極的に関与できるように、一定の任用枠を設けるなど、中途採用者の増加を促していく必要がある。特に内閣機能の強化の観点から、内閣官房や内閣府への民間人登用を増やすべきである」。

　このように、政権中枢において政策の企画・立案の中枢に大企業の人材を直接、参加させるよう、あからさまに求めているのです。企画・立案というのは、第3章でみたように「企画というアイディアと立案というアイディアにもとづいた法案づくり」を意味しています。財界が送り込んだ人材に法案づくりの仕事をさせろというのです。

　2008年1月18日の官民交流推進会議専門部会が提出した「官民人事交流の推進における課題と当面の推進方策について」では、民間企業から官庁に派遣された人が、企業に復帰した後「その果実を親元の組織にも還元することが求められる。その観点からは、現在の職務とある程度関係を有するところに派遣される方が、より交流の目的を達することができるものと考えられる」としています。

　官民人事交流推進会議（2007年8月7日）の専門部会では、財界側からこんな発言が飛び出しました。「（官民交流）促進のために企業が求める、民が求めるものはやはり人材ネットワーク形成によって、将来のビジネスチャンスをどう拡大していくか、それ一点だと思います」。「官民癒着の批判が出ています。確かにそれは分かりますが企業としてはメリットがあるのは官民癒着といわれている部分でして」と。——思わず本音が出たというべきです。

このような癒着は断ち切らなければなりません。


# 5　政治献金による支配


　五つめは、政治献金による支配です。

　財界は何のために政治資金を出すのでしょうか。加藤義憲氏はこう述べています。「財界は、保守党に対し、巨額の軍資金を提供することによって、保守党の安泰をはかりつつ、しかもこれに対する財界の支配的影響力を確実なものにする」[*12]。「一本化された資金は、財界全体、いいかえれば総資本の目的である資本主義体制の維持そのものを目的として、保守党の安泰をはかろうとの意図に出たものである」[*13]。

　いまの自民党の政治資金は、どうなっているのでしょうか。以前は、経団連が、巨額の献金をあっせんしたり自分で集めて自民党に提供するという露骨な方法をとっていました。しかし、1990年前後に発生したリクルート事件、佐川急便事件などの汚職・腐敗に国民の批判が集中したため、企業・団体献金の方法を変えざるを得なくなりました[*14]。

　政治献金は、政治資金規正法によって規制を受けています。法の名称が"規制"ではなく"規正"であるという点が重要です。政治資金の流れを国民の前に公開し国民の不断の監視と批判を仰ぐというのが、いまの政治資金規正法の精神だからです。政治資金規正法では企業・団体献金については、政治家個人と政治家が指定した「資金管理団体」、派閥などの「政治団体」への献金を禁止しています。また、政党（本部だけでなく支部も）・政党が指定している「政治資金団体」への献金は、規模に応じて最高1億円を上限に献金が許されています。政治団体から政党・政治資金団体への献金については、上限額がありません。

　これらの規制から、政治資金は基本的に政党に集まるような仕組みとなっ

第4章　支配勢力が国家機構を動かす仕掛けとは　185

図表4―11 「抜け道献金」のおもなルート

政党
政治資金団体
支部交付金　政策活動費
政治家
政党支部　資金管理団体
献金
企業・業界団体
政治団体
パーティー
献金

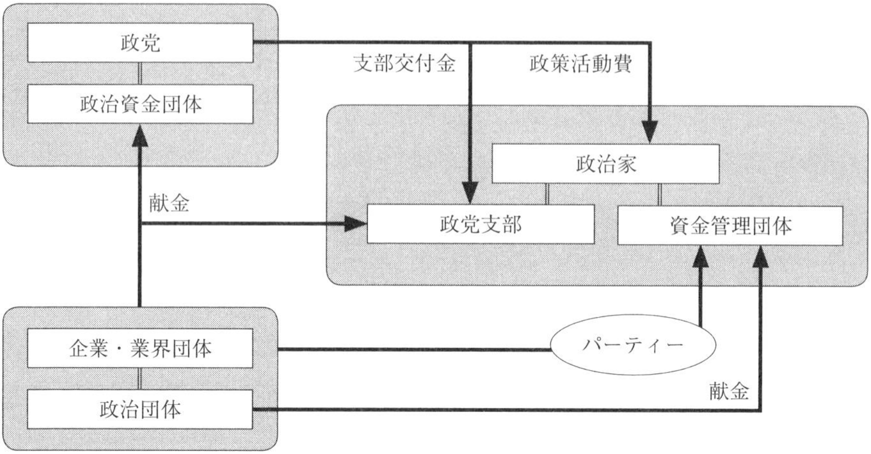

（出所）山本陽子「政治資金の流れにみる財界支配」、拙編著『変貌する財界―日本経団連の分析』194ページより

ています。しかしじっさいには、図表4―11「『抜け道献金』のおもなルート」にみるように、この法の網の目をくぐって、政治資金団体・政党本部・政党支部を経由した迂回献金、政治資金パーティー券の購入などによって、政治家個人にカネが渡るような「抜け道献金」がはびこっています。

## 企業団体献金の減少を政党助成金で穴埋め

　自民党本部への企業・団体献金は、国民政治協会からの寄付収入が大部分を占めています。図表4―12「国民政治協会からの政治資金、政党助成金」（188～189ページ）をみると、国民政治協会からの献金額は、田中角栄内閣の時代にピークを迎えて179億円となりましたが、その直後から減少しロッキード事件が起こります。二度目の山は1991年の174億円でした。企業・団体からの献金は、政治家個人への献金が1995年に禁止されたこともあって減少し1996年には55億円にまで落ち込みました。しかしそれは、政党助成金[15]の導入によって大幅に穴埋めされることとなりました。

1998年の自民党本部の政治資金は空前の規模に達しました。国民政治協会からの献金は152億円でしたが、政党助成金が227億円も入ったからでした。自民党本部の98年の総収入額のうち、政党助成金は52.5％を占めていました。その後は、図表4—13「自民党の政党助成金への依存度」にみるように、自民党の政治資金収入総額に占める政党助成金の比率は徐々に増加する傾向にあります。他方、国民政治協会からの献金は減少傾向となりましたが、第二次安倍内閣になってふたたび増加しはじめています。

　自民党本部の2017年の政治資金報告書によると、収入総額は258億5760万円で、その内訳は国民政治協会からの政治献金が23.5億円、政党助成金が176億円、事業収入3.7億円、党費9億円、個人献金3.3億円などです。重大なのは、総収入に占める政党助成金の比率が68.1％となっていることです。こうして財界は、1970年代の後半から90年代初頭にみられるような巨額の政治資金を提供しなくても、政党助成金のおかげで効率的に自民党に影響を与えることができるようになっているのです。

## 自民党本部のサイフ＝国民政治協会とは

　自民党本部のサイフ（政治資金団体）である「国民政治協会」とは、どのような団体なのでしょうか。また、どのようにつくられたのでしょうか。国民政治協会は、1961年7月に、経済再建懇談会と自由国民連合が合併して国民協会（1975年4月26日に国民政治協会と改称）として発足しました。

　前身の経済再建懇談会は、経団連副会長の植村甲午郎などが中心になって1955年1月に結成されました。それは、吉田内閣時代に起きた造船疑獄事件（1954年）が発端でした。造船疑獄では、政財官あわせて100人以上も逮捕されました。現職の佐藤栄作幹事長まで逮捕されそうになり、法務大臣による不当な「指揮権発動」でのがれるという一幕がありました。これが「政・財界が癒着している」との国民の厳しい批判をまねき、財界では政治献金の提供に不安を感じるようになりました。

図表4—12 国民政治協会からの

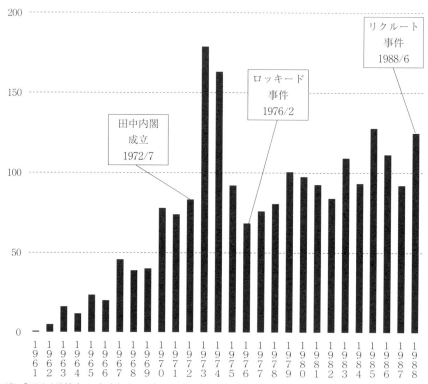

(出所)『国民政治協会40年史』(2001年12月)、「政治資金収支報告書」等により作成

　この状況を財界の立場から打開するため、「財界をとりまとめて、2月総選挙の選挙資金を民主党と自由党に補給する安全な献金団体をつくること」をねらったのです[*16]。こうしてできた経済再建懇談会は、代表世話人に植村甲午郎、大屋敦、金子喜代太らが就任し、事務を花村仁八郎(当時、経団連総務部長)、久保田富雄(同次長)などが担当しました。

188

政治資金、政党助成金（自民党本部）

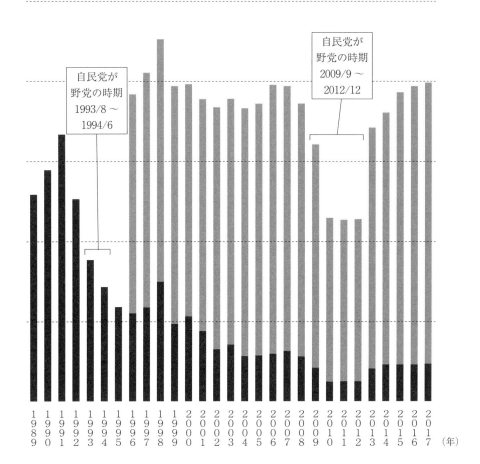

　設立趣旨について、植村甲午郎はこう言ったそうです。「保守党は『道楽息子』ではあるが『一粒種』（当時は民主党と自由党の二粒種）であるから見殺しにするわけにはいかない。息をつなぐだけの金は送ってやらねばならない」[※17]。「従来ある特定の業界、会社などから直接政党にカネが出るところに弊害が生まれる恐れがあり、一般から疑惑の目をもってみられる大きな原因

図表4−13　自民党の政党助成金への依存度（%）

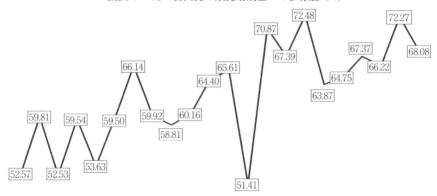

1996 97 98 99 2000 01 02 03 04 05 06 07 08 09 10 11 12 13 14 15 16 17（年）
（注）自民党の収入総額に占める政党助成金の比率
（出所）「政治資金収支報告書」により作成

があったと思われる。そういう事情をふりかえってみて、われわれはこの関係を断ち切って各業界からの寄金をできるだけプールにして、いわばミキサーにかけて、色を消し、一本にまとめ、これを日本経済の再建、民生の安定のための適切な政策が行なわれるという一般目的に集約して寄金する方法をとることが、実業界としてこの際政界浄化を一歩進めるために協力できる途ではないかと考えた[18]」。

　これで「政界浄化」につながるというのは根本的に疑問ですが、個別の企業や業界から政党に直接渡さず「一本にまとめ」「ミキサーにかけ」「色を消す」という手法は、その後定着していきました。大企業全体（総資本）の一本化したカネの力によって、与党を動かす仕組みをつくろうとしたのです。当時、経団連総務部長だった花村仁八郎は、こう述べています。「いわゆる"ひもつき"でない……法律に反しない金集めの方策を講じてくれといわれて、植村甲午郎さんの下で、実際にはほとんど私一人でやったんだ[19]」。

　一方の自由国民連合は、1959年12月9日、安保反対闘争で国内が騒然としているなか、「自由主義を守れ」をスローガンに結成された団体でした。

1961 年 7 月 15 日に、経済再建懇談会と自由国民連合が合併し「国民協会」が発足しました。その後、年々増え続ける政治献金に国民の批判が強まりました。そのため、国民協会は 1975 年 2 月 6 日の理事会で前田義徳・元 NHK 会長を第三代会長に選び、3 月 28 日の第 77 回理事会で「国民政治協会」と改称することを決めました。同年 7 月 15 日に公布された改正政治資金規正法は、企業献金に一定のワクをはめるとともに「政党は、それぞれ一つの団体を当該政党の政治資金団体になるべき団体として指定することができる」と規定しました。そのため自民党は、国民政治協会を唯一の政治資金団体に指定したのです。

## 通信簿方式による企業献金

　1993 年 7 月の総選挙で自民党が大敗した直後、経団連の平岩会長は、「『企業献金の廃止は現実には難しい』と表明したが、自民党が政権の座を下りたことや、企業献金への批判等を考慮し」て 9 月に斡旋中止を決定したと述べました[20]。1994 年になると細川政権が崩壊し自民党が与党に返り咲きました。しかし財界側はすぐに斡旋を再開しませんでした。世論がそれでは納得しなかったからです。

　斡旋中止から 10 年経ってから、経団連は新しい方式で献金をすることを決めました。政党の政策評価をおこない、それにもとづいて政治献金をよびかけるという方法でした。政党に通信簿をつけるのですから「通信簿方式による政治献金」といってもよいでしょう。いまでは、自民党だけが政策評価の対象となっています。その基準は、経団連が毎年発表する政策要望に沿っているかどうかです。これこそまさに「政策をカネで買う」システムとしかいいようがありません[21]。

**本社と連結子会社の献金は一体のもの**
　企業献金の集計方法としては、大企業本社（単体）からの企業献金だけで

なく、その配下にある連結子会社からの献金も考慮すべきです。子会社の献金は、親会社の方針と密接不可分だからです。企業グループとしての企業献金を把握するという方法で集計したのが図表4―14「日本経団連役員企業から国民政治協会（自民党）への政治献金（連結子会社を含む）」（194 ～ 195 ページ）です。

　たとえば、トヨタ自動車は、全国の多数の子会社から一律にほぼ同額の献金をおこなっています。本社からは6440万円の献金がありますが、連結子会社も含めると献金総額は1億691万円となります。次に目立つのは日立製作所です。本社からは2850万円の献金がありますが、連結子会社を含めると3200万円の献金額となります。

　図表4―15「自民党への企業団体献金と日本経団連」の献金額の集計は、このような方法でおこなったものです。2011年以降の自民党（国民政治協会）の企業・団体献金の推移を示しています。自民党が野党だった2011年と2012年の各総額は13億円台でした。しかし、政権に復帰して以降、2013年19億5400万円、2014年22億1300万円、2015年22億9500万円、2016年23億2500万円、2017年23億9200万円へ、6年間で8割も増加しています。注目すべきは、自民党の政治資金団体である国民政治協会の総額に占める経団連役員企業の献金の比率が、次第に高まっていることです。2011年の24.81％から、2012年の25.18％、2013年30.86％、2014年32.49％、2015年32.86％、2016年34.82％、2017年の34.94％へと比率を高めています。これをグラフにしたのが、図表4―16「自民党の政治資金（国民政治協会）と経団連の占める比率」です。

　これは、自民党の政治資金の三分の一を超える巨額の献金が、わずか30～ 40社の経団連役員企業によってまかなわれていることを意味します。その比率が高まるということは、きわめて少数の巨大企業によって自民党の党財政がまかなわれているということになります。つまりそれは、日本の政権党が圧倒的多数の国民や中小企業から、ますます離れた存在になりつつあるということを意味しています。

業界団体による献金も巨額です。第１章でみたように、同じ業種の大企業が集まってつくる業界団体のなかでも、日本自動車工業会、日本電機工業会、日本鉄鋼連盟が大きな力をもっています。政治献金をみますと、2017年に日本自動車工業会が8040万円、日本電機工業会7700万円、日本鉄鋼連盟8000万円の献金をおこなっています。この三つの業界団体だけで２億3740万円で、自民党（国民政治協会）への企業・団体献金のじつに約１割を占めており、大きな影響力をもっています。

## アメリカから自民党への秘密資金の提供

　自民党の資金は、財界から提供されるものが圧倒的に多いのですが、それだけではありません。戦後の歴史をふりかえると、1950年代から60年代にかけてアメリカから日本の政治家に「秘密資金」を提供されていたことが、後に公開された米国側の公文書によって明らかになりました。孫崎享氏は『戦後史の正体』のなかで、米国側の公文書によって「CIAが自民党や民社党の政治家に巨額の資金を提供していたこと[22]」が明らかにされたと述べています。

　ニューヨーク・タイムズ記者のティム・ワイナー氏の著書『CIA秘録』は、そのいきさつについてこう書いています。「CIAには政治戦争を進めるうえで、並外れた巧みさで使いこなせる武器があった。それは現ナマだった。CIAは1948年以降、外国の政治家を金で買収し続けていた。しかし世界の有力国で、将来の指導者をCIAが選んだ最初の国は日本だった[23]」。

　ここで指摘している「将来の指導者」とは誰のことでしょうか。それは岸信介です。岸はＡ級戦犯容疑者として巣鴨刑務所に３年間収監されていましたが、死刑判決を受けた東条英機ら７名のＡ級戦犯の刑が執行されたその翌日に解放されています[24]。「釈放後岸は、CIAの援助とともに、支配政党のトップに座り、日本の首相の座までのぼりつめるのである」「７年間の辛抱強い計画が、岸を戦犯容疑者から首相へと変身させた」とワイナーは書いてい

図表4—14　日本経団連役員企業から

| 役職 | 企業名 | 献金額 | 連結合計 |
|---|---|---|---|
| 会長 | 東レ | 50,000,000 | 50,000,000 |
| 副会長 | 日立製作所 | 28,500,000 | |
| | 日立システムズ（100%） | 1,500,000 | |
| | 日立ソリューションズ（100%） | 1,000,000 | |
| | 日立ハイテクノロジーズ（51.8%） | 1,000,000 | 32,000,000 |
| 副会長 | JXTG ホールディングス | | |
| 副会長 | 日本電信電話 | | |
| | NTT ドコモ（66.66%） | 7,000,000 | |
| | NTT データ（54.21%） | 3,500,000 | |
| | NTT 都市開発（67.30%） | 1,500,000 | 12,000,000 |
| 副会長 | 野村ホールディングス | 32,000,000 | 32,000,000 |
| 副会長 | 日本生命保険 | 17,000,000 | 17,000,000 |
| 副会長 | 三菱東京 UFJ 銀行 | 20,000,000 | 20,000,000 |
| 副会長 | 三菱重工業 | 33,000,000 | 33,000,000 |
| 副会長 | 住友化学 | 36,000,000 | |
| | 大日本住友製薬（50.22%） | 2,860,000 | 38,860,000 |
| 副会長 | 三井物産 | 28,000,000 | 28,000,000 |
| 副会長 | 日本郵船 | 6,000,000 | 6,000,000 |
| 副会長 | 東京ガス | | |
| 副会長 | 三菱商事 | 28,000,000 | 28,000,000 |
| 副会長 | 三越伊勢丹ホールディングス | | |
| 副会長 | 三井住友フィナンシャルグループ | | |
| | 三井住友銀行 | 20,000,000 | 20,000,000 |
| 副会長 | 大成建設 | 18,000,000 | |
| 副会長 | 新日鐵住金 | 35,000,000 | |
| | 日鉄住金セメント（85.0%） | 120,000 | |
| | 日鉄住金環境（85.1%） | 100,000 | 35,220,000 |
| 副会長 | 三菱電機 | 18,200,000 | |
| | 青森三菱電機機器販売（100%） | 100,000 | 18,300,000 |
| 副会長 | トヨタ自動車 | 64,400,000 | |
| | 日野自動車（50.32%） | 20,800,000 | |
| | ダイハツ工業（100%） | 17,100,000 | |
| | トヨタ車体（100%） | 1,000,000 | |
| | 青森トヨタ自動車（100%） | 60,000 | |
| | トヨタ自動車東日本（100%） | 500,000 | |
| | トヨタカローラ山形（100%） | 60,000 | |
| | 茨城トヨタ自動車（100%） | 60,000 | |
| | トヨタカローラ新茨城（100%） | 100,000 | |
| | 千葉トヨペット（100%） | 60,000 | |
| | トヨタカローラ千葉（100%） | 60,000 | |
| | 東京トヨタ自動車（100%） | 600,000 | |
| | 東京トヨペット（100%） | 800,000 | |
| | 横浜トヨペット（100%） | 60,000 | |
| （続く） | 福井トヨタ自動車（100%） | 72,000 | |

## 国民政治協会（自民党）への政治献金（連結子会社を含む、2017 年）

（単位：円）

| 役職 | 企業名 | 献金額 | 連結合計 |
|---|---|---|---|
| （続き） | 大阪トヨタ自動車（100％） | 60,000 | |
| | トヨタカローラ姫路（100％） | 60,000 | |
| | トヨタ部品兵庫共販（100％） | 60,000 | |
| | ネッツトヨタゾナ神戸（100％） | 60,000 | |
| | 兵庫トヨタ自動車（100％） | 240,000 | |
| | 島根トヨタ自動車（100％） | 120000 | |
| | 徳島トヨタ自動車（100％） | 60,000 | |
| | 西九州トヨタ自動車（100％） | 60,000 | |
| | 大分トヨタ自動車（100％） | 60,000 | |
| | 鹿児島トヨタ自動車（100％） | 300,000 | |
| | ネッツトヨタ鹿児島（100％） | 100,000 | 106,912,000 |
| 議長 | 三井不動産 | 20,000,000 | |
| | 三井ホーム | 5,000,000 | 25,000,000 |
| | キヤノン | 40,000,000 | |
| 副議長 | キヤノンマーケティングジャパン（50.1％） | | 40,000,000 |
| 副議長 | 小松製作所 | 8,000,000 | 8,000,000 |
| 副議長 | 清水建設 | 18,000,000 | 18,000,000 |
| 副議長 | 味の素 | 5,000,000 | 5,000,000 |
| 副議長 | 昭和電工 | 6,000,000 | 6,000,000 |
| 副議長 | 大和証券グループ本社 | 30,000,000 | 30,000,000 |
| 副議長 | 三井住友海上火災保険 | 12,200,000 | 12,200,000 |
| 副議長 | 伊藤忠商事 | 24,000,000 | 24,000,000 |
| 副議長 | 東日本旅客鉄道 | 20,000,000 | 20,000,000 |
| 副議長 | 第一生命ホールディングス | | |
| | 第一生命保険 | 12,500,000 | 12,500,000 |
| 副議長 | BT ジャパン | | |
| 副議長 | 箔一 | | |
| 副議長 | 東京海上ホールディングス | | |
| | 東京海上日動火災保険 | 17,940,000 | 17,940,000 |
| 副議長 | アサヒグループホールディングス | | |
| | アサヒビール（100％） | 5,900,000 | 5,900,000 |
| 副議長 | パナソニック | 28,500,000 | 28,500,000 |
| 副議長 | 住友商事 | 24,000,000 | 24,000,000 |
| 副議長 | みずほフィナンシャルグループ | 20,000,000 | 20,000,000 |
| 副議長 | 日本電気 | 15,000,000 | 15,000,000 |
| 副議長 | 旭化成 | 16,340,000 | |
| | 旭化成ファーマ（100％） | 1,110,000 | 17,450,000 |
| 副議長 | ANA ホールディングス | 11,000,000 | 11,000,000 |
| 合計 | | 835,782,000 | |
| 日本経団連役員企業の比率 | | 34.94％ | |
| 国民政治協会（自民党）への企業団体献金の総額 | | 2,391,820,200 | |

（注）役員企業は 2017 年 5 月 31 日現在

（注）（　）内は親会社が所有している連結子会社の議決権割合

（出所）日本経団連ホームページ、「官報」、各企業「有価証券報告書」

図表4―15　自民党への企業団体献金と日本経団連

| 年 | 企業・団体献金総額（国政協＝自民党） | 日本経団連役員企業の献金額 | 経団連の比率 | 役員企業数 | 経団連役員1社当たりの金額 |
|---|---|---|---|---|---|
| 2011年 | 1,320,429,811 | 327,607,000 | 24.81% | 33 | 9,927,485 |
| 2012年 | 1,371,716,200 | 345,442,000 | 25.18% | 34 | 10,160,059 |
| 2013年 | 1,954,087,200 | 602,972,000 | 30.86% | 36 | 16,749,222 |
| 2014年 | 2,213,125,200 | 719,012,000 | 32.49% | 38 | 18,921,368 |
| 2015年 | 2,294,926,200 | 754,162,000 | 32.86% | 35 | 21,547,486 |
| 2016年 | 2,324,890,244 | 809,462,000 | 34.82% | 39 | 20,755,436 |
| 2017年 | 2,391,820,200 | 835,782,000 | 34.94% | 40 | 20,894,550 |
| 11→17年（倍） | 1.81 | 2.55 | | 1.21 | 2.10 |

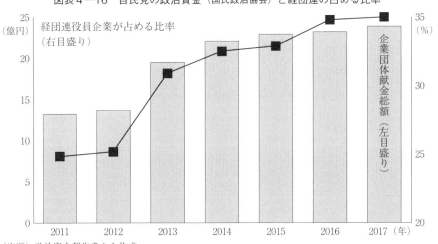

図表4―16　自民党の政治資金（国民政治協会）と経団連の占める比率

（出所）政治資金報告書から作成

ます[*25]。アメリカの秘密資金によって首相の座についたというのですから、驚く以外にありません。

「岸は日本の外交政策をアメリカの望むものに変えていくことを約束した。アメリカは日本に軍事基地を維持し、日本にとっては微妙な問題である核兵器も日本国内に配備したいと考えていた。岸が見返りに求めたのは、アメリカからの政治的支援だった[*26]」「この資金は少なくとも15年間にわたり、4人の大統領のもとで日本に流れ、その後の冷戦期中に日本で自民党の一党支配を強化するのに役だった[*27]」と書いています。

では、どの程度の資金が渡されたのでしょうか。マイケル・シャラーが『「日米関係」とは何だったのか[*28]』で紹介しているのは、日本の政党と政治家に渡した資金は毎年200万ドルから1000万ドルだったと情報担当の米国務次官補ロジャー・ヒルズマンが明かした言葉です。当時は、固定レートで1ドル＝360円でしたから、それは7億2000万円から36億円という金額になります。その巨額の資金を受け取る側の中心人物が岸信介だったのです。岸は、自由党と民主党が合併（1955年）してできた自由民主党の中心人物へと、その秘密資金の力でのし上がっていったのです。

岸だけではありません。その実弟の佐藤栄作[*29]も秘密資金に深くかかわっていました。岸内閣の大蔵大臣だった佐藤は、1958年7月25日、在日米大使館の一等書記官と会い、「共産主義と闘うために米国からの援助が必要だ。秘密は絶対守る。迷惑はかけない」と次の参議院選挙に向けた資金援助を要請したというのです。この会談の内容を国務省に報告した大使ダグラス・マッカーサー二世は、佐藤が前年も「同様の要請」をしたうえ、また「金をせびっている」と書いたそうです[*30]。

CIAの秘密資金は、いつごろまで続いていたのでしょうか。ティム・ワイナーは『CIA秘録（邦訳下）』で「日本の政界要人に対するCIAの金銭上の直接支援は、1972年には終わったようである。しかし、秘密裏の政治的なつながりと連携は途絶えることなく続いた[*31]」と書いています[*32]。アメリカ政府は、自民党支配の確立と継続のために秘密資金をふくむ卑劣な手段を使っ

第4章　支配勢力が国家機構を動かす仕掛けとは　197

ていたのです。

　自民党の「政治とカネ」をめぐる歴史には、このような裏面史があったことを、私たちは決して忘れてはなりません。

## 企業・団体献金の禁止こそ

　外国からの献金は論外ですが、そもそも企業やその団体が、政党や政治家にカネを出して政治に影響をあたえること自体、国民主権とはまったくあいいれないものです。なぜなら、企業は主権者ではなく選挙権を持っていないからです。主権者でもない企業が、政党や政治家にカネをだして政治に影響をあたえるなら、主権者である国民の基本的権利をおかすことになります。

　もともと企業は、利益を得ることを目的とする営利団体です。それが政治にカネをだせば、その"投資"にみあう"見返り"をもとめることになります。そのため企業献金は、本質的にワイロ性をもっているのです。企業献金が何らかの"見返り"に結びつけば「ワイロ」となり、そうでなければ企業に損害を与える行為ですから「背任」となります。

　二十数年前に、自民党の金権腐敗政治に国民の厳しい批判が向けられ、その根絶が政治の焦点となり「企業・団体献金については、廃止の方向に踏み切る」とされました。ところが、「政党支部への献金は認める」「政治資金パーティーは残す」という二つの抜け道をつくり、企業・団体献金は温存されました。

　政党は、何よりも国民のなかで活動し、国民の支持を得て活動資金をつくるということを基本に置くべきです。政治資金規正法における政治資金は、ほんらい「国民の浄財」＝個人献金であり「国民の政治参加の手段」「国民の権利」と位置づけられます。支持する政党に政治献金をおこなうことは、憲法で保障された国民の参政権の一つであり、国民の代表を選ぶ選挙権、投票権と結びついたものです。

　図表４─17「『政治とカネ』をめぐる事件と『改革』の流れ」でみるよう

図表4—17 「政治とカネ」をめぐる事件と「改革」の流れ

| 1989年 | 竹下内閣がリクルート事件の政治不信で総辞職 |
|---|---|
| 92年 | 東京佐川急便事件 |
| | **政治資金パーティーの収支の報告を義務化** |
| 93～94年 | ゼネコン汚職事件 |
| 94年 | 〔小選挙区制導入〕 |
| | 〔政党交付金制度導入〕 |
| | **献金の個別記載の対象を100万円超から5万円超に** |
| 99年 | **政党・政党の政治団体以外への企業・団体献金廃止** |
| 2004年 | 日歯連ヤミ献金事件 |
| 05年 | **政治団体間の寄付に上限（年5000万円）** |
| 06～07年 | 事務所費の架空計上問題 |
| 07年 | **資金管理団体の経費支出で領収書添付を義務付け** |

（注）太字は法改正
（出所）日本経済新聞2019年5月31日付にもとづく

に、これまで政治資金をめぐる汚職・腐敗事件が繰り返されるたびに、政治資金面での規制がつよめられてきました。しかし、根本的な解決には至っていません。そのため、日本共産党は、2015年4月に「企業・団体献金全面禁止法案」を衆議院に提出し、パーティー券購入を含む企業・団体からの政治献金を全面的に禁止することを提唱しました。また、政党助成金との「二重取り」が続いているため、同時に「政党助成法廃止法案」も提出しました。

企業・団体献金の全面禁止と政党助成制度の廃止を一体としておこなうことが、政治の劣化と金権腐敗政治を根絶する道につながるのです。

＊1　加藤義憲『財界——政治と経済を動かすもの』（現代の経済、第14巻、河出書房新社、1966年2月）86ページ。
＊2　『経済団体連合会五十年史』（経済団体連合会、1999年1月）。

第4章　支配勢力が国家機構を動かす仕掛けとは　199

＊3　佐々木憲昭『財界支配――日本経団連の実相』（新日本出版社、2016年1月）、第4章「経団連の税財政・金融要望」（115〜153ページ）

＊4　中野実『日本型政策決定の変容』（東洋経済新報社、1986年6月）212ページ。

＊5　詳しくは、拙著『財界支配――日本経団連の実相』211〜242ページ、拙編著『変貌する財界』（2007年1月、新日本出版社）209〜241ページを参照してください。

＊6　「安倍政権100日」評価　議論編／石原信雄氏の発言（言論NPO）。
http://www.genron-npo.net/politics/archives/507.html

＊7　その実態について詳しくは、拙編著『変貌する財界――日本経団連の分析』第3章「『構造改革』路線と財界」（山下唯志）、拙著『財界支配』（2016年1月、同）第6章「財界による政治支配の変容」、『戦後70年の日本資本主義』（2016年6月、同）Ⅱ - 6「日本財界による政治支配の変容」（佐々木憲昭）を参照してください。

＊8　大田弘子『経済財政諮問会議の戦い』（東洋経済新報社、2006年6月）256〜257ページ。

＊9　「退職型」の場合も、任期が満了した後には企業が再雇用することができ、もとの企業への復帰は自由です。

＊10　2017年11月24日衆議院内閣委員会。
http://www.shiokawa-tetsuya.jp/modules/kokkai/index.php?id=479

＊11　第一次安倍内閣のときにつくられた官民人事交流推進会議の専門部会委員は、11人中5人が財界人によって構成されていました（2007年9月7日現在）。

＊12　加藤義憲『財界』（現代の経済、第14巻）87ページ。

＊13　前掲書、96ページ。

＊14　この点について詳しくは、拙著『変貌する財界――日本経団連の分析』第4章「政治資金の流れにみる財界支配」（山本陽子）を参照してください。

＊15　政党助成金の導入の経緯については、拙著『財界支配――日本経団連の実相』247〜252ページ。

＊16　升味準之輔「自由民主党の組織と機能」『現代日本の政党と官僚』（日本政

治学会編、岩波書店、1967 年 5 月）49 ページ。

*17　升味準之輔、同上。

*18　同上。朝日新聞 1955 年 1 月 15 日付。

*19　国民政治協会『創立 30 年のあゆみ』40 〜 41 ページ。

*20　『経済団体連合会五十年史』833 ページ。

*21　詳しくは、拙編著『変貌する財界』第 4 章　山本陽子「政治資金の流れに
　　みる財界支配」。この通信簿方式は、民主党政権のときに中断しましたが第
　　二次安倍内閣になって復活しました。

*22　孫崎享『戦後史の正体』（創元社、2012 年 8 月）13 ページ。

*23　ティム・ワイナー『CIA 秘録（上)』（邦訳、2008 年 11 月、文藝春秋）
　　177 ページ。

*24　なぜ、岸が特別扱いされたのでしょうか。そのいきさつについてワイナー
　　は、戦中・戦後における岸信介とアメリカとの関係を暴いています。1941
　　年に日本がアメリカに宣戦布告したとき、岸は日本の商工大臣を務めていま
　　した。そのとき駐日大使をしていたのがジョセフ・グルーでした。グルーは、
　　1942 年に東京の収容所に入っていましたが、閣僚だった岸がグルーを収容
　　所から出してやりました。戦後、岸が巣鴨刑務所から出所した数日後に、グ
　　ルーは CIA の偽装組織「自由ヨーロッパ全国委員会」の委員長になってい
　　ます。前掲『CIA 秘録（上)』178 ページ。

*25　前掲『CIA 秘録（上)』178 ページ。

*26　前掲『CIA 秘録（上)』179 〜 180 ページ。

*27　前掲『CIA 秘録（上)』181 ページ。

*28　マイケル・シャラー『「日米関係」とは何だったのか』（市川洋一訳、草思
　　社、2004 年 7 月）239 ページ。

*29　61 〜 63 代内閣総理大臣・佐藤栄作は、56、57 代内閣総理大臣・岸信介の
　　実弟です。安倍晋三は、岸信介の孫にあたります。

*30　豊田祐基子『「共犯」の同盟史』（岩波書店、2009 年 6 月）92 ページ。

*31　ティム・ワイナー『CIA 秘録（下)』（邦訳、2008 年 11 月、文藝春秋）
　　279 ページ。

*32　日本占領中のマッカーサーの諜報活動を詳述した CIA 文書は、2007 年に

公開されました。40年以上もヤミに埋もれていたこの秘密公文書の解禁を
どこまでおこなうかは、アメリカの関係者のあいだでも議論があったことは、
豊田祐基子氏が『「共犯」の同盟史』のなかで紹介しています。

第５章　国民の財産は誰のために消えたのか

これまでみてきたような「財界支配」と「一強体制」のもとで、私たちの大切な財産がいつのまにか消えているとしたらどうでしょう。「そんなはずはない」と思われる方もいるかもしれません。でも、ほんとうの話です。


# 1　年金が減らされている


## 財界が社会保障・年金の削減を求める

　日本経団連は、第二次安倍政権になってから「財政健全化」を錦の御旗にして社会保障の削減をいっそう露骨に求めるようになりました。

　2015年5月に公表された日本経団連の「財政健全化計画の策定に向けた提言[*1]」は、「財政健全化を図るうえで、社会保障改革は避けて通れない課題である」として、社会保障にたいする攻撃を強めました。「社会保障給付費自体が経済成長率を上回るペースで増加しており、財政悪化のみならず、現役世代や企業が負担する各種社会保険料の継続的な増加をもたらしている」というのです。

　これは、財政悪化の原因が社会保障費にあるとする誤った見方をふりまくものです。財政の悪化は、大企業にたいする大幅な法人税の減税によって税収が落ち込み、そのうえ大規模公共事業など大企業・財界への大盤振る舞いによってうまれたものです。それにもかかわらず、自分たちの責任を棚に上げて、国民が必要としている社会保障を攻撃するのは許しがたい態度だといわねばなりません。

　日本経団連はこの「提言」で、「社会保障給付費そのものの抑制」が必要だと説き、その手段の一つとして公的年金の給付を「マクロ経済スライドの

発動」で抑制しなければならないが、それだけでなく「低所得の年金受給者に対する加算措置（年金生活者支援給付金）」を見直すべきだと主張しています。

　日本経団連はさらに、2018年4月に「わが国財政の健全化に向けた基本的考え方[*2]」、5月には「持続可能な全世代型社会保障制度の確立に向けて[*3]」という提言を公表しました。そのなかで、75歳以上の後期高齢者の医療については、患者の窓口負担＝原則1割負担を「原則2割とすべきである」とか、70歳以上の人の高額療養費における「月額負担上限額の速やかな廃止」をもとめています。年金については、「まずはマクロ経済スライドを着実に発動し、現在の高齢者に対する年金給付の伸びを抑えることがきわめて重要である」とか「下限を外し」て早く調整せよなどと述べたり、所得の多い年金受給者への「支給制限を強化」すべきだと主張しています。

　このように、財界にとって財政というのは「国民のためにはできるだけ使わせない、自分たちが使うのだ」という身勝手な考え方に立っているとしかいいようがありません。

## 「あったことをないものにする」あきれた手口

　しかも重大なのは、年金の支給を削減し国民の暮らしを圧迫しておいて、老後の資金が必要なら「貯蓄」よりも「投資」だなどと、投機的な方向に誘導しようとしていることです。2019年6月、金融審議会のワーキンググループが提出した「老後資金に2000万円が必要」という報告書がそれです。この報告書への政府の対応に対する国民の怒りは、急速に広がりました。

　麻生金融担当大臣は、金融庁の担当者から事前に内容の説明をうけ、記者会見で「100まで生きる前提で退職金って計算してみたことあるか？　普通の人はないよ。そういったことを考えて、きちんとしたものを今のうちから考えておかないかんのですよ」と、報告書の内容について得々と述べていました。

まず国民が怒ったのは、上から目線で「君たちも考えておけ」という態度にたいしてです。麻生氏は、自分自身の年金がどうなっているか記者に問われてもまったく答えられなかったのです。そんな人に、「あなたたちは年金では足りないから2000万円用意しろ」などと言われたくない、と反発を招いたのは当然でしょう。「年金は『100年安心』と言っていたではないか！」「どうやって貯めるのか！」と、国民のなかにたまっていた不満が一気に噴き出しました。

　ところが、その国民の怒りに直面した政府の対応があまりにもひどいものでした。麻生氏は、手のひらを返すように報告書の「受け取りを拒否する」と言いました。それが、かえって火に油を注いだのです。「世論調査」でも、この政府の対応に7割の人びとが「問題だ」といいました。受け取り拒否を指示したのは安倍総理でした。安倍さんは「金融庁は大バカ者だ」と言い、菅官房長官は「受け取らぬ」ことにせよと指示を出しました。[4] 安倍内閣は自分の責任を棚に上げ、真実にフタをしてしまったのです。

　都合の悪いものにはフタをして国民からかくす。「あったことを、なかったことにする」安倍内閣の姿勢に怒りと不満がさらに広がりました。自民党の森山裕衆院国対委員長は、野党が予算委員会で集中審議をおこなうよう要求すると、「報告書はもうないわけですから、なくなっているわけですから」と逃げ回りました。これでは年金改善の議論は、ますます遠のいてしまいます。

　もともと報告書を出すように諮問したのは、麻生さんでした。2016年4月19日に、金融審議会に対して金融担当大臣麻生太郎の名前で「市場・取引所を巡る諸問題に関する検討」を諮問していたのです。諮問というのは意見を求めることです。だから審議会では、3年がかりで24回にわたって議論を積み重ねて「報告書」を出してきたのです。報告書を作成したのは、麻生大臣が委嘱した21人の委員たちです。

## 政府のスタンスとどう違うのか

　麻生大臣は「政府の政策スタンスとは異なっている」と言いました。いったい、何がどう異なっているのでしょう。「あたかも赤字なんじゃないかという表現自体が不適切だった」と言います。しかしもとの数字は、ワーキンググループの会議に厚労省が提出したものです。図表５―１「高齢夫婦無職世帯の家計（実収入と実支出）」をみてください。高齢夫婦無職世帯の「実収入」が「実支出」とくらべて月額５万5000円少ないという総務省の統計です。収入が支出よりも少ないのですから、これを「赤字」と言わず何と言うのでしょうか。30年で約2000万円という数字になります。しかも、金融庁が「1500万円から3000万円必要」という数字を出していたこともわかりました。報告書が「毎月の赤字額は約５万円」と書いたのは、平均ではあるけれども正確な実態だったのです。

　もちろん「2000万円足りない」というのは平均の数字ですから、これよりも多い家計もあるでしょうし少ない家計もあるでしょう。自営業者の場合は、もっと深刻です。

　総務省の「家計調査報告」にもとづいて計算してみると、図表５―２「高

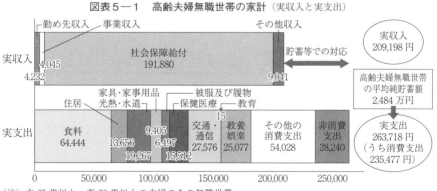

図表５―１　高齢夫婦無職世帯の家計（実収入と実支出）

（注）夫65歳以上、妻60歳以上の夫婦のみの無職世帯
（出所）厚労省が金融審議会に提出した資料。総務省「家計調査」（2017年）

齢夫婦無職世帯の家計収支」のようになります。それによると、家計の赤字（実収入－実支出）は、2000年に8980円だったのが、2017年には5万4520円に増えています。その赤字を、貯蓄を取り崩すなどして穴埋めしてきたのです。

## 高齢者家計の「赤字」が増えるワケ

　高齢者家計の赤字はなぜ増えたのでしょうか。一つは、年金の給付が減ったからです。社会保険給付（ほとんど年金）が約22万9000円から約19万2000円へと約3万7000円も減っています。その背後にマクロ経済スライドという仕組みがありました。二つは、税金と社会保険料の負担が増えたからです。直接税は1485円、社会保険料は6157円も増えています。三つは、消費税の増税です。家計調査報告には、消費税の金額は出ていませんが、それは消費支出のなかに含まれています。

　政府の政策によって年金が減らされ、税と社会保険料の負担が増え、税負担が重くなったのが、高齢者家計の赤字の原因です。政府が、このような状況に追い込んでおきながら「赤字分は、自分で用意しなさい」と言い、国民の怒りが大きくなると、真実にフタをし「なかったことにする」と言う。これは、何重にも身勝手で無責任な態度といわれてもしかたがありません。

図表5－2　高齢夫婦無職世帯の家計収支

| 年 | 2000 | 2005 | 2010 | 2017 | 2000 → 2017 |
|---|---|---|---|---|---|
| 実収入 | 244,293 | 230,380 | 223,757 | 209,198 | － 35,095 |
| 　うち社会保険給付 | 228,619 | 213,597 | 208,080 | 191.880 | － 36,739 |
| 実支出 | 253,273 | 265,835 | 264,949 | 263,718 | 10,445 |
| 　うち直接税 | 10,220 | 12,161 | 13,477 | 11,705 | 1,485 |
| 　うち社会保険料 | 10,326 | 14,223 | 16,857 | 16,483 | 6,157 |
| 赤字 | － 8,980 | － 35,455 | － 41,192 | － 54,520 | － 45,540 |

（注）①夫65歳以上、妻60歳以上で構成する夫婦1組のみの世帯
　　　②社会保険給付の圧倒的部分は公的年金給付である
（出所）「家計調査報告」により作成

# 基礎年金は 30 年で 3 割も減らされる

　厚労省が 5 年に一度公表する年金の「財政検証」（2019 年 8 月 27 日公表）によると、経済成長の程度が異なる六つのケースすべてで、基礎年金（国民年金）の所得代替率（現役世代の手取り収入に対する年金の給付水準）が、今後約 30 年で 3 割程度下がるという驚くべき結果となりました。こうなるのは、物価や賃金の伸びよりも年金給付の伸びを抑制して給付水準を自動削減する「マクロ経済スライド」の影響です。

　経済成長と雇用の拡大がすすんで、収支のバランスがとれた時点で厚生年金と合わせた所得代替率が 50％以上確保されるケース（財政検証は三種類想定しています）でも、基礎年金の削減は 2046 ～ 47 年度まで続きます。基礎年金部分の所得代替率は、現在の 36％台から 26％台に低下し、給付水準は最終的に約 3 割も減るのです。

　さらに、経済成長が低かったり横ばいだったりした場合（同じく二種類の想定があります）は、厚生年金とあわせても所得代替率が 50％以下となり、基礎年金部分の削減率はじつに 4 割に迫るとしています。

### 非正規労働者の過酷な老後

　大変なのは、非正規労働者です。図表 5 ― 3「非正規労働者に待ち受ける過酷な老後」をみると、現役のときには不安定で低賃金の雇用形態で働かされ、リタイアするときにはマクロ経済スライドで年金が大幅に減らされるからです。第二次安倍政権が誕生した 2012 年 12 月から今日まで、非正規労働者は 306 万人も増加しました。労働者に占める割合は 38％、その四分の三は年収 200 万円未満です。現役時代の低収入や保険料未納は、老後の低年金につながります。

　日本の年金制度の最大の問題は、低年金・無年金者が膨大な数にのぼることです。現在、基礎年金の満額は月 6.5 万円、国民年金のみを受給する人の

図表5―3　非正規労働者に待ち受ける過酷な老後

| 現役時代の低収入が老後の低年金に直結 |
| --- |
| 非正規の4分の3が年収200万円未満 |
| 低い厚生年金加入率 |
| パート労働者の35.3%、派遣労働者の76.5% |
| 老後の蓄えもできない |
| 退職金制度があるのは派遣で10.9%、パートで4.3% |
| マクロ経済スライドが追い打ち |
| 基礎年金満額は6万5千円から4万5千円に減少 |

（注）総務省、厚労省の資料などから作成
（出所）「しんぶん赤旗」2019年7月3日付

平均受給額は、月5.1万円です。厚生年金も、女性の平均受給額は、基礎年金分も含めて月10.2万円という低水準です。"年金ゼロ"の無年金者は、現在、政府の推計で26万人、現役世代の低賃金と雇用破壊が深刻化するなか、将来さらに膨大な無年金者が生まれかねません。

　マクロ経済スライドを廃止し、年金が減らないようにすることが必要なのは、このような実態があるからです。そのための財源として、高所得者優遇の年金保険料を見直し、約200兆円になろうとしている年金積立金を活用し、賃上げと非正規労働者の正社員化によって担い手を広げるという現実的な道を選択すべきです。

## 「バクチ」のため国民の財産を投入

　もう一つ重大なことは、国民の財産である年金積立金が危険な運用で消えていく恐れです。国民年金や厚生年金の過去の積み立て分である「年金積立金」は現在150兆円ありますが、それは、今後ますます増加していきます。図表5―4「増えつづける厚生年金積立金」によると、2020年に169兆円

図表5—4　増えつづける厚生年金積立金

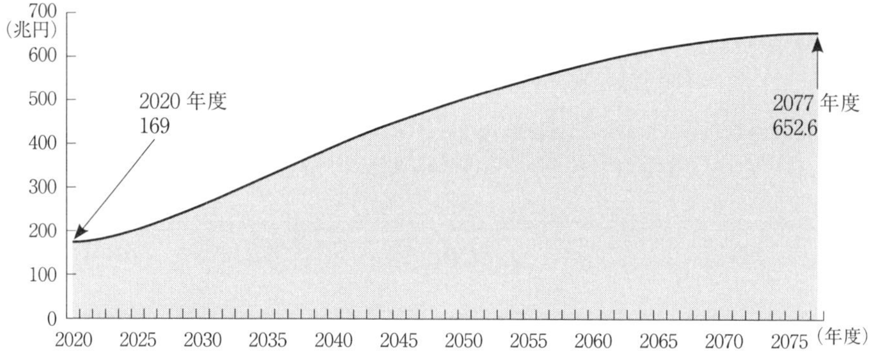

厚生労働省の 2014 年度財政検証結果、厚生年金（共済年金を含む）の積立金の年度末残高の推移（名目額）。実際の現在の積立金は 14 年の想定より若干多くなっており、国民年金の積立金（10 兆円程度）も合わせると約 200 兆円。出生率、死亡率、経済情勢などにより、ある程度変化します

（出所）「しんぶん赤旗」2019 年 7 月 18 日付

になり 2077 年には 652.6 兆円にもふくれあがります。なぜ、これを適切にとりくずして国民に還元しないのでしょうか。大いに疑問です。

　年金積立金の運用をおこなっているのが「年金積立金管理運用独立行政法人（GPIF）」です。GPIF は、2018 年第 3 四半期（10 − 12 月期）の運用で 14 兆 8039 億円の損失を出したと発表しました。GPIF は、過去にも運用による損失を出していますが、四半期単位では、これが最大級の損失です。150 兆 6630 億円の資産を運用しているので、その約 1 割近くを失ったことになります。その後、株価が持ち直したので年間を通してかろうじてプラスになりました。

　なぜこんな不安定なことになっているのでしょうか。その理由は、株式への運用がどんどん増えているからです。図表5—5「運用資産の構成推移」をみてください。資産運用先をみると、国内株式は少ないときで 2008 年の 11.50％で、外国株式は 2004 年の 8.42％でした。株式はあわせて二十数％を占めるだけだったのに、それが 2018 年には国内株が 26.03％、外国株が 24.72％、あわせて 50.75％に上昇しています。半分以上が株に投入されてい

第5章　国民の財産は誰のために消えたのか　211

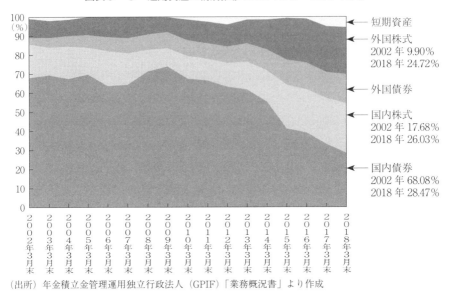

図表5—5　運用資産の構成推移2002年3月～2018年3月

（出所）年金積立金管理運用独立行政法人（GPIF）「業務概況書」より作成

るのです。なぜこうなったのでしょうか。安倍内閣のもとで年金基金の株式運用比率を大幅に引き上げたからです。

　年金基金の資金が株式に大規模に投入されて株価がつり上がることは、大企業・財界にとって、大いにのぞましいのです。日本経団連は、政府と一体になって推進している投資・成長戦略「Society 5.0 for SDGs」[*5]のなかに、世界最大規模の資産をもつGPIFを誘い込もうとしています。その戦略を実現するため、2019年6月10日、日本経団連はGPIFや東京大学と「共同研究」を開始すると発表しました。

## 「トータルでみるとプラス」という言い訳

　国民の財産で株価をつり上げるPKO（プライス・キーピング・オペレーション）は、しばしば裏目に出ています。

　年金基金の運用について「損した分もあるけど、儲けた分もあるので差し

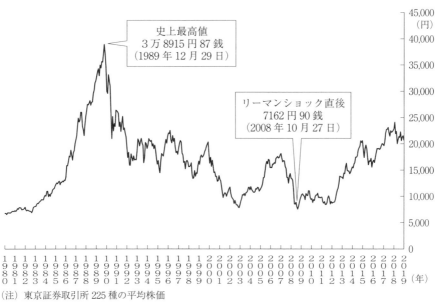

図表5―6　日経平均株価の長期推移

(注)　東京証券取引所225種の平均株価
(出所)　日経の指数公式サイトより作成

引きプラスだ」というのが政府の言い分です。確かに、この間はトータルで見るとプラスになっていますが、リーマンショックのような株価の下落が大きなときはマイナスとなっています。年金の積立金が、株価によって翻弄されている様子がわかります。

　図表5―6「日経平均株価の長期推移」をみると、いちばん高かったのは1989年12月の3万8915円87銭でした。低かったのは2008年10月の7162円90銭です。株価は不安定であり、今後、世界的な経済危機のような事態が発生することもありえます。株式への依存度が高ければ高いほど、危険度も高まります。

### 安倍内閣は株式への大規模な投資に踏み切った

　財界の提案にそって、安倍内閣は、危険な方向に舵を切りました。2014

第5章　国民の財産は誰のために消えたのか　213

年2月24日の予算委員会で、安倍総理は「運用対象の多様化についても検討していく必要がある」と述べました。その背景には2013年11月の「公的・準公的資金の運用・リスク管理等の高度化等に関する有識者会議」の「報告書」がありました。この有識者会議は、経済再生担当大臣のもとに設置されたもので、そのメンバーには、経団連経済法規委員会企画部会長（新日鐵住金）をはじめ、大和総研、野村総研、JPモルガン証券などの財界代表が加わっていたのです。その報告書には、運用目的について、安倍政権の経済政策（三本の矢）の一環として、「日本経済にいかに貢献し得るか」を考慮して資金運用をすると書いています。

　「安倍政権においては、長期化しているデフレからの脱却を目指し、大胆な金融政策という第一の矢、機動的な財政政策という第二の矢に加え、第三の矢としての成長戦略への取組が進んでいる。当有識者会議は、こうした取組の一環として、各資金の運用に係る検討を行っていることに鑑みれば、日本経済にいかに貢献し得るかを考慮する考えもある」。

　これは明らかに、それまでの方針とは違うものです。2009年11月に厚生労働大臣のもとに設置された「年金積立金管理運用独立行政法人の運営のあり方に関する検討会」が、2010年の12月に出した「報告書」では、次のように書いていました。「年金積立金の原資となる保険料は投資を目的として徴収されたものではなく、年金積立金は老後の給付に充てるために一時的に国が預かっているものであることから、安全運用が基本である。また、運用目標を大幅に下回った場合には、国民の負担増加に直結する重い問題である」と書かれていたのです。

　このように、国民の財産の安全確実な運用をおこなって国民に損害を与えてはならないというのが基本でした。安倍総理が言うような「運用対象の多様化」となると、いままでとまったく違う危険がともなってくるのです。株価が上昇し続ける保障はまったくありません。株式投資への比重を高めるやり方はたいへん危険です。

　大門実紀史氏は『カジノミクス』のなかで、GPIFは日本企業の株式だけ

でなく、アメリカの国債や米軍需産業の株を買っていると指摘しています。[*6]

## 外国とはまったく違う危険な日本の運用

　2013年11月の有識者会議の「報告書」を見ますと、株式での運用は外国でもやっているという表を載せて、日本もこうすべきだと言わんばかりの説明をしています。本当にそうなのでしょうか。

　例えば、ノルウェーに公的年金基金（GPFG）があります。これは、年金という名前がついていますけれども、そもそも年金制度と直接関係がなく、産油国ノルウェーの「固有な財政システムの一環」だといわれています。また、アメリカのカリフォルニア州職員退職制度（カルパース）、オランダ公務員総合年金基金（ABP）は、いわば上乗せ部分（二階）の年金運用です。また、カナダの年金プラン投資理事会（CPPIB）、スウェーデンの国民年金（APファンド）、この二つの基金は公的年金積立金の運用機関ではありますが、日本と違うのは、いずれの国も、「一階」と「二階」で構成される公的年金制度のうちの「二階部分」の積立金の運用なのです。ですから、最低保障機能を担う「一階部分」には影響を与えません。

　つまり、例として挙げられているこれら諸国の制度は、いずれも運用した結果が公的年金の給付水準に直接影響をおよぼさない仕掛けになっています。私は、このことを2014年6月3日の財務金融委員会の質問でただしました。

　政府の答弁は、次のようなものでした。

　「御指摘のノルウェーの政府年金基金グローバルは、石油価格が下落した場合あるいはノルウェー経済が収縮した場合に、財政政策を調整する余地を残すために、政府の石油・ガス事業からの収入を積み立てている基金であると理解しておりまして、専ら年金給付のための運用をされているものではございませんが、将来の年金支出へ備えることも運用目的の一つに含まれているというふうに理解してございます。それから、カリフォルニアのカルパースにつきましては、州政府の職員を対象として積立金を運用する年金基金でありまして、おっしゃるとおり、全国民を対象とした基礎

的な年金部分に当たる社会保障信託基金の給付に上乗せする形のものでございます。オランダ政府のABPも似たような仕組みのものである、そのように理解してございます」。

「カナダのCPPIBは、御指摘のとおり、基礎的な年金部分に当たる老齢所得保障に上乗せする形で給付を行う報酬比例年金部分の積立金を運用する年金基金でございまして、スウェーデンのAP基金も報酬比例年金の積立金を運用する年金基金でございます。したがいまして、カナダのCPPIBにつきましては、基礎的な年金部分に当たる年金基金とは別に運営されているほか、スウェーデンにつきましても、所得比例年金による給付が一定水準に満たない者に国庫負担で一定額の年金給付を保障する仕組みでございまして、いずれの場合も、運用状況が基礎的な年金部分あるいは最低保障部分の給付の水準に直接の影響を与えるものではない、そのように理解してございます」。

このように、「報告書」で例示したいずれの諸国も年金水準に直接影響を及ぼすような危険な運用をしていないことは、政府も認めざるをえなかったのです。アメリカの公的年金基金（OASDI）は非市場性国債ですべて運用しており、目減りしたことは一度もありません。この例を見習うべきでしょう。

このようにみてくると、日本のGPIFの積立金の運用の仕方というのは、国際的にいってもきわめて特異な全財産をまるごと運用する、その運用の仕方も変動の激しい株式に比重を移していくというやり方をしています。日本では、運用で赤字が出たら年金の基礎的な部分もふくめてすべてに影響し、年金の給付水準に影響が出てくるのです。

図表5―7「年金基金の『基本ポートフォリオ』の推移」にみるように、GPIFは、基本ポートフォリオ（金融商品の組み合わせ）を大きく変更し、株式に軸足を移してきました。これは、国民の財産である年金基金を毀損する危険を広げることになります。

図表5−7　年金基金の「基本ポートフォリオ」の推移

|  | 国内債券 | 国内株式 | 外国債券 | 外国株式 | 短期資産等 |
|---|---|---|---|---|---|
| 2006年4月～2010年3月 | 67 | 11 | 8 | 9 | 5 |
| 2010年4月～2013年6月 | 67 | 11 | 8 | 9 | 5 |
| 2013年6月～2014年10月 | 60 | 12 | 11 | 12 | 5 |
| 2014年10月～ | 35 | 25 | 15 | 25 | ― |

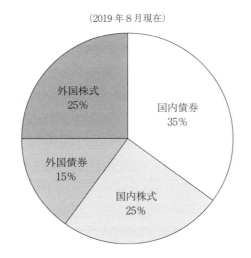

（2019年8月現在）

（出所）年金積立金管理運用独立行政法人（GPIF）資料により作成

**人事権を利用して運用体制を入れ替える**

しかも重大なのは、株式への運用シフトのために安倍内閣が人事権を利用して体制の入れ替えをしていることです。GPIFの運用委員会（のちの経営委員会）のメンバーは2014年4月に、ほぼ総入れ替えとなりました。10人の運用委員のうち9人が任期を終えましたが、再任されたのはたった1人でした。新たに任命された6人のうち、委員長になった早大大学院の米澤康博教授ら3人は、GPIFの運用見直しを提言した有識者会議のメンバーです。他の3人は全員、投資会社等金融機関の勤務経験者なのです。

運用委員会委員長になった米澤康博氏は、こう言っています。「（年金財政

の検証で出てきた）公的年金の運用目標である『名目賃金上昇率プラス1.7％』を達成するのは簡単な話ではない。……国債中心の運用では目標には全然届かない。……ありとあらゆることをやる必要がある」。年金基金は、国民の大切な財産であって、アベノミクスの株つり上げの道具ではないはずです。

　図表5―8「年金積立金管理運用独立行政法人（GPIF）の運営」にみるように、厚生労働大臣が、GPIFの経営委員会、監査委員会、執行部のすべての人事権を握っており、財界と政府の意向がストレートに反映する仕組みになっています。それを悪用して「多様化」という名でポートフォリオを見直し、株式に軸足を移す方向にカジを切り、それを運用する委員会のメンバーを株式運用重視の人びとに置きかえたのです。

　国民への年金支払いが「マクロ経済スライド」によって大幅に削減される一方で、人びとが汗水流して積み立てた年金基金は株価つり上げのために大規模に投入され、一部の金融的利益のために使われています。こんなやり方は根本的に見直し、ほんらいの安全・確実な管理運用に立ち戻るべきです。

　現状のままでは、2040年代には7兆円の年金削減となってしまいます。現在でも月6万5000円に過ぎない基礎年金の満額は約3割、月2万円分も削られ、月4万5000円の水準にされてしまいます。「マクロ経済スライド」を廃止して「減らない年金」を実現するとともに、低すぎる年金給付の底上げをすすめるべきです。

---

### GPIFトップの報酬引き上げ

　年金基金を管理している年金積立金管理運用独立行政法人の理事長、理事と運用担当者の報酬が、2015年1月に大幅に引き上げられました。それまでの理事長の年収は、約1900万円でしたが、なんと3100万円に63％も引き上げることにしたのです。また、新設の最高投資責任者（CIO）の年収を3000万円にするとしています。しかも、新たに設けた運用専門職の月給は最高で145万円、成績が好調ならさらに成績給が上

図表5—8 年金積立金管理運用独立行政法人(GPIF)の運営

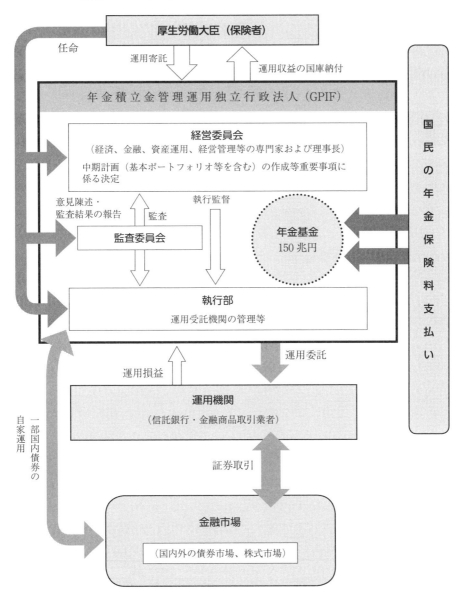

(出所)年金積立金管理運用独立行政法人(GPIF)の資料にもとづき作成

積みされ「理事長の年収を上回る可能性もある」というのです。驚くべき "お手盛り報酬" です。厚労省は、いままで GPIF の理事長は「公務員待遇」だったが、日銀総裁の年収（3500万円）を超えない程度に引き上げたと説明（厚労省）しているそうです。しかし、その原資は、国民が汗水流して貯めた年金基金ではありませんか。安倍内閣は、年金基金という貴重な国民の財産で「バクチを打つ」ように仕向け、そのバクチを打つ人の「給与」だけは大幅に引き上げる。こんなやり方は、害悪しか生み出しません。（日本経済新聞 2015年2月2日付のコラム「風速計」を参照）

## 「くじら」が動かす株式市場

　GPIF がのめり込む株式市場とは、どのようなものでしょうか。

　まず、株式市場の大きさをみましょう。それは、株式の時価総額でみることができます。日本取引所グループのホームページによると、日本の株式時価総額は（2019年5月末現在）約591兆9943億円となっています[*7]。その内訳はこうです。

| | |
|---|---|
| 一部 | 570兆4890億円 |
| 二部 | 7兆1400億円 |
| マザーズ | 5兆7524億円 |
| JASDAQ スタンダード | 8兆3172億円 |
| JASDAQ グロース | 2664億円 |
| TOKYO PRO Market | 293億円 |
| （合計） | 591兆9943億円 |

　日本の株式市場には「5頭のクジラ」がいると言われています。GPIF、3共済（国家公務員共済組合連合会、地方公務員共済組合連合会、日本私立学校振興・共済事業団）、日銀、かんぽ、ゆうちょの五つの機関投資家です。これ

らは、市場の動向に大きな影響を与えています。なかでも、いちばん大きいのがGPIFです。

　株式市場におけるGPIFの比重は、どの程度のものでしょうか。GPIFの株式運用資産額は、40兆6995億円ですから、日本の株式市場の6.9％を占めています。一つの機関投資家が株式市場の約7％を占めているのですから、たいへん大きな比重です。

**株式の3割は外資が握っている**

　日本の株式は、誰がにぎっているのでしょうか。

　図表5―9「だれが株式をもっているか」（投資部門別株式保有比率の推移）のように、外国法人等が29％、事業法人等が22％、信託銀行が22％です。ここで注目されるのは、最大の株式保有者が外資だということです。「外資が動けば株価が動く」というのが日本の株価の実態です。もう一つは、信託

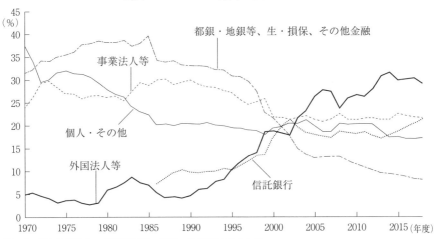

図表5―9　だれが株式をもっているか

（注1）1985年度以前の信託銀行は、都銀・地銀等に含まれる
（注2）2004年度から2009年度まではJASDAQ証券取引所上場会社分を含み、2010年度以降は大阪証券取引所または東京証券取引所におけるJASDAQ市場分として含む
（出所）東京証券取引所　投資部門別株式保有比率の推移（長期データ）

銀行が大きな比重を占めるようになっていることです。国内の年金基金をはじめとする機関投資家から株式の管理・運用を託されているからです。その比率が2000年度の17.4％から2018年度の21.5％へと増加しています。

## 海外投資家が株価を動かしている

　保有されている株式は、すべてが売買されているわけではありません。売買されている金額は、東京証券取引所が株式売買の主体（部門）別に公表している「投資部門別株式売買状況」でわかります。売買の合計は、売り買いされた株式の総額です。海外投資家（外国の個人・法人）や信託銀行の「差引」というのは、買いが売りよりも多いとプラスで、売りが買いよりも多いとマイナスとして示されます。2014年の春、衆議院の財務金融委員会の調査で野村證券を訪れたさい、会社の幹部が「ヘッジファンドはサッと来て、サ〜ッと帰って行く」と話していたのが印象的でした。株式を保有しているのは海外投資家が多く、とりわけヘッジファンドの売買が株価に影響を与えているのです。

　海外投資家といってもさまざまな種類があります。海外の年金やソブリン・ウエルス・ファンド（国家ファンド）などの長期投資資金の場合は、買ってすぐに売ることはほとんどありません。しかし、海外ヘッジファンドなどの投機マネーは、日本株の上昇が見込める場合には株価指数先物（日経平均先物など）をどんどん買い、環境が悪化するとすぐに売りに転じます。外国人の売りが増えると日経平均は下がり、外国人の買いが増えると一転して上昇するという傾向がつづいてきました。

　麻生財務大臣が、2014年4月16日の財務金融委員会で、「年金積立金管理運用独立行政法人（GPIF）の動きが6月以降出てくる。そうした動きが出てくるとはっきりすれば、外国人投資家が動く可能性が高くなる」と述べたことがありました。GPIFのポートフォリオが改訂されることによって発生するのは「買い」です。麻生大臣が「動きが出てくる」と言ったのは、GPIFが国内株式を大量に買いに動くということです。それが株価を押し上

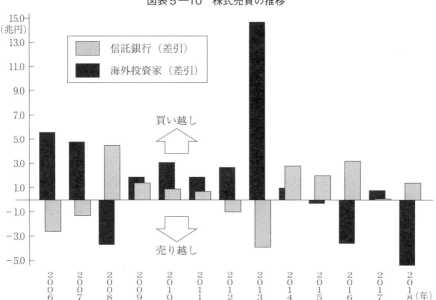

図表5―10　株式売買の推移

(出所) 東京証券取引所「投資部門別株売買状況」にもとづき作成

げるので、刺激された海外の投資家が日本株を買い株価が上がるという意味でしょう。じっさいにGPIFが保有する国内株式は、2014年3月末の20.8兆円から2015年3月末の31.7兆円へと10.8兆円も飛躍的に増やされました。これほど増加した年はありません。国民の財産が、株価引き上げの誘い水として使われたのです。

　海外投資家と信託銀行の売買は、図表5―10「株式売買の推移」のように、全体として対照的な動きをしています。海外投資家が売り越すと、株価の下落をおさえるため信託銀行が買い越す動きを表わしています。信託銀行に株式の管理・運用を大規模に委託しているのはGPIFですから、国民の財産で株価を買い支えているといってもよいでしょう。

第5章　国民の財産は誰のために消えたのか

どこに運用を委託しているのか

　年金基金の資産は誰が運用しているのでしょうか。民間の 36 社（104 フ
ァンド）に、2017 年度に基金の大部分 156 兆円の管理運用を委託していま
す。そのなかでも多いのが、みずほ系の「アセットマネジメント One」で
23.6 兆円、全体の 15％を占めています。さらに三井住友信託銀行が 17.5 兆
円、三菱 UFJ 信託銀行が 16.2 兆円、野村アセットマネジメントが 5.4 兆円
を占めています。四つの運用会社あわせて 62.7 兆円で、全体の 40％を占め
ています。

　管理運用を委託されているこれら資産運用会社の親会社のほとんどは、日
本経団連の役員企業です。みずほフィナンシャルグループ、三井住友フィナ
ンシャルグループ、三菱 UFJ フィナンシャルグループ、野村ホールディン
グスは、日本経団連の副会長企業です。

　外資系の運用会社は、ステート・ストリート・グローバル・アドバイザー
ズ、ゴールドマン・サックス・アセット・マネジメント、JP モルガン・ア
セット・マネジメント、ブラックロック・ジャパンなどが受託しています。

　工藤晃氏によると、ブラックロックは日本株保有額（運用資産）が約 30
兆円で、ランキング 1 位の GPIF とほぼ並ぶ額となっています。しかも
GPIF の運用受託機関として、外国勢のなかでトップの地位を占めるなど、
内部に深く入り込んでいます。運用資産額は 14 兆 8327 億円（GPIF の運用
資産額の 10.2％）を占めています。[*8]

5000 億円が「手数料」で消えた

　これらの管理・運用はタダではありません。莫大な手数料を取られていま
す。図表 5―11「年金基金の管理運用委託手数料」をみると、2002 年度に
は 176 億円でしたが 2017 年には 487 億円に増加し 3 倍近くになっています。
この 17 年間の手数料の合計は、じつに 4850 億円になるのです。とくに安倍
内閣になって、2013 年度から手数料が急速に増加しているのがわかります。

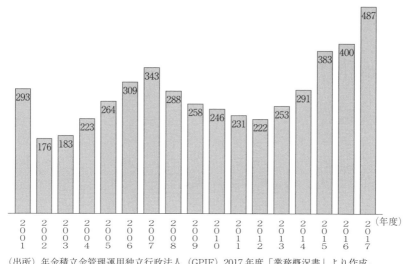

図表5―11　年金基金の管理運用委託手数料（単位：億円）

（出所）年金積立金管理運用独立行政法人（GPIF）2017年度「業務概況書」より作成。

　このことは、GPIFの2018年6月18日の経営委員会でも話題になり、手数料が「ずっと右肩上がりで、平成27年度（2015年度）にジャンプしているのはすぐ目につく」「手数料額が487億円だと聞くと、一般の方々は高すぎるのではないかと思われる」などのやりとりがありました。国民の財産の一部が、このように民間の管理運用会社に毎年、莫大な手数料として消えていくのは大きな問題ではないでしょうか。

**大企業の株が公的マネーによって占領されている**

　日銀も株式を大量に買いあさってきました。図表5―12「安倍政権下で急増した日銀の株式買い入れ額」で明らかなように、安倍政権になって2013年から18年のあいだに、1.1兆円から6.5兆円へとじつに6倍にも増加しています。

　GPIFが、どの企業の株をもっているか（保有株式の銘柄）は公開されています。日銀は、株価に連動して運用される株価指数連動型上場投資信託

第5章　国民の財産は誰のために消えたのか　225

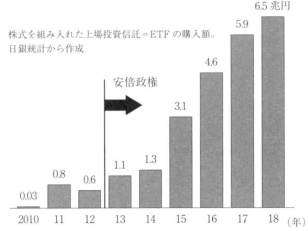

（ETF）を購入することによって株式市場に資金を投入しています。日銀が保有するETFの銘柄別内訳は公表されていませんが、「しんぶん赤旗」[*9]によると日銀の購入方針などから間接的に保有する個別銘柄の株数を推計できるとしています。その推計によると、東京証券取引所一部上場企業2064社のうち少なくとも710社で公的マネーが「筆頭株主」になっていることがわかりました。代表的な大企業の3社に1社で公的マネーが筆頭株主となり、大企業の株が公的マネーによって占領されるという奇妙な現象がおきているのです。

図表5—13「公的マネー投入額の多い企業」にみるように、二つの公的マネーを合わせた投入額は、トヨタ自動車が最多の1兆9497億円、次いでソフトバンク・グループ1兆1345億円、三菱UFJフィナンシャルグループ1兆482億円と続きます。投入額上位10社のうちトヨタ自動車を含め6社で公的マネーが筆頭株主でした。

株式市場のなかで公的マネーがどの程度を占めているかを示したのが、図表5—14「東証一部での公的マネーの推移」です。それによると、東証一部

図表5—13　公的マネー投入額の多い企業

| | 企業名 | 公的マネー（億円） | | | 公的マネーが筆頭株主 |
|---|---|---|---|---|---|
| | | GPIF | 日銀 | 計 | |
| 1 | トヨタ自動車 | 113562 | 5936 | 19497 | ○ |
| 2 | ソフトバンクG | 5254 | 6091 | 11345 | |
| 3 | 三菱UFJFG | 7702 | 2779 | 10482 | ○ |
| 4 | ファナック | 3702 | 6094 | 9796 | ○ |
| 5 | 本田技研工業 | 5852 | 3225 | 9077 | ○ |
| 6 | ファーストリティリング | 1094 | 7873 | 8967 | |
| 7 | KDDI | 4137 | 4267 | 8403 | |
| 8 | 日本電信電話 | 5830 | 2215 | 8046 | |
| 9 | ソニー | 5090 | 2843 | 7933 | ○ |
| 10 | 三井住友FG | 5871 | 1945 | 7816 | ○ |

（注）2018年3月末時点。端数処理しています。日本電信電話の筆頭株主は財務相。G：グループ　FG：フィナンシャルグループ
（出所）「しんぶん赤旗」2018年7月19日付

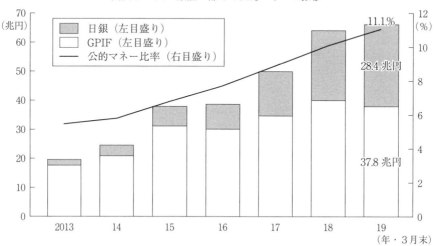

図表5—14　東証一部での公的マネーの推移

（注）GPIF、日銀資料から作成。時価ベース
（出所）「しんぶん赤旗」2019年7月12日付より

図表5—15　日本経団連役員企業（会長・副

| 役員 | 企業名 | 発行済み株式総数 | 割合 | 大株主1位株式数 |
|---|---|---|---|---|
| 会長 | 日立製作所 | 966,692,677 | 100.00 | 71,017,400 |
| 副会長 | 東京ガス | 451,355,759 | 100.00 | 31,296,000 |
| 副会長 | 三菱商事 | 1,590,076,000 | 100.00 | 142,650,000 |
| 副会長 | 三越伊勢丹ホールディングス | 395,694,000 | 100.00 | 38,385,000 |
| 副会長 | 三井住友フィナンシャルグループ | 1,399,401,420 | 100.00 | 82,697,100 |
| 副会長 | 大成建設 | 224,541,172 | 100.00 | 15,843,000 |
| 副会長 | 日本製鉄（新日鐵住金） | 950,321,402 | 100.00 | 48,028,900 |
| 副会長 | 三菱電機 | 2,147,201,000 | 100.00 | 162,251,000 |
| 副会長 | トヨタ自動車 | 2,879,539,000 | 100.00 | 376,438,000 |
| 副会長 | 東京海上ホールディングス | 710,000,000 | 100.00 | 55,882,000 |
| 副会長 | 東日本旅客鉄道 | 381,822,200 | 100.00 | 20,316,500 |
| 副会長 | ANAホールディングス | 348,498,361 | 100.00 | 19,197,000 |
| 副会長 | JXTGホールディングス | 3,385,994,000 | 100.00 | 281,026,000 |
| 副会長 | 住友商事 | 1,250,787,667 | 100.00 | 79,744,000 |
| 副会長 | 三菱UFJフィナンシャルグループ | 13,667,770,520 | 100.00 | 738,305,200 |
| 副会長 | 三菱ケミカルホールディングス | 1,506,288,000 | 100.00 | 103,414,000 |
| 副会長 | 第一生命ホールディングス | 1,198,208,200 | 100.00 | 70,960,743 |
| 副会長 | 日本電信電話 | 1,950,394,470 | 100.00 | 679,211,000 |
| 副会長 | コマツ | 972,252,460 | 100.00 | 62,825,000 |

（注）大株主1位〜3位は、各社の発行済み株式に占める各社大株主の順位。年金基金の「実質順位」
（出所）GPIF（年金積立金管理運用独立行政法人）「保有全銘柄について」（2019年3月末）、各社「有

　の株式市場のなかで公的資金が急速に増加していることがわかります。2013年に5％台だったのに、2019年で11％を占めています。安倍政権の6年間で、いかに莫大な公的資金が株価つり上げのために使われたかを表わすものです。

　GPIFの株式保有に限定してみても、日本経団連役員企業の大株主にのし上がっていることがわかります。図表5—15「日本経団連役員企業（会長・副会長）の大株主になった年金基金」で明らかなように、会長・副会長企業19社の大株主のうち年金基金の保有株式数が実質1位となっている企業は、

会長）の大株主になった年金基金（2019年3月末現在）

| 割合 | 大株主2位 株式数 | 割合 | 大株主3位 株式数 | 割合 | 年金基金 保有株式数 | 割合 | 実質順位 |
|---|---|---|---|---|---|---|---|
| 7.35 | 61,402,600 | 6.36 | 20,694,676 | 2.14 | 82,201,300 | 8.50 | 1位 |
| 6.96 | 28,168,000 | 6.26 | 24,094,000 | 5.35 | 40,246,400 | 8.92 | 1位 |
| 8.98 | 106,497,000 | 6.71 | 71,428,000 | 4.50 | 134,211,300 | 8.44 | 2位 |
| 9.84 | 23,389,000 | 6.00 | 13,667,000 | 3.50 | 32,411,100 | 8.19 | 2位 |
| 5.92 | 82,028,200 | 5.87 | 40,320,314 | 2.88 | 138,665,100 | 9.91 | 1位 |
| 7.26 | 13,156,000 | 6.03 | 7,857,000 | 3.60 | 19,845,700 | 8.84 | 1位 |
| 5.20 | 46,976,600 | 5.10 | 245,324 | 2.70 | 77,999,600 | 8.21 | 1位 |
| 7.56 | 124,997,000 | 5.82 | 106,568,000 | 4.96 | 156,525,100 | 7.29 | 2位 |
| 13.07 | 238,466,000 | 8.28 | 182,663,000 | 6.34 | 199,541,800 | 6.93 | 3位 |
| 7.90 | 45,405,000 | 6.40 | 15,779,000 | 2.20 | 65,511,700 | 9.23 | 1位 |
| 5.33 | 15,520,000 | 4.07 | 15,494,200 | 4.06 | 31,668,400 | 8.29 | 1位 |
| 5.73 | 11,813,000 | 3.53 | 7,863,000 | 2.35 | 25,308,100 | 7.26 | 1位 |
| 8.42 | 225,870,000 | 6.77 | 79,629,000 | 2.38 | 310,667,500 | 9.18 | 1位 |
| 7.83 | 66,383,000 | 5.32 | 30,855,000 | 2.47 | 98,136,700 | 7.85 | 1位 |
| 5.69 | 579,609,600 | 5.24 | 338,906,515 | 2.61 | 1,102,506,700 | 8.07 | 1位 |
| 7.27 | 82,308,000 | 5.78 | 64,389,000 | 4.52 | 111,186,500 | 7.38 | 1位 |
| 6.17 | 58,907,300 | 5.12 | 58,272,000 | 5.06 | 94,790,200 | 7.91 | 1位 |
| 35.42 | 85,651,000 | 4.47 | 79,101,000 | 4.13 | 119,446,400 | 6.12 | 2位 |
| 6.65 | 52,363,000 | 5.54 | 36,906,000 | 3.90 | 72,839,900 | 7.49 | 1位 |

は、それと比較して示したもの
価証券報告書」等により作成


会長の日立製作所をはじめ、じつに14社にのぼっています（2位4社、3位1社）。これは、GPIFが日本の巨大企業の頂点をおさえているといっても過言ではありません。


**経団連役員企業にGPIFが「モノ言う」ことの意味**

「日経ビジネス」（電子版）に次のような注目すべき記事が載りました。[*10]

「（自主運用解禁によって）GPIFが直接株式を保有した場合、GPIFが議決権を株主総会で行使するようになる。政府の下にあるGPIFが企業経

営に『モノを言う』体制を認めると、国家が企業を間接支配し市場をゆがめることになりかねない」。「日本最大の株主が『モノ言う株主』に変わられては困るのだ。そうでなくとも海外機関投資家などが議決権行使で会社側提案に反対するケースが増えており、経営者が『フリーハンド』を失いつつある。そこに GPIF までが加われば、投資家によって経営者のクビが取られるような事態に発展しかねない」。

「なぜ GPIF の議決権行使を経団連が恐れるのか。それは２年前にできたスチュワードシップコードが関係する。このコードによって、生命保険会社や年金基金などいわゆる機関投資家は、保険契約者や年金加入者などの利益を最大化するよう行動しなければならないとされた。GPIF が議決権行使する場合、年金加入者の利益にならない提案には遠慮なくバツを付けることになるわけだ。それを経営者の集まりである経団連は恐れているのである。」「GPIF が議決権行使を本格的に行うようになれば、企業に強いプレッシャーをかけることは間違いない」。

これは、日本の大企業経営者と政府によって進められた「株価つりあげ政策」の結果、発生した新たな事態です。


## 2　家計から企業への所得移転をひきおこした低金利


次は低金利によって国民の財産が消えた問題です。ゼロ金利とかマイナス金利などといわれるなかで、銀行にお金を預けてもほとんど利子がつかなくなりました。この点について経団連は、どのような姿勢をとってきたのでしょうか。

ゼロ金利について、経団連の今井敬会長は、2001 年 6 月 20 日にこう述べたことがあります。「99 年 2 月からは日銀がゼロ金利政策を採用し、金融システムの安定と景気の浮揚に向けて、金融政策としては史上まれにみる対策

を講じてきました」。また、日本経団連の奥田碩会長は、2004年3月8日に「日銀はゼロ金利政策を継続していますが、これは当面は続けてほしいと思います」と言いました。2016年2月24日にも日本経団連の榊原定征会長は、日銀がマイナス金利を採用（2016年1月）した直後、「銀行の貸出金利や住宅ローン金利が下がるなどプラスの効果も現れつつあり、銀行経営への影響も当初懸念されたほど大きくない」と述べました。そのうえで「今は経済再生に向けてあらゆる手段を総動員すべき時であり、経済の好循環に向けた効果が現れることを期待する」と言いました。

このように、経団連はゼロ金利やマイナス金利をふくむ低金利政策を歓迎する姿勢を示してきたのです。

しかし、庶民にとっては預金金利がほとんどつきませんし、ATMを利用したり両替機を利用するたびに手数料を取られます。1万円を引き出すだけでも、土日や祝日だと時間外手数料で216円も取られます。多くの方々が「バカバカしい」と思うのも無理はありません。いまでは、銀行は利ざやでもうけをあげるよりも、手数料でもうけをあげることに重点を移しているのです。

### 家庭用金庫が売れている

30年ほど前であれば銀行にお金を預けると、あるていど利息がついて預金が増えました。たとえば、預金が2000万円で利率が5％なら、年に100万円の利息がつきました。「退職金の利息で老後の生活ができる」という話もありました。その当時は、家族で旅行に行くときには、おじいちゃん、おばあちゃんがお金を出すケースが多くみられました。しかし、いまではそんな姿はほとんどみられません。

1980年代から今日までの金利の推移を示したのが、図表5─16「基準貸付利率の推移」です。基準貸付利率とは、日本銀行が金融機関に資金を直接貸し出すさいの基準金利のことです。1990〜91年頃には6％でしたが、その後急速に下落し、いまでは0.3％となっています。

国民からみると、利子がつかず手数料負担が大きいので銀行に預けるより

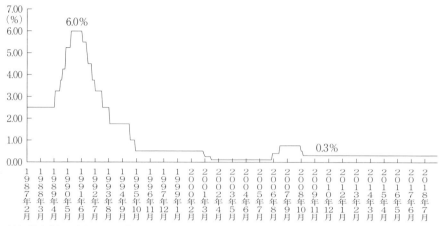

図表5—16　基準貸付利率の推移

（注）基準貸付利率とは従来「公定歩合」と呼ばれていたもの
（出所）日本銀行

「タンス預金の方がまし」です。第一生命経済研究所の試算によると、タンス預金（個人による貯蓄）の総額（2019年1月末時点）は約50兆円にのぼるそうです。熊野英生氏は「タンス預金は1990年代後半の金融危機、2002年のペイオフ解禁などの際に積み上がり、今も増え続けています。しかも、2010年代に入ってからは年に1兆〜2兆円の増加だったものが、2015年以降、ペースが明らかに上がっています」「2023年には70兆円を超える可能性がある」と述べています。図表5—17「タンス預金残高」は、それを示したものです。

　その反面、個人が銀行に預ける「定期預金」が急減しています。日銀のマイナス金利政策を受け、2018年末の家計の定期預金残高は前年比3％減の431兆円と過去最低を更新しました。定期預金から流出した資金は、現金として家庭にもどっているのです。家計の現金保有残高は過去最高になったそうです。定期預金を解約・減額してタンス預金に回しているのです。

　しかし、最近は「アポ電詐欺」もありますから、現金を手元に置くと不安です。日本経済新聞は「タンス預金が止まらない」という記事を載せ、自宅

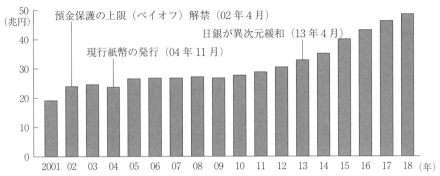

図表5―17　タンス預金残高

(注) 各年末時点、日銀資料をもとに第一生命経済研究所が試算
(出所) 日本経済新聞 2019 年 6 月 10 日付夕刊

で現金を保管するため家庭用金庫が売れていると報道しました。[*13] 安心のため金庫を購入するのだそうです。しかし金庫をじっさいに買っているのは、億円単位でタンス預金ができるような富裕層です。

## 3万円の利息が 10 円になった

　いま、普通預金の金利はどうなっているでしょう。三大メガバンクの三菱UFJ銀行、三井住友銀行、みずほ銀行も、ゆうちょ銀行もすべて 0.001% です。定期預金でも 0.01%〜0.05% 程度です（2019 年 5 月 31 日現在）。

　図表5―18「郵便貯金の金利（1988〜2019 年）」でみるように、いちばん金利が高かったのは 1990 年 10 月ごろの普通貯金 3.48%、定期貯金 5.08% でした。普通貯金に 100 万円預けると 1 年で 3 万 4800 円も利子がついていたのに、いまではわずか 10 円しかつきません。じつに 3480 分の 1 の利息です。定期貯金でも 100 万円預けると 5 万円の利息だったのに、いまではわずか 100 円です。

　図表5―19「預金金利の推移（2007〜2019 年）」のように、最近で比較的金利の高かったときは 2007 年ごろで普通預金で 0.198%、定期預金で 0.401

第 5 章　国民の財産は誰のために消えたのか　233

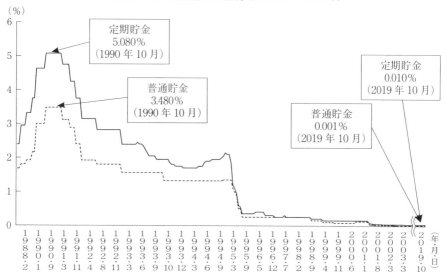

図表5―18　郵便貯金の金利（1988年～2019年）

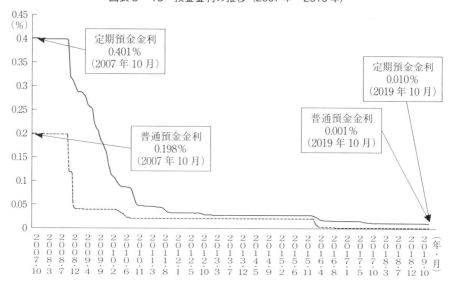

図表5―19　預金金利の推移（2007年～2019年）

％でした。いまは、それぞれ0.01％、0.001％にすぎません。

　このような異常といってもよい低金利が、「ゼロ金利」を導入した1999年2月から2016年1月の「マイナス金利」をへて今日まで、約20年の長きにわたって続いたことになります。[14]

**利息は家計から400兆円も消えた**

　金利が低下したら、ほんらい家計に入るべき利息が入らなくなります。しかし、他方で住宅ローンを借りている場合、利息が少ない方が有利ではないかという声もあります。たしかに銀行からお金を借りる場合は、利息が減った方が有利でしょう。では、家計全体としてみればどうなのでしょうか。

　それを示したのが、図表5―20「家計の受取・支払利子および逸失利子（1980～2017年）」です。いちばん高かった1991年の利子が2017年までそのままつづいたと仮定した場合の受け取り利子とくらべて、現実に受け取った利子は709兆円も少なかったのです。受け取ることができたはずの利息が入らないのですから、家計にとっては大きなマイナスです。支払い利子はどうでしょう。265兆円少なくてすみました。確かに、この分は家計にプラスになります。では、差し引きするとどうでしょう。444兆円もマイナスになっています。つまり、ほんらい家計に入るべきお金が消えてしまったことになるのです。そのおカネは、どこに行ったのでしょう。

## 家計から企業に所得が移転した

　参議院予算委員会調査室の福嶋博之氏は、「低金利がもたらした家計から企業への所得移転」という論文で、家計に入るべきおカネが企業にわたっていると分析しています。[15]それによると、家計では、1991年時点の利子所得（38.9兆円）を基準に、その後の実際の受取利子との差額を「逸失利子所得」として考えると、2005年までの16年間で331兆円になると計算しています。また、低金利による支払い利子の軽減分をおなじように計算すると合計82

第5章　国民の財産は誰のために消えたのか　235

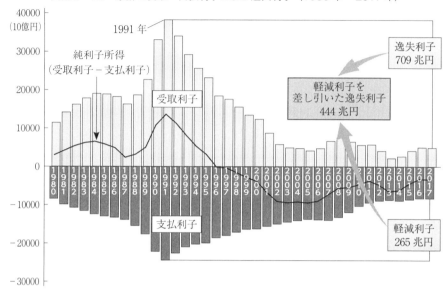

図表5—20　家計の受取・支払利子および逸失利子（1980年～2017年）

（出所）内閣府「国民経済計算」により作成

兆円となり、逸失利子から軽減利子を差し引いたネットの逸失利子は249兆円となるとしています。先に示した図表5—20は、この方法にもとづいて、私がその後の推移も含めて計算しました。

さらに福嶋氏の試算がすぐれているのは、家計にとどまらず企業についても同様の推計をおこなっていることです。企業の場合は、家計とまったく逆に借り入れの方が多いので、低金利の恩恵を大きく受けています。福嶋氏によると、企業部門の受取利子と支払利子の推移をみると、受取利子はおなじ期間に17.3兆円から2.7兆円に減少した一方、支払利子は54.8兆円から10.0兆円へと44.8兆円も減少し、企業の利子負担が大きく軽減されたとしています。受取利子は164兆円減少し、支払利子は428兆円減ったため、差し引き264兆円も利子が軽減されたことになったと指摘しています。

そのうえで、家計のネットの逸失利子249兆円と企業のネットの軽減利子

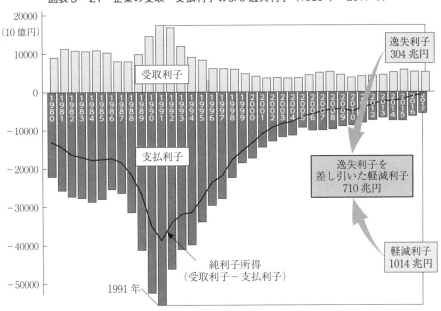

図表5—21　企業の受取・支払利子および逸失利子（1980年～2017年）

（注）非金融法人
（出所）内閣府「国民経済計算」により作成

264兆円がほぼ同じ規模であることに着目し、超低金利のもとで「金融資産超過主体の家計の逸失利子所得にほぼ相当する部分が金融負債超過主体の企業部門に移転した」と指摘しています。つまり、家計が失ったお金がそっくりそのまま企業に移転されたと指摘しているのです。これは、たいへん重大なことです。

　この方法にもとづいて、私も企業について試算してみました。その結果が図表5—21「企業の受取・支払利子および逸失利子（1980～2017年）」です。1991年を基準にして2017年までに、受取利子は304兆円減っています。この分は企業にとってはマイナスです。しかし、支払利子が軽減されたのはなんと1014兆円にもなり大きなプラスです。差し引きすると、企業の利子負担は710兆円も減ったことになるのです。

第5章　国民の財産は誰のために消えたのか　237

1991年から2017年の26年間に、ほんらい家計に入るべき利子が444兆円失われたのにたいして、企業の側は支払うべき利子が710兆円も軽減されたということになります。この間、大企業の資金調達の方法は、銀行から借り入れる「間接金融」から、社債や株式を発行して調達する「直接金融」へとシフトしていますので、銀行融資に依存する度合いは少なくなっています。そのなかで、企業の利子負担が極端に減少したといえるでしょう。
　家計から企業への所得移転が大規模に発生したのです。

**もうひとつの所得移転**

　これと、たいへん似たグラフがあります。図表5―22「消費税収額と法人三税の減収額の推移」です。これは、消費税が導入された1989年度から2019年度までの31年のあいだに庶民が支払った消費税の総額と、企業が支払った法人三税の減収額をくらべたものです（法人三税には、法人税、法人住民税、法人事業税の三つの税のほか、地方法人税、地方法人特別税、復興特別法

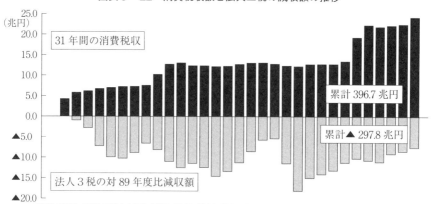

図表5―22　消費税収額と法人三税の減収額の推移

（注）消費税は地方分（消費譲与税、地方消費税）を含む。法人三税には、法人税、法人住民税、法人事業税のほか、地方法人税、地方法人特別税、復興特別法人税を含む
（出所）財務省、総務省の資料から作成。垣内亮「すすむ法人税の『空洞化』、あるべき税源」（『経済』2019年7月号）より

図表５—23　大企業の税引前当期純利益と法人税などの推移

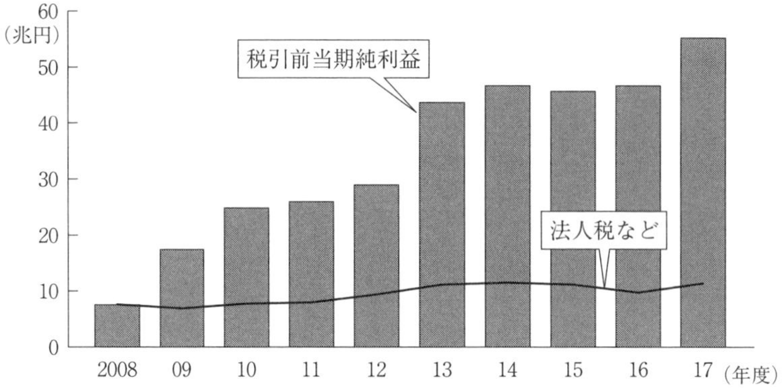

（出所）「しんぶん赤旗」2019 年 8 月 1 日付

人税を含みます）。

　それによると、31 年間の消費税の税収額の合計は 396.7 兆円にのぼります。その分、家計負担が増えたことになります。これにたいして法人三税の場合は、税収の落ち込みが 297.8 兆円となっています。法人税の場合は、減税だけでなく景気の落ち込みも要因としてありますが、それにしても企業にかかる税の減収がたいへん大きいことがわかります。[*17]

　大企業が莫大なもうけをあげても、大企業優遇税制によって税金をほとんど払っていないことは、図表５—23「大企業の税引前当期純利益と法人税などの推移」（法人企業統計より）をみても明らかです。2008 年度をみると税引き前当期純利益は 7.3 兆円だったのにたいし、法人税・住民税・事業税の負担は 7.4 兆円でした。ところがその後、利益は増えつづけているのに、税負担はあまり増えていません。2017 年度をみると、税引き前当期純利益 55.6 兆円にたいして、法人税・住民税・事業税の負担は 11.6 兆円です。この間、利益は 8 倍近く増えているのに、税負担は 1.6 倍にしかなっていないのです。法人税は空洞化しているといわなければなりません。

　以上、みてきたように、約 30 年にわたる政府・日銀の大企業本位の「金利政策」と「税制政策」によって、家計から企業への大きな「所得移転」が

第 5 章　国民の財産は誰のために消えたのか　239

発生しているのは驚くべきことです。金利で400兆円、消費税で400兆円、あわせて800兆円が家計から奪われたといっても過言ではありません。人口（1億2622万人）で割ると、赤ちゃんからお年寄りまで、一人当たり634万円、4人家族で2,536万円ものおカネが家計から取り上げられたことになります。国民の財産は、消えていくばかりです。

## 3　銀行への公的資金はどのように投入されたか

　次に、銀行に対する公的資金の投入をみることにしましょう。これは1990年代末から2000年代はじめにかけて大きな焦点になりました。乱脈経営で破綻した銀行の経営に、何の責任もない国民がなぜ負担しなければならないのか。これが、いちばんのポイントでした。

　財界は、どのような態度をとってきたでしょうか。経団連のシンクタンクである21世紀政策研究所は、1997年11月28日に「公的資金投入に関する緊急提言」を発表し、「金融システム不安の排除のために要する費用は、結局のところ納税者の負担となる。この点はいささかもあいまいであってはならない」と述べたのです。

　その後、経団連の今井敬会長は、2002年1月7日におこなわれた経済四団体共催の「新年祝賀パーティ」後の共同会見で、銀行への公的資金注入について「仮に金融危機の予兆があれば、金融危機対応会議を開いて、公的資金の注入を行うべきである」と述べました。さらに同年2月17日、日米財界人会議において「これまで75兆円の不良債権を処理してきたが、一層スピードアップする必要がある。その際、必要な場合には、銀行に対する公的資金の注入もためらうべきではない」と述べています。大企業・財界にとって、金融機関の安定が不可欠であり、そのためには税金投入もためらうなという姿勢でした。

財界のこのような圧力のもとで、政府は、公的資金投入に力を入れるように
なり、それを契機に、銀行に「経営健全化計画」などを出させ、「もうけ
の上がる体質」にするように誘導してきました。そのうえ政府は、過去の損
失を穴埋めするかたちで法人税を減税できる仕組みを用意し、主要銀行が一
定期間、法人税を１円も払わなくてすむ状態をつくりました。

　このような政府による至れり尽くせりの支援のもとで、大銀行は「利益の
あがる体質」づくりに邁進するようになり、「株主の利益」を最優先し、利
用者をないがしろにする体質へと変容をとげてきました。大量の人減らし・
リストラを推進し、支店を縮小・廃止して「コスト削減」を実行しました。
労働者にしわ寄せしただけでなく利用者に対するサービスの切り捨てをおこ
ないました。また、貸し出し先を選別・差別したり、貸し渋り・貸しはがし
を加速させ、中小企業・地域経済にしわ寄せを広げました。また、本業以外
の手数料収入を増加させ、新しい金融派生商品での資金運用を増やしてきま
した。

　大手金融機関をこのように変質させた公的資金投入とは何だったのか、ど
のように国民負担が発生したかをみることにしましょう。[18]

## 公的資金投入の仕組みはどのようにしてつくられたか

### 本来、銀行業界の「自己責任・自己負担」が原則

　政府は、1990年代前半までは、金融機関の破綻処理について「銀行業界
の自己負担で対応することを原則」とする方針を掲げていました。たとえば、
金融制度調査会（大蔵大臣の諮問機関）に設置された金融システム安定化委
員会が、1995年９月27日に出した「審議経過報告」は、次のように述べて
います。[19]

　「本来、金融機関の破綻処理は預金保険の発動等の公的な手段を含め、
　金融システム内の処理と負担によりおこなわれることが大原則であり、納
　税者に負担を求めることについては、慎重な検討が必要である。事実欧米

諸国においても基本的には同様の対応がとられている」。

このように、銀行の破綻処理は、ほんらい銀行業界の共同責任でおこなうべきものであり、必要な資金は銀行業界全体の負担でまかなうのが大原則だという立場が書き込まれていたのです。そのため、橋本龍太郎総理も96年5月21日、「金融機関の破綻処理は金融システム内の負担によりまかなわれることが原則」と答弁していました。

## 公的資金の時限的導入を「検討課題」に

ところが先にみた「審議経過報告」には、従来の立場とは違う次のような内容も、もり込まれていたのです。

「金融機関の破綻処理については、まず、金融機関の自助努力、最大限の保険料引き上げを含む預金保険の発動等金融システム内での最大限の対応により、破綻処理に対処しうるかどうかの検討が求められる。その上で、これらの措置が講じられた後にもなお、今後概ね5年程度の間において、金融機関は清算・消滅させるが預金者に破綻処理費用を直接負担させることを避ける必要のあるような場合には、公的資金の時限的な導入も検討課題となろう」。

金融機関の破綻処理のために「公的資金の使用」を検討するよう指示を出したのは、その直前に開かれた1995年6月27日の緊急経済閣僚懇談会でした。ここから大原則を骨抜きにする作戦がスタートしたのです。その閣僚懇で決められた「緊急円高・経済対策の具体化・補強を図るための諸施策」のなかに、「金融機関の破綻処理等については、公的資金など公的な関与のあり方を含めて、直ちに検討を開始する。このため、金融制度調査会に『金融システム安定化委員会』を設置する」と書かれていました。

9月27日に、金融システム安定化委員会から提出された「審議経過報告」には、これを反映して、従来の立場とともに新たな公的資金投入の立場も書き込むという矛盾した内容となりました。

このようにして「公的資金の導入」を「検討課題」のレールに乗せていっ

たのです。これが、その後の大規模な公的資金投入につながる最初の一歩となりました。この「報告」が出ると同時に、大蔵省は「金融機関の不良債権の早期処理について」という文書を出し、「公的資金の時限的な導入も含めた公的な関与のあり方について、金融システム内での最大限の対応等を踏まえつつ、検討を進める」としたのです。[20]

ただしこの時点では、国民の反発も強かったため、「公的資金」を使う場合があったとしても、それは金融の危機的な状況に対応するための臨時的・緊急的な措置であり、その対象も限定的なものだと説明していました。たとえば、大蔵省の西村吉正銀行局長は96年5月28日、第一に金融機関が最大限努力し、第二に日銀がつなぎ融資をしたうえで、それでもまだ足りないような場合とか、あるいは「放置しておいた場合に経済的にはかり知れない影響を与えるような場合に限って、かつ時限的な措置としてこのようなことをお願いする」と説明していました（国会答弁）。

### 信用組合・住専への税金投入

公的資金の最初の金融機関への投入は、信用組合にたいしてでした。バブル崩壊の後、1995年3月に、東京協和信組、安全信組が経営破綻し、同年7月～8月には、コスモ信用組合、木津信用組合、兵庫銀行、大阪信用組合が相次いで破綻するなど、金融不安が広がりました。そこで浮かび上がった公的資金の最初の投入対象が、信用組合だったのです。

そのとき、西村銀行局長は、「信組以外には入れない」と述べていました。「通常の金融機関につきましては、預金保険制度というようなものを含む金融システム内の負担によって対応すべきもの」だが、「信用組合につきましては、なかなかそういうことだけでは対応しきれない」と述べ、信用組合だけは特別例外であると答弁しました（96年5月28日、衆議院金融問題特別委員会）。

同時に、住専（住宅金融専門会社）への公的資金投入も付け加わりました。住専は、預金者がいないため、その保護を要しないノンバンクで、そこに財

政資金を直接投入することは、きわめて異例でした。[21]1994 年から 95 年にかけて土地・住宅価格が急落し、住専の損失総額は 6 兆円以上にふくらみました。そのため政府は、この住専と親密な関係にあった大手銀行や地銀、農林系金融機関に債権放棄を求めましたが、「損失を埋めきれない」という理由で 6850 億円の公的資金を投入することを決めました。このとき、国民の怒りは全国に広がりました。日本共産党は、母体行（住専を実質的に支配している大手銀行）の責任をあいまいにするもので「乱脈経営のツケを国民に回すのは許せない」と主張し、この税金投入に反対しました。最後まで「母体行の責任による解決」という道理ある解決方向を強調してたたかい、国民から多くの共感を得ました。1996 年のこの通常国会は、後に「住専国会」と呼ばれるようになりました。

## 預金保険法の改悪で銀行業界救済に道ひらく

　公的資金を投入するさい、それを執行・管理する役割を果たしているのが預金保険機構です。その機能にも、質的な変化が起こりました。

　預金保険法が成立したのは 1971 年 4 月で、同年 7 月に政府・日本銀行・民間金融機関の出資によって預金保険機構が設立されました。預金保険機構の本来の目的は、大蔵省が法案の趣旨説明で「一般大衆預金者の保護」と述べているように、「預金者保護」が第一義的な課題でした。

　ところが、1996 年の預金保険法の改正で、「預金者保護」から「銀行業界救済」へと大きな変化が起こりました。まず、破綻した金融機関の処理にあたって、その費用を資金援助できる上限が無制限に拡大されたことです。それまでは、資金援助できるのは「ペイオフコスト内」という上限がありました。「ペイオフ」は、金融機関が破綻して預金の払い戻しを停止したとき、預金保険機構が預金者に対して保険金を払う制度です。当時、その上限は預金者あたり 1000 万円でした。「ペイオフコスト」とは、その支払総額のことです。96 年の改正で、その制限を取り払い、破綻金融機関への資金援助を無制限に行うことができるようにしたのです。[22]

244

また、破綻した金融機関の不良債権を、すべて預金保険機構が直接買い取ることができるようにしました。金融機関が破綻したとき、預金と正常な債権はそれを引き継ぐ別の銀行に譲渡されますが、引き取られなかった回収不能の不良債権については、預金保険機構が資金を出して整理回収銀行に持っていくことができるようにしたのです。

　金融機関の側からみれば、このスキームを使うことによって破綻信組の不良債権を分離し、優良資産だけを分け取りすることができることになりました。そのため、当時のマスコミも「『破たん信組の問題債権を集中して塩漬けにする"廃棄物処理場"化だ』との異論が聞こえてくる」（日本経済新聞95年12月17日付）と書きました。[23]

　これら二つの方針転換によって、破綻銀行にたいする資金援助の規模が、事実上、青天井になったのです。本来なら、これらのコストは、預金保険料を適切に引き上げたり日銀から融資を受けるなどして、銀行業界全体の自己責任・自己負担（金融システム内の処理と負担）でまかなうべきものです。しかし、上限を取り払って巨額の資金援助ができるようにし、そのうえ、その資金を公的資金の投入で支えるという仕組みがつくられたのです。[24]

　このように、1996年の預金保険法を始めとする金融関連六法の改正は、「預金者保護」から「銀行業界救済」へと預金保険機構の役割を変質させるものとなりました。


## 本格的な公的資金投入スキームの形成と発動

　1997年に入ると、金融不安は一段と深刻度を増しました。11月に、北海道拓殖銀行、徳陽シティ銀行、山一證券、三洋証券が次々と経営破綻し、金融システムに激震が走りました。この事態を受け、橋本内閣総理大臣は11月25日「金融システムの混乱を回避するために全力をあげる」と述べ、銀行への公的資金投入を本格的に検討することを明らかにしました。これは、住専国会のときに政府が公約した「信用組合以外の一般金融機関の破綻処理

図表5—24　預金保険

| 勘定 | 1971年度 | 96年度 | 97年度 | 98年度 | 99年度 | 00年度 |
|---|---|---|---|---|---|---|
| 一般勘定 | 71年7月 | | | | | |
| 危機対応勘定 | | | | | | 00年5月法定 |
| ［一般金融機関特別勘定］ | | 96年6月 | | 98年2月 特例業務基金に国債7兆円交付 | | |
| ［特例業務勘定］ | | | | 98年2月 統合 | | |
| ［信用協同組合特別勘定］ | | 96年6月 | | | | |
| ［金融危機管理勘定］ | | | | 98年2月 交付国債3兆円 | 98年10月 勘定廃止 交付国債3兆円は国 | |
| 金融再生勘定 | | | | 98年10月 | | |
| 早期健全化勘定 | | | | 98年10月 | | |
| ［経営基盤強化勘定］ | | | | | | |
| 金融機能強化勘定 | | | | | | |
| ［産業再生勘定］ | | | | | | |
| 住専勘定 | | 96年6月 | | | | |
| 被害回復分配金支払勘定 | | | | | | |

は、金融システム内の負担で対応する」という方針を、乱暴に踏みにじるものでした。

### 「信組以外の金融機関」にも投入対象をひろげる

　1998年の1月からはじまった通常国会（142回国会）には、総額30兆円にのぼる公的資金を銀行に投入する「預金保険法改正案」（17兆円）および「金融機能安定化のための緊急措置に関する法律」（13兆円）の二つの法案、さらにそれに関連する補正予算案が、本予算審議に先立って提案され審議さ

機構の各勘定の推移

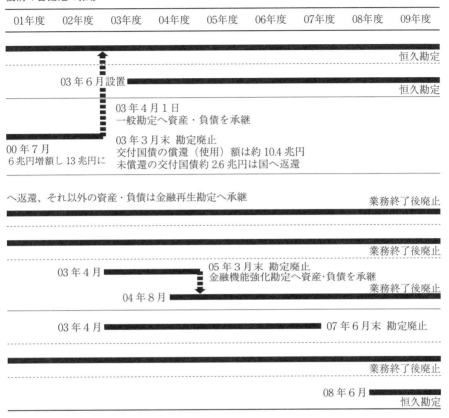

れました。[*25]

　それまでは、預金保険機構の「信用組合特別勘定」の責任準備金がマイナスとなった場合、日銀や民間金融機関からの借り入れに対し政府保証をつけるかたちで「公的資金」を投入するものになっていました。その一方、「一般金融機関特別勘定」は、責任準備金がマイナスになっても、日銀・民間金融機関からの借り入れで資金を確保し、将来の保険料収入でそれを返済することになっていました。したがって、信組以外の一般金融機関に、公的資金は入らない仕組みになっていたのです。

第 5 章　国民の財産は誰のために消えたのか　247

図表5—24「預金保険機構の各勘定の推移」は、預金保険機構の勘定がどのようにつくられたか、公的資金がどのように投入されたか、その推移を示しています。ここから明らかなように、1998年の通常国会に提案された預金保険法改正案では、この特別勘定の一般金融機関と信用組合の区分を廃止し、すべての金融機関を対象とする「特例業務勘定」に一本化するという仕組みになっています。このことによって、税金投入の対象を一般金融機関にまで拡大してしまいました。

　これは、本来、銀行が責任を持つべき破綻処理・不良債権処理の費用を国民に肩代わりさせるもので、きわめて重大な方向転換でした。日本共産党はこの法案に厳しく反対し、委員会や本会議の質疑等で、繰り返し次のように主張しました。——「金融機関が拠出する預金保険料で破綻処理費用をまかない、その財源が枯渇したなら、当面必要な資金を日銀や民間金融機関から借り入れて資金繰りを確保し、将来の預金保険料収入で計画的に返済すればよいのであって、税金で財源の穴埋めをする必要はまったくない」と。

## 銀行の「自己資本増強」にも公的資金を注入

　1998年の通常国会に提案されたもう一つの法案は「金融機能安定化のための緊急措置に関する法律案」（安定化法）で、預金保険機構のなかに「金融危機管理勘定」を設け、13兆円の公的資金を投入するものでした（国債の交付3兆円、政府保証10兆円）。すなわち、金融機関が発行する優先株などを引き受け自己資本を増強させるもので、預金者保護とはまったく関係なく、経営が困難でない大銀行までも公的資金で支援するものです。[26]

　これは、それまでの「破綻処理の費用は基本的に金融システムの枠内で解決を図る」という政府方針の大転換をはかるものであり、預金者保護を目的とした預金保険機構を公的資金投入ルートに根本的に変質させるものでした。[27]

　1998年の「預金保険法改正」と「安定化法」の成立によって、金融機関の破綻処理に必要な資金だけでなく金融機関の自己資本増強に必要な資金まで、「金融システム」の外側で、あらかじめ十分な公的資金が用意されるこ

とになりました。したがって、これらの費用がいくらかかっても、金融システムの内部（預金保険の枠内）で努力して財源を調達しようとするインセンティブがまったく働かなくなりました。関連する個別金融機関の負担どころか、預金保険料の引き上げもしないことになったのです。じっさい、1998年末までに預金保険料を見直すことになっていたにもかかわらず、当時の大蔵省は「引き上げない」ことを決めてしまいました。

　銀行は、いくら乱脈経営をおこなっても自分にツケが回ってくる心配もなくなり、自己資本が不足すればいつでも公的資金が注入されるということになり、完全にモラルハザードのシステムとなりました。

## 公的資金投入に反対し独自の提案

　1998年7月30日から10月16日まで開かれた第143臨時国会は、後に「金融国会」と呼ばれたように、金融関連法案をめぐって激しい攻防が展開されました。[28]

　私たちは、8月27日に「金融機関の不良債権及び破綻処理についての日本共産党の見解」を発表し、9月4日の本会議質問で次のような立場を明らかにしました。「もっとも基本的な立場は、金融機関の不良債権処理あるいは金融機関の破綻処理に、いかなるかたちであれ国民の血税を使ってはならず、それは、金融業界の自己責任・自己負担によってなされるべきであるということであります。金融機関の不良債権や破綻は、バブルに踊った個々の金融機関と金融業界の責任であって、国民には何の責任もありません。国民の負担で不良債権や銀行の破綻を処理するとなれば、銀行や銀行業界は限りなくそれに依存することになります。金融機関の自己責任・自己負担の原則を貫いてこそ、必要な費用を最小限に抑え、金融システムの本当の意味での安定と信頼を回復できると考えるものです」。「政府の役割は、金融機関への検査・監視・指導に限定されるべきです」。

　日本共産党は、税金投入による銀行支援に正面から反対するとともに、党独自で「金融機能正常化法案」を提案しました。[29]それは、銀行の自己負担・

第5章　国民の財産は誰のために消えたのか　249

自己責任原則を貫き、預金保険料の引き上げによって預金保険機構の財源の手当てをおこなうこと、投機的な不良債権の実態を開示すること、金融監督委員会を設置することなどを盛り込んだものでした。この法案は、自民、民主、平和・改革の三会派が提出した金融再生法と同時に審議され、税金を使った野放図な銀行支援か、それとも銀行業界の自己責任・自己負担の確立かという対抗軸を鮮明にするものでした。

## 投入枠が 30 兆円から 60 兆円に拡大

「金融国会」で成立した中心的な法律は、金融機能再生緊急措置法（再生法）と金融機能早期健全化緊急措置法（健全化法）でした。その予算措置として第二次補正予算が用意され巨額の予算枠が組まれました。その特徴は次の通りです。[30]

一つは、長期信用銀行（長銀）への大規模な税金を投入するのを可能にしたことです。国が長銀の全株式を買い取って一時的に国有化し、国の丸抱えで運転資金も出す、業務上の損失補塡もおこなう、さらに不良債権の買い取りもおこなうことが可能になったのです。「再生法」では、破綻認定なしでも長銀を「特別公的管理」のもとに置き、税金で身ぎれいにした上で、他の銀行に株式譲渡、営業譲渡などによって売り渡し、受け皿となった銀行に対しても資本注入できるという内容になったのです。この法律の成立直後、98年10月23日、長銀は「特別公的管理」を申請し、小渕内閣はただちに「破綻した銀行」として国有化することを決定しました。こうして、国が破綻処理の責任をすべて負い、損失補塡や不良債権処理などに莫大な国民の税金を投入する結果を招いたのです。

重大なのは、このときの国会審議のなかで、大蔵省も金融監督庁も「長銀は破綻していない」と繰り返し答弁してきたことです。そのため98年3月に、長銀は「健全銀行」だとして、1766億円もの公的資金を投入しました。それが、半年もたたないうちに、一転して「公的資金を入れなければ破綻す

る」「金融システムが危うくなる」といい始め、法律が成立したとたんに「破綻していた」といったのです。これは、誰が見ても理屈が通る話ではありません。

　二つは、「健全な銀行」からの不良債権の買い取りを可能にしたことです。それまでは、銀行が破綻した後、破綻処理の一つの方策として不良債権を買い取るということはありましたが、破綻前の銀行から不良債権を買い取るという仕組みはいっさいありませんでした。ところが、「再生法」では、すべての銀行から整理回収機構が不良債権を買い取ることを可能にしたのです。<sup>*31</sup>

　三つめは、「健全化法」で、公的資金による「資本注入」つまり銀行の株式などを購入して銀行の資本増強をはかってやるという支援が、どんな銀行にもできるようになったことです。それまでの金融安定化法では、「破綻の
蓋然性の高い銀行」つまり破綻しそうな銀行にたいしては、資本注入ができないことになっていました。ところが「健全化法」では、「その他とくに必要と認められる場合」と書き込み、どこにでも注入できるようにしたのです。

　四つめは、公的資金の規模が空前の規模にふくれあがったことです。このとき制定された法律で、預金保険機能のなかに三つの勘定を置くことになりました。一つは「再生法」でつくられた「金融再生勘定」で18兆円、二つめは「健全化法」でつくられた「早期健全化勘定」で、従来の金融安定化法の13兆円が25兆円に増額されました。三つめは、「特例業務勘定」で17兆円です。──このように、勘定がそれまでの二つから三つに増え、金額も30兆円から60兆円にふくれあがったのです。<sup>*32</sup>

　これほど莫大な公的資金の投入枠は、自民党の最初の構想にもなかったことです。たとえば、宮沢喜一大蔵大臣は、インタビューで「公的資金の30兆円を増額する用意は」と聞かれて、「（増額は）いりようがないと思う。健全銀行への資本注入でも、破たんによる預金者保護でも、あれだけの額は使えない」と答えています。<sup>*33</sup>つまり、当初の自民党案の30兆円でさえ必要ない、と言っていたのです。ところがふたをあけてみると、60兆円に増えていたのですから驚くべきことです。

　　　　　　　　　第5章　国民の財産は誰のために消えたのか　251

1999 年 1 月 8 日、宮沢蔵相は 2000 年度予算案についての記者会見で、「金融安定化関連の予算は、他とはケタ違いの大きな金を今度の予算でも食う」と述べました。

### 「システミックリスク」を理由にした公的資金投入論の破綻

　公的資金投入を合理化するため、政府はさかんに公的資金を入れなければ「システミックリスク」（決済機能全般が機能不全に陥る危険性）が発生すると説明しました。たとえば、宮沢大蔵大臣は、長銀に公的資金を入れて他の金融機関との合併を支援しないとシステミックリスクを招くと答弁していました。「システミックリスクが直面しております危険というのは、やはり国民のお金を拝借するということでないと処理できないと判断した」（98 年 8 月 31 日）と述べています。

　ほんとうにそうなのか。私は、1998 年 9 月 4 日に、この点を取り上げて質問しました。

　日銀は、システミックリスクについて「金融機関相互間の網の目の与信・受信関係を通じて、一金融機関の債務不履行が次々と連鎖的に他の金融機関の債務不履行を誘発し、金融システムが混乱に陥るリスク」と説明しています。では、最初の「金融機関の債務不履行」というのは、どのような状況のもとで発生するのでしょうか。日銀によれば、①銀行が債務超過に陥った場合、②当該銀行の信任が低下し資金ショートが起こった場合、③コンピュータ・ダウン、事務ミスなどによって支払い遅延が起こった場合。この三つが上げられています。[34]

　日銀の説明では、債務超過に陥っていない金融機関は、最終的に債務不履行にはなりません。しかし、その場合でも、風評による株価の下落、預金取り付けなどによって資金ショートは起こりえます。当時「長銀は債務超過になっていない」というのが、政府答弁でした。そこで私は、日銀総裁に「債務超過でない銀行が、仮に資金ショートがあった場合、それを防ぐことができるか」と聞きました。この質問に対して、日銀総裁は「必ずしも政府の資

金でなくても、例えば日銀特融という形で一時的な資金補給をすることができる」と答弁しました。結局、「国民のお金を拝借」（宮沢大蔵大臣）しなければ対応できないというのは、まやかしだということが明らかになったのです。

## 新たな公的資金投入の上積みで70兆円の枠に

2000年4月におこなわれた預金保険法の改正は、公的資金投入の規模を60兆円から70兆円に拡大し、それを恒久化するものでした。先に見た60兆円の枠組みは、2001年3月までの「緊急措置」としてつくられていました。これを預金の全額保護を2002年3月まで1年間延長する（ペイオフ繰り延べ）ことを理由に、銀行への公的資金投入の枠組みをこの期間延長するものでした。

具体的には、長銀や日債銀などの破綻処理で資金が底をついてしまうという理由で、預金保険法の改正がおこなわれました。預金保険機構に交付する国債7兆円枠を6兆円も上積みし13兆円枠に増額する一方、これとは別に、予算措置で預金保険機構の一般勘定借入に4兆円の政府保証を追加しました。こうして合計、新たに10兆円を上積みし、それまでの60兆円枠は70兆円にふくれあがったのです。

このような経過を見てくると、従来の政府答弁を次々とくつがえし、国民負担を増やすことを繰り返してきたことがわかります。

## 投入した資金が返ってくる保障はない

私たちが"こんなに莫大な国民の税金を使うのはけしからん"と批判すると、"投入した資金は返ってくる"という反論がおこなわれました。しかし、それがきわめて欺瞞的であったことは、1998年10月15日の参議院・金融特での日本共産党の池田幹幸議員の質問への答弁で明確になりました。

まず、預金者保護の17兆円（特例業務勘定）はどうか。宮沢蔵相は「これは預金者保護を目的として破綻金融機関に生じた損失の補塡に使いますので、

第5章　国民の財産は誰のために消えたのか　253

これは返ってまいりません」と答弁しています。17兆円は戻らないと政府が認めたわけです。

「再生勘定」の18兆円はどうか。池田議員が"損失の補填は返ってこないのではないか"と聞きますと、伏屋和彦大蔵省金融企画局長は、「いわれたとおりだ」と答えています。さらに池田議員が「18兆円全体はどうなのか、返ってこないほうが現実ではないでしょうか」と聞きますと、蔵相は「それはおそらくそうでございます。もうけちゃったなんて話は、この部分にはないと思います」と答えています。18兆円の全部は戻らないと、大蔵大臣自身が認めたのです。

「健全化勘定」の25兆円はどうか。法案提出者である自民党の保岡興治議員は、「これは必ず投資したものよりはもっと大きなものが返ってくると申し上げたわけではなくて、そういうことを期してみんなで頑張らなきゃいけない、そういうように申し上げたところでございます」と答弁しています。なんのことはない、返ってくるように頑張ろうという程度の話なのです。株価は当然上がったり下がったりします。元本保証はいっさいありません。

メリルリンチ証券調査部のシニアアナリストの小関広洋氏は、どのくらい返ってこないのかという点について、「資本注入に踏み切る前に、国民に注入額のかなりの部分がロスになる可能性があることを明示する必要がある。半分程度が損失になると予想され、単純な投資とは異なるからだ[*35]」と述べています。60兆のうち半分は返ってこない、こういうことを国民にきちっと説明しなければならないと専門家が言っているのです。

このように、公的資金の投入策というのは、対象も金額も無制限で、しかも返ってくる保障はまったくない、実に恐るべき国民の血税ムダづかいのシステムだったのです。


## アメリカの圧力で銀行への公的資金投入が繰り返された

さらに重要なのは、銀行への公的資金投入が繰り返しおこなわれてきた背

景に、アメリカの圧力があったことです。

　たとえば、三洋証券や北海道拓殖銀行が相次ぎ破綻した1997年11月、来日していたサマーズ米財務副長官は、「日本の金融不安の解消に向け、公的資金注入を検討すべきだ」と発言し、日本に資本注入を促しました。この圧力に屈したかのように、日本は翌年3月、大手行に1.8兆円の資本を注入し、さらに日本長期信用銀行、日本債券信用銀行が国有化されるなか、99年3月、大手行に7.5兆円の資本注入をおこないました。さらに1999年には、金融再生委員長への書簡や講演を通じて執拗に追加的資本注入を求めました。

　1998年9月におこなわれた日米首脳会談で、クリントン米大統領が「日本の金融当局が存続可能な銀行を十分な額の公的支援によって支援すべきだ」「破綻前の公的資金投入を」という異例の要請をおこなったのをはじめ、G7などでも日本政府に対する圧力が強められました。[36]

## 大銀行中心の金融再編がすすむ

　注目すべきは、公的資金の投入が、銀行の公共性を強めるためでなく巨大銀行中心の金融再編へのてこ入れとして使われたことです。早期健全化法の第3条には、五つの「原則」がかかげられています。そのなかに、「金融機関等の再編を促進すること」という項目があります。これは、この法律にもとづいて講ずる施策の基本的な考え方を明らかにしたものです。

　保岡興治議員（自民党）は、国会答弁で――これは合併の問題に関連して答えているのですが――このように答えています。「金融再生委員会が金融再編、日本の金融か将来どういうふうにあるべきかという全体を考えたなかで、この個別行同士の合併がそれに資するかどうか、これは金融再生委員会の判断になるのでございますが、おそらく金融再生委員会も全体を描いたうえできちっとそれに位置づける」ことになる。つまり、大銀行中心の金融再編成、中小銀行は整理淘汰、そういう方向で金融再編をおこなっていくことに役に立つのかどうかという角度から公的資金投入、資本注入を考えていくと述べたのです。

第5章　国民の財産は誰のために消えたのか　255

銀行への公的資金投入は、金融ビッグバンのなかで、日本の大銀行に下駄をはかせる資本注入をおこない体力をつけるのがねらいでした。これでは、正常な金融の発展にはつながりません。

**貸し渋り解消の水増し報告**
　銀行は不良債権を処理するためと称して、正常に営業している中小企業への新規融資や継続融資を渋ったり、突然融資の返済をせまる姿勢を強めました。それを改めるべきなのに、「貸し渋り」や「貸しはがし」を解消するためには公的資金の投入が必要だという不当な理屈がもち出されました。
　では、公的資金投入の口実の一つとされた銀行の貸し渋り解消は、どうなったでしょうか。銀行の貸し渋りが改善したという話は、中小企業からまったく聞こえてきません。図表５―25「３メガバンクの中小企業貸し出し」でみるように、最近も中小企業への貸し出しは、たいへん厳しいものがあります。
　当時、私は中小企業に貸し出しているようにみせかける手口を暴露したことがあります。銀行の関係者に話を聞いてみると、中小企業向け貸し出しの水増しをやっていることがわかったからです。一つは、銀行が自分の子会社

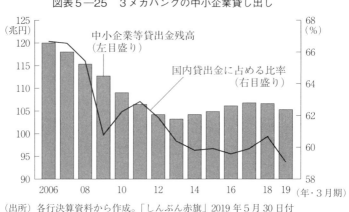

図表５―25　３メガバンクの中小企業貸し出し

（出所）各行決算資料から作成。「しんぶん赤旗」2019年5月30日付

や関連会社にたいして何十億円という単位で貸し出す方法です。自分の子会社や関連会社でも中小企業扱いになりますから、自分の系列のノンバンクなどに貸すことで実績をつくる。二つは、優良な中小企業にたのんで、一時的に期末残高を積み増しする方法。本店や支店で積み増しを頼む中小企業のリストをつくって、個別に頼み込んで短期的に融資を増やすのです。たとえば３月31日に融資し、一週間で返却してもらう、というやり方をしていました。三つは、大企業に貸し付ける資金を、その大企業の子会社に一時的に貸し付ける形で３月末の貸出残高を増やす方法です。そして、一定期間ののち親会社に振り替えるというやり方をする。このほかにも、不動産の証券化など資産の流動化をすすめるSPC（特定目的会社）に融資をして、中小企業向けの計算に入れるなどの手口もありました。

　実際の貸し渋りは改善されていないのに、表向きは、貸し出し計画は達成したという格好だけつけ、国民をあざむく。これはきわめて重大な問題でした。

## 47兆円の公的資金が投入され10兆円が国民負担となった

　先に見たように、日本の公的資金投入は、預金保険機構を通じて実行されてきました。機構が設立された当初は、勘定は一般勘定のみでしたが、1996年以降次第に増加し、消滅した勘定も含め12の勘定がつくられました。

　これまでに、公的資金は総額いくら入ったのでしょうか。図表５─26「資金援助等の実施及び回収状況等」をみてわかるように、預金保険機構において2018年９月末までに投入された公的資金は、①金銭の贈与19兆319億円、②資産の買取り９兆8306億円、③資本増強12兆3809億円、④資本参加6808億円、⑤その他、損失補塡等６兆3832億円で、あわせて48兆3074億円という数字になります。金銭贈与のうち交付国債の償還額10兆4326億円については、図表５─26の（注４）に「現段階で国民負担として確定している」と、預金保険機構自身がはっきり書いています。空前の規模の公的資

第５章　国民の財産は誰のために消えたのか　257

図表5―26　資金援助等の実施及び回収

| 資金援助等項目 | | 資金援助等実施額（a） |
|---|---|---|
| ①金銭の贈与　　　　　　　　　　　　　（注4）（注10） | | 190,319 |
| 　うち特別公的管理銀行に対する金銭贈与 | | 63,764 |
| 　うち特別危機管理銀行に対する金銭贈与 | | 2,564 |
| ②資産の買取り | | 98,306 |
| 　破綻金融機関等からの資産の買取り　　　（注5）（注10） | | 65,351 |
| 　　うち特別公的管理銀行からの不適資産の買取り | | 11,798 |
| 　　うち特別危機管理銀行からの資産の買取り | | 999 |
| 　特別公的管理銀行からの適資産の買取り　　　　　（注6） | | 29,421 |
| 　　うち特別公的管理銀行からの保有株式の買取り | | 29,397 |
| 　健全金融機関等からの資産の買取り | | 3,533 |
| ③資本増強　　　　　　　　　　　　　　　　　　　（注7） | | 123,809 |
| 　旧安定化法に基づく資本増強 | | 18,156 |
| 　早期健全化法に基づく資本増強 | | 86,053 |
| 　預金保険法に基づく資本増強 | | 19,600 |
| ④資本参加 | | 6,808 |
| 　組織再編法に基づく資本参加 | | 60 |
| 　金融機能強化法に基づく資本参加 | | 6,748 |
| （参考）優先株式等の引受け等　（③資本増強＋④資本参加） | | 130,617 |
| ⑤その他 | | 63,832 |
| 　資金の貸付け等 | | 58,065 |
| 　　うち貸付け　　　　　　　　　　　　　　　　　（注8） | | 45,799 |
| 　　うち暇疵担保条項に基づく資産の引取り | | 12,226 |
| 　　うち債務引受（救済金融機関に対する債務の引受け） | | 40 |
| 　損失の補塡　　　　　　　　　　　　　　　　　　（注9） | | 5,767 |
| 　　うち特別公的管理銀行に係る損失の補塡 | | 4,947 |

※億円単位未満四捨五入しているため、合計金額が一致しないところがある

（注1）　回収・処分額は、②資産の買取りについては、簿価部分に相当する回収累計額（74,840億円）（買取資産等
　　　　増強及び④資本参加については、増強額・参加額に相当する金額の累計額、⑤その他の資金の貸付け等に
　　　　累計額（6,790億円）を加えた金額
　　　　＊買取資産等の価格調整：資産等の買取価格決定の基準となる評価基準日から、整理回収機構及び預金保険
　　　　　収等の進捗により、買取資産等の内容に変動が生じた場合、価格調整を行うこととしている。平成30年9
（注2）　債権取立益等簿価を超える回収額等の累計額から償却・売却損等の累計額を控除した後の金額で、利息、
（注3）　上記の表の回収等累計額のほかに、株式売却収入として、特別公的管理銀行分20億円（旧長銀・旧日債銀
（注4）　金銭の贈与額のうち平成10兆4,326億円については、交付国債（13兆円）（＊）の償還（使用）により手当て
　　　　＊交付国債は、平成14年3月までの破綻処理において保険金支払コストを超える金銭贈与を賄うために手当
（注5）　破綻金融機関等からの資産の買取りは、全国信用協同組合連合会からの資産の買取り（資金援助等実施額
（注6）　特別公的管理銀行からの適資産の買取りは、貸付債権等の買取り（資金援助等実施額24億円、回収等累計
（注7）　資本増強に係る回収・処分額及び回収等累計額には、資本剰余金を原資とする特別優先配当（配当受領額
（注8）　貸付けは、特別公的管理銀行に対する資金の貸付け（資金援助等実施額4兆2,000億円、回収等累計額4兆
　　　　2,269億円）、救済金融機関に対する貸付け（資金援助等実施額80億円、回収等累計額80億円）
（注9）　損失の補塡は、全国信用協同組合連合会に対する損失補塡（820億円）を含む
（注10）・破綻金融機関等からの資産の買取りの損益及び回収等累計額には、下記の回収益還元の対象とした日本
　　　　・金銭の贈与の資金援助等実施額には、整理回収機構が日本振興銀行から買い取った資産の回収益還元に
（出所）　預金保険機構のホームページより

258

状況等（単位は億円。2018 年 9 月末現在）

| 回収・処分額（注 1）<br>（b） | 残額<br>（c）=（a）-（b） | 損益（注 2）<br>（d） | 回収等累計額（注 3）<br>（a）=（b）+（d） |
|---|---|---|---|
| | | | |
| 82,814 | 15,492 | 19,459 | 102,273 |
| 65,222 | 130 | 12,614 | 77,836 |
| 11,797 | 1 | 4,805 | 16,602 |
| 965 | 34 | 231 | 1,196 |
| 14,069 | 15,353 | 3,393 | 17,461 |
| 14,044 | 15,353 | 3,331 | 17,375 |
| 3,524 | 9 | 3,452 | 6,975 |
| 121,309 | 2,500 | 15,940 | 137,249 |
| 16,856 | 1,300 | 537 | 17,393 |
| 84,853 | 1,200 | 12,780 | 97,633 |
| 19,600 | — | 2,624 | 22,224 |
| 2,065 | 4,743 | 226 | 2,291 |
| 60 | — | — | 60 |
| 2,005 | 4,743 | 226 | 2,231 |
| 123,374 | 7,243 | 16,167 | 139,541 |
| | | ▲ 12,391 | |
| 57,842 | 223 | ▲ 6,624 | 51,218 |
| 45,799 | — | ▲ 1,450 | 44,349 |
| 12,004 | 223 | ▲ 5,173 | 6,831 |
| 40 | — | ▲ 1 | 38 |
| | | ▲ 5,767 | |
| | | ▲ 4,947 | |

の価格調整額＊を含む）に償却・売却等により減額された簿価部分の累計額（7,974 億円）を加えた金額、③資本
ついては、簿価部分に相当する回収累計額（51,052 億円）（＊を含む）に償却・売却により減額された簿価部分の

機構が破綻金融機関等から実際に資産の譲受け及び債務の引受けを行うまでには一定の期間を要する。この間の回
月末現在の買取資産等の価格調整額は、1 兆 2,021 億円
配当金等の損益は含まない
各 10 億円）、特別危機管理銀行分 1,200 億円（足利銀行 1,200 億円）を受領している
済み（現段階で国民負担として確定している）。残余の額については預金保険料により充当された
てされた（交付国債の償還は平成 15 年 3 月末で終了）
159 億円、回収等累計額 246 億円）、再承継に係る救済金融機関からの資産の買取りを含む
額 87 億円）を含む
を対象優先株式の簿価から減額）を含む
2,000 億円）、破綻金融機関（日本振興銀行）に対する資金の貸付け（資金援助等実施額 3,719 億円、回収等累計額

振興銀行からの資産の買取りを含む
係る追加的衡平資金援助として実施した金銭贈与（518 億円）を含む

金投入は、銀行の経営失敗のツケを国民に回すものでした。

　これまでみてきたように、国家による金融・経済過程への全面的な介入の
もとで、庶民から莫大な財産を当然のように取り上げ、それを大企業・財界
に提供してきました。多くの人びとが気づかないあいだに大切な財産が消え
ていき、財界のフトコロのなかへと移されていったのです。国家機構を利用
した財界のための国民収奪が大規模におこなわれてきたというべきでしょう。


＊1　日本経団連「財政健全化計画の策定に向けた提言―経済再生・社会保障改
　　　革なくして財政健全化は達成せず」2015年5月19日。
＊2　日本経団連「わが国財政の健全化に向けた基本的考え方」2018年4月17
　　　日。
＊3　日本経団連「持続可能な全世代型社会保障制度の確立に向けて―当面の制
　　　度改革に関する意見」2018年5月15日。
＊4　朝日新聞2019年6月19日付。
＊5　経団連は、2018年11月に提言「Society 5.0 ―ともに創造する未来―」を
　　　発表しました。これは、産官の連携を強化して新たな社会を創造する「行動
　　　宣言」といわれています。ソサエティ5.0（Society 5.0）とは、政府の説明
　　　によると、「狩猟社会」「農耕社会」「工業社会」「情報社会」に続く人類史上
　　　5番目の新しい社会とされています。「Society（ソサエティ）5.0」は「第四
　　　次産業革命」によって、新しい価値やサービスが次々と創出され人びとに豊
　　　かさをもたらす、などとバラ色の夢をふりまいています。
＊6　大門実紀史『カジノミクス―「カジノ解禁」「アベ銀行」「年金積立金バク
　　　チ」の秘密』（新日本出版社、2018年12月）202〜204ページ。
＊7　安倍内閣発足時（2012年12月28日）は、301兆円。ピークは、2015年
　　　5月29日の620兆3400億円でした。
＊8　工藤晃『リーマン危機10年後の世界経済とアベノミクス』（本の泉社、
　　　2019年8月）30〜38ページ。
＊9　「しんぶん赤旗」2018年7月19日付。

＊10　「日経ビジネス」電子版（2016年2月12日付）、磯山友幸「経団連が恐れる日本最大の株主とは──GPIF議決権行使の行方」https://business.nikkei.com/atcl/report/15/238117/021000016/

＊11　『週刊ポスト』2017年4月21日号。https://www.news-postseven.com/archives/20170413_509043.html
　　日本経済新聞2019年4月16日、電子版。

＊12　日本経済新聞2019年5月12日付、電子版。

＊13　日本経済新聞2017年4月3日付。

＊14　1999年2月から続いた「ゼロ金利」政策が一時的に解除されたのは2000年8月でしたが、それはわずか7か月でもとに戻されました。この間、「ゼロ金利」から「マイナス金利」へと移行し超低金利政策が20年の長期にわたって続いたのです。

＊15　参議院調査室「経済のプリズム」第40号（2007年4月）4ページ。

＊16　これは、2019年10月からの消費税増税を組み入れて示しています。

＊17　垣内亮氏は、「すすむ法人税の『空洞化』、あるべき税制」（『経済』2019年7月号）で、減税効果によって法人税が減収している分と景気後退による減収分を分析し、減税効果の方がはるかに大きな部分を占めると指摘しています。

＊18　金融市場などで調達される民間資金に対し、政府部門から拠出される資金のことを一般的に「公的資金」と呼んでおり、それには「政府保証」によって公的機関が民間から資金調達をすることも含まれます。銀行に対する「公的資金の投入（導入)」とは、最終的に財政負担につながる預金保険機構を通じた支援を意味しており、「税金投入」とほぼ同じ意味で使われます。

＊19　このとき政府は、①全体として不良債権額に対し充分な償却財源があること、②アメリカでもS&L（貯蓄貸付組合）以外の金融機関の破綻処理については金融システム内の処理で対処したことをあげていました。

＊20　この「報告」では、銀行の破綻処理だけでなく「金融機関が破綻に陥る以前の段階にあっても、不良債権処理の遅れがわが国金融システム全体に著しい悪影響を及ぼすこととなる場合には、公的資金の導入も含めて早期に問題の解決を図ることもやむを得ないとの意見がある」と書き、破綻前の段階で

も銀行への公的資金導入を検討することを示唆していました。

＊21　1995年12月22日の金融制度審議会答申「金融システム安定化のための諸施策」では、「臨時異例の措置として、信用組合の破綻処理及び住専問題の処理方針において、金融システムないしは当事者間における最大限の努力を前提としつつ、一定の条件の下に公的資金を導入する」と述べています。この答申では、信用組合の破綻処理と住専処理のために公的資金を使うのは、「時限的かつ臨時異例の施策」であることを繰り返し述べていました。

＊22　「ペイオフの凍結」（1996年4月〜2005年3月）で預金が全額保護されたと言われますが、それは本来、銀行業界の負担でおこなわれるべきものです。このときの預金保険法の改正は、破綻金融機関処理の巨額の費用を公的資金でまかなって銀行負担を軽減することにねらいがあり、預金者保護というのはその結果にすぎません。

＊23　東京都の2信組（東京協和信組、安全信組）の破綻処理のために設立されたのが東京共同銀行でしたが、その後、整理回収銀行＝RCBに改組。

＊24　具体的には、ペイオフコストを超える資金援助を可能とするため5年間の時限措置として「一般金融機関特別勘定」をつくり、さらに信用組合だけを別勘定とする「信用協同組合特別勘定」をつくりました。公的資金導入のスキームは、①信用組合特別勘定の不足が生じた場合、機構は日銀もしくは民間金融機関から借り入れをおこなう。②政府は、国会の議決を得た範囲でこの借り入れの債務保証をおこなう。③2001年3月31日をもって特別勘定を廃止する際に累積欠損があれば、一般金融機関特別勘定の残余の責任準備金で穴埋めをし、それで足りない場合、政府が債務保証を履行するかたちで財政資金を投入する、というものでした。

＊25　政府は、「金融システム内の負担で対応する」ことについて、「別の言い方をするならば、預金保険料によって対処すると、こういう考え方に立っている」（96年6月13日、西村銀行局長　参議院金特別委）と答弁し、預金保険機構の財源不足への対応として、遅くとも98年度末までに特別保険料率の見直しを行うこと（政令事項）にしていました。しかし橋本内閣は、その約束を反故にし、98年の通常国会が始まる時点では、預金保険料率の見直しも銀行業界負担も検討せず、公的資金投入を強行する態度をとったのです。

*26 財政上の措置としては、①預金保険機構に「金融危機管理勘定」を設け、機構がおこなった借入金または債券発行にかかわる債務（予算で10兆円）について政府保証をおこなうこと、②機構の「金融危機管理勘定」に「金融危機管理基金」を設け、3兆円の国債を交付すること（交付国債）としています。交付国債は、普通債とは性格が異なり、交付を受けた機関の償還要求を受けて現金化される要求払い型の国債です。

*27 法案では、「健全」金融機関の優先株を引き受ける条件として、①金融機関の内外の金融市場における資金調達がきわめて困難な状況に至るなど、わが国の金融の機能に著しい障害が生じる事態、②金融機関の連鎖的な破綻を発生させる等によって、これらの金融機関の地域や分野における経済活動に著しい障害が生じる事態、をあげています。しかしそれは、金融機関をとりまく事態がそうだということであって、対象となる金融機関が必ずしも深刻な事態にあること意味するものではありません。逆に、「安定化法」は、優先株引き受けの審査基準の一つに、その金融機関が将来破綻する蓋然性が高くないことをあげています。したがって、この法律の対象となる金融機関は、「健全」な大銀行から、当面破綻には至らないが経営に問題のある銀行まで、きわめて幅広いものとなりました。

*28 「金融国会」での論戦の特徴と成立した金融関連法の内容については、拙稿「金融関連法の全貌を解明する」（『前衛』1998年12月号）、その後の公的資金投入の上積み立法については「金融不安消滅後も大銀行あまやかす森内閣」（『前衛』2000年6月号）などを参照していただければ幸いです。

*29 当時、日本共産党は衆議院では26名の議員がいましたが、予算をともなう議案提案権（51議席以上）はありませんでした。そのため予算関連部分を除いた法案として提案しました。しかし参議院では、1998年の選挙で党が躍進した結果、非改選を含め23議席となり、予算をともなう議案提案権（21議席以上）がありましたので、金融機能正常化法案など関連4法案を予算をともなう法案として提出することができたのです。

*30 「再生法」など8法案は、1998年9月18日におこなわれた5党の党首会談で「合意」をみた自民党、民主党、平和・改革の3党間の2週間に及ぶ協議（密室協議）で提案されたものでした。その間、論戦の舞台となった正規

第5章　国民の財産は誰のために消えたのか　263

の金融安定化特別委員会・理事会でも実質的な協議がおこなわれず、その構成員である自由、共産、社民の３党は、協議から除外されました。

＊31　長銀（現新生銀行）には、総額８兆円近い公的資金を投入（そのうち３兆円が最終的な国民負担）して、身ぎれいな「健康体」に戻し、リップルウッド・ホールディングス（現 RHJ インターナショナル）に、わずか10億円で売却されました。そのうえ、「瑕疵担保条項」が付けられ、将来、長銀が保有する債権が不良債権化したとき、国が無条件で引き取ることになりました。この条項は、リップルウッドが「この条項がなければ買わない」と主張し、政府にのませたものでした。その結果、発生する利益はすべてリップルウッドに帰属することとなり、国は、新たに8800億円もの税金を投入するなど、国民にツケが回されることとなったのです。そのうえ、2004年にリップルウッドは、新生銀行を再び上場させ2200億円以上の利益を上げました。リップルウッドが再上場までに投じた資金は1200億円強といわれます。その利益は1000億円にものぼり、日本にまったく税金を払わずに利益を持ち帰りました。（神谷秀樹『強欲資本主義——ウォール街の自爆』〔文春新書、2008年10月〕138～139、179ページ参照）

＊32　それまでの国会は、自民党が出した法案を衆議院で強行し、参議院でも短時間で強行するというパターンが多かったのですが、ねじれ国会で自民党の国会対策がまったく変わりました。野党を取り込まなければ参議院は通せません。このため自民党は、野党を密室協議に引き込み、その過程で野党の提案を形のうえで受け入れ、実質的には財界・銀行業界の意向を反映させる。こうして、野党案をベースにしながら、自民党単独ではできなかったような悪法に仕上げていく。これが自民党の新たな作戦になりました。

＊33　朝日新聞1998年８月１日付。

＊34　『日銀月報』1992年12月号。

＊35　日経金融新聞1998年10月14日付。

＊36　佐々木憲昭「国連総会および日米首脳会談に対する本会議質問」（1998年９月24日、衆議院本会議議事録）、佐伯啓思「世界はきっともっと大きな金融危機を起こす」（『Wedge』2008年12月号）など参照。

# 第6章　財界とアメリカはなぜ
　　　　　「戦争する国」にしたいのか

一般に、財界団体というのは、政府が推進する軍事政策とはかかわりが少ないという印象を持たれていますが、果たしてそうでしょうか。

　第1〜2章でみたように、経団連は、戦争を遂行した戦時中の経済団体を基本的に引き継ぎながら、アメリカのアジア戦略に協力するなかで創立されました。とりわけ1950年に勃発した朝鮮戦争を契機に、経団連の内部に防衛生産委員会を立ち上げ、莫大な朝鮮特需によって軍需産業を復活させました。経団連は創立当初から、戦争推進勢力と密接な関係をもっていたといえます。[*1]

　最近では2015年9月15日、日本経団連が「防衛産業政策の実行に向けた提言」を発表し、武器・弾薬など装備品の輸出を国家戦略として推進すべきだと主張しています。その提言発表のわずか4日後に、安倍晋三内閣・与党が、国民の圧倒的な反対の声を押し切って、戦争法（安保法制）を参議院で強行採決しました（同年9月19日）。日本経団連の榊原定征会長は、間髪を入れず「安全保障関連法案が成立したことを歓迎したい」とするコメントを発表しました。このように日本経団連は軍需産業の振興を求め、戦争法の成立をもろ手をあげて歓迎したのです。

　しかし安倍内閣は、日本の経団連・軍需産業の要望にのみ応えて大軍拡をすすめているのではありません。根本的には、アメリカの世界戦略のもとでより多くの軍事的な役割分担を引き受け、「戦争できる国」へと舵を切っているのです。


# 1　戦争できる国づくりへの大転換

　アメリカ政府は、戦争法の成立をうけて「日米同盟を強化し、地域と国際

社会の安全保障にいっそう積極的な役割を担う日本の努力を歓迎する」として軍事面での「肩代わり」への期待を表明しました。さらに、2017年に誕生したアメリカのトランプ政権は、日本にたいして米国製兵器の大量購入要望をエスカレートさせてきました。日本は、アメリカの軍産複合体に一方的に奉仕する体制に組み込まれつつあります。

## 軍拡路線をエスカレートさせる安倍内閣

　第二次安倍内閣は、2012年12月の政権発足直後に「日米防衛協力ガイドライン」の見直しに着手し、2年間の日米協議でアメリカの意向を受け入れ2015年4月に「新ガイドライン」を公表しました。自衛隊による米軍支援を、地球上のあらゆるところで「切れ目なく」対処できるようにするためです。

　安倍内閣は、その第一歩として、国民の激しい反対の声を無視して安保法制＝戦争法を強行し、さらにその年の10月1日に推進体制の一つとして防衛装備庁[*2]を発足させました。その後、安倍内閣は、2013年12月に特定秘密保護法を強行し、同時に国家安全保障会議を設置して「国家安全保障戦略」を作成し、「防衛政策の大綱」「中期防衛力整備計画」（14中期防2014〜18年）の改訂をおこないました。2014年4月には武器輸出禁止三原則を破棄して「防衛装備移転三原則」をつくり、武器輸出を可能とする大転換をおこないました。

　さらに、2015年1月には、宇宙の軍事利用を含む「宇宙基本計画」を策定しました。また、2016年11月に南スーダンPKOで「駆けつけ警護」の任務付与を閣議決定し、2017年5月には、海上自衛隊の護衛艦が米艦艇をはじめて防護する行動をとりました。同年6月には「共謀罪」法を強行成立させました。またその年の12月には、イージス・アショアの導入を閣議決定しました。そして18年12月の閣議で、新「防衛計画の大綱」「中期防衛力整備計画」（19中期防2019〜23年）を決定し2019年4月から実施したの

第6章　財界とアメリカはなぜ「戦争する国」にしたいのか　267

です。[*3]

## 軍事予算の急膨張

　安倍晋三総理は、政権に復帰したすぐあとの施政方針演説（2013年2月28日）で「11年ぶりに防衛関係費の増加を図ります」と衆参本会議場の壇上で大見得を切り、財界とアメリカの要望に応える姿勢を鮮明にしました。

> ### 軍備増強を求めてきた経団連
> 　軍事予算の大幅増額、なかでも主要装備品等予算の増額は、経団連が強く要望してきたものでした。経団連は、2009年7月14日の「わが国の防衛産業政策の確立に向けた提言」で、「わが国においては、欧米のような防衛専業の大企業は存在せず、……産業基盤としては規模・体制ともに不十分であると言わざるを得ない」と述べ、「安全保障にとって不可欠な装備品を取得するためには適正な規模の予算の確保が必要である」と、軍需産業の基盤強化のために軍事予算を拡大するよう主張しています。2015年9月15日の「防衛産業政策の実行に向けた提言」でも、「防衛関係費の減少は2013年度より止まったが、防衛生産・技術基盤の維持・強化に直接的な効果がある航空機、艦船、車両、火器・弾薬などの主要な国産装備品の調達予算は増えていない」と不満を示し、国産装備品の調達予算の拡大を中心とする大幅な軍事費の増額を求めました。

　アメリカのトランプ政権は、日本の軍需産業や財界の要望などまったく眼中にないかのように、もっぱらアメリカの兵器を売り込むことに力を注いでいます。2018年11月の日米首脳会談で、トランプ米大統領はアメリカ製の防衛装備品を大量に購入するよう安倍晋三首相に迫り、これに応えて安倍内閣は、同年12月の閣議でステルス戦闘機F35の追加調達を決めました。トランプ米大統領は12月30日、安倍首相とアルゼンチンで会談したさい、日本が戦闘機F35を多数購入することに「感謝を表したい」と述べました。日本の軍事予算が、アメリカのために「強奪される」事態が進行しているの

です。

　軍事予算（当初予算）は、図表6―1「急増する軍事予算」にみるように、1970年代から90年代半ばまでは、GDP（国内総生産）の急速な伸びとともに増大してきました。しかし、国際的な緊張緩和のもとで1990年代の後半から頭打ちとなり2000年ごろから軍縮へと転換していきました。ところが、2012年に自民党が政権に復帰し第二次安倍内閣が成立して以降、ふたたび急増しています。

　軍事予算（当初）は、2012年度の4兆7138億円から13年度の4兆7538億円へと増やされ、14年度に4兆8848億円、15年度4兆9801億円、16年度には当初予算として初めて5兆円を突破し、5兆541億円となりました。さらに17年度は5兆1251億円となり、18年度は5兆1911億円、19年度5兆2574億円となりました。このように、7年で12％も増額しています。アメリカからの「兵器の爆買い」が、軍事費の急速な拡大に拍車をかけているのは明らかです。

　図表6―2「中期防衛力整備計画の総額の推移」にみるように、安倍内閣になって二度「中期防」がつくられましたが、そのたびに増額されてきました。「19中期防」は5年間で27兆4700億円と、過去最大の規模にふくらんでいます。

　さらに2020年度の防衛省の概算要求によると、2019年度予算を上回り、過去最大の5兆3223億円になりました。SACO（沖縄に関する日米特別行動委員会）関係経費や米軍再編関係経費などを19年度予算と同水準で計上されれば、5兆5000億円台になります。そのなかには、海上自衛隊のヘリコプター搭載型護衛艦「いずも」を空母化するための改修費（31億円）や、改修艦に搭載する最新鋭ステルス戦闘機F35Bの購入費（6機846億円）などが、はじめて盛り込まれます。[*4]

　米海兵隊トップのバーガー総司令官は2019年8月21日の記者会見で「（日米の）どちらでもF35を飛ばし、着艦可能な艦艇をもっていれば、運用は柔軟になる」とし、離着艦のほか、給油や武器の再装備に同護衛艦を活

図表6－1　急増する軍事予算

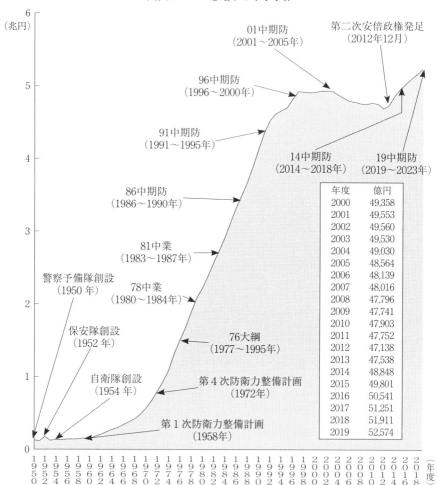

（注）1997年以降はSACO関係経費、2007年以降はSACO関係経費および米軍再編関係経費、2015年以降はSACO関係経費、米軍再編関係経費および新たな政府専用機導入にともなう経費を含む
（出所）防衛省資料。沓脱和人「戦後における防衛関係費の推移」（『立法と調査』2017.12　No.395）をもとに作成

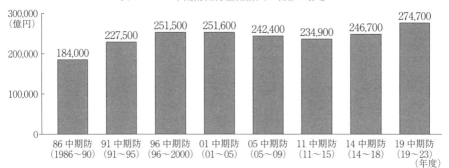

表6−2　中期防衛力整備計画の総額の推移

（注）総額とは別に、96中期防には1100億円、05中期防には1000億円の調整枠が設けられている。
91中期防は5800億円減、96中期防は9200億円減、05中期防は6000億円減の総額の見直しが閣議決定されている
（出所）竹内真「アメリカの戦略に追従する大軍拡」『経済』2019年8月号

用できると述べました。[*5] 護衛艦「いずも」の空母化で、米軍のF35Bが空爆に出撃することも可能になります。日米共同での軍事行動が、いっそう強められようとしています。

## 軍事予算の基本的な仕組み

軍事予算は、どのような仕組みになっているのでしょうか。

図表6−3「2019年度の軍事予算」のように、その内容は大きく「人件・糧食費」と「物件費（事業費）」に分けられます。「物件費」は、さらに「歳出化経費」と「一般物件費（活動経費）」に分けることができます。「人件・糧食費」というのは、自衛隊員の給与、退職金、営内での食事などの経費のことです。「物件費」とは、装備品の調達・修理・装備、油の購入、隊員の教育訓練、施設整備、光熱・水料等の営舎費、技術研究開発、基地周辺対策等の経費のことです。2019年度の軍事費5兆2574億円の内訳は、人件費・糧食費は2兆1831億円で約4割、物件費は3兆744億円で約6割を占めています。

表6-3　2019年度の軍事予算

| 区分 | | 億円 | 比率 |
|---|---|---|---|
| 総額 | | 52,574 | 100.0 |
| | 人件・糧食費 | 21,831 | 41.5 |
| | 物件費 | 30,744 | 58.5 |
| | 　歳出化経費 | 19,675 | 37.4 |
| | 　一般物件費 | 11,068 | 21.1 |

（出所）防衛省資料により作成

軍事予算をみるとき、これがすべてではないという点が重要です。たとえば、最新鋭の武器など装備品等の場合、発注から納入までに何年もかかる場合があります。そのため、政府は予算の単年度主義の「例外」として財政法第15条に規定された「国庫債務負担行為」や、第14条の2に規定された「継続費」という制度を利用してきました。数年間にわたって分割して支払うやり方です。

　この「国庫債務負担行為」というのは、国会の議決があれば次年度以降（原則として5年以内）にわたって債務を負担することができる行為をいいます。ただし、実際に支出する場合には、各年度の歳出予算に計上して国会の議決を経ることが必要です。これにたいして「継続費」というのは、数年度（原則5か年度以内）にわたる事業について債務負担権限とともに支出権限も与えるものです。「継続費」は、財政の単年度主義の著しい例外であり、これまで自衛隊の護衛艦や潜水艦の建造にのみ用いられてきました。[6]

予算の単年度主義

　予算は会計年度ごとに編成し「当年度の支出（歳出）は当年度の収入（歳入）でまかなう」という原則のこと。当年度の歳出を翌年度の歳入でまかなったり、過去の歳入で当年度の歳出にあてるのは、財政の計画性を乱したり歳入歳出を均衡させる原則からも望ましくないという考え方です。その根本にあるのは、内閣が作成した予算は、必ず国会の議決を得なければならないと定めた憲法86条です。これは国民の代表機関である国会が、国の財政をコントロールするという「財政立憲主義」の立場を明らかにした条文です。

## 軍事予算の全体像をつかむ

　このような「分割払い」ともいうべき方法がとられてきたので、ある1年だけの軍事予算をみるだけでは全体像がつかめません。そのため、図表6—4「軍事費の構造」によって2019年度を中心とする軍事予算全体の枠組みを示しました。

　物件費（事業費）のなかの「歳出化経費」というのは、前年度以前に契約したもので2019年度に支払わなければならない経費です。つまり、その年に「歳出」として現われた経費です。たとえば、5年ローンの場合の2019年度の支払分というイメージです。次年度以降の支払分は「後年度負担（規定分）」といい2兆7832億円あります。

　「一般物件費（活動経費）」というのは、新たに契約したときの初年度に支払われる経費で1兆1068億円あります。次年度以降に支払われる分が「新規後年度負担」で、それが2兆5781億円あります。「新規後年度負担」というのは、新規契約のうち2019年度予算のなかに計上されない後払いの部分です。

　この後払いの部分をふくめた「契約ベース」でみると、物件費は「一般物件費」と「新規後年度負担」をあわせ3兆6849億円です。また、前年度までに契約をした「後年度負担（既定分）」と、今年度新たに契約をして来年度以降に支払う「新規後年度負担」をひとくくりにして「後年度負担」とよび、それが5兆3613億円あります。「後年度負担」は契約ずみではあるが支払いは翌年度以降でよいという部分です。

　契約の翌年度以降に分割で支払う後年度負担が年々増大しており、また当初予算で表面化させないように、こっそりと補正予算へつけ回しをするというやり方も常態化しています。図表6—5「後年度負担と防衛関係費の推移」（276ページ）のように、後年度負担は年々ふくらんで2010年度の2兆9825億円から2019年度の5兆3613億円へ10年間で1.8倍になっています。2019年度は後年度負担が過去最大の規模に達し、当初予算をはじめて追い

図表6－4　軍事費の構造（概念図）

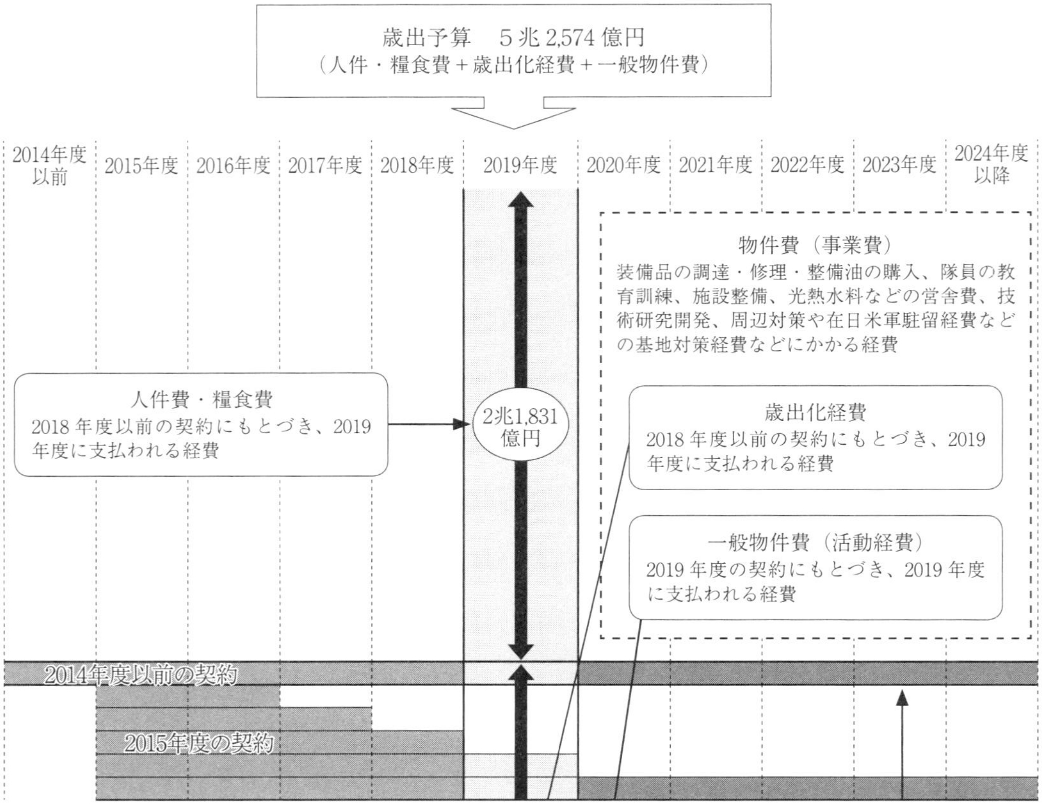

歳出予算　5兆2574億円
（人件・糧食費＋歳出化経費＋一般物件費）

2兆1,831億円

2014年度以前　2015年度　2016年度　2017年度　2018年度　2019年度　2020年度　2021年度　2022年度　2023年度　2024年度以降

物件費（事業費）
装備品の調達・修理・整備、整備油の購入、隊員の教育訓練、施設整備、光熱水料などの営舎費、技術研究開発、周辺対策費や在日米軍駐留経費などの基地対策経費などにかかる経費

歳出化経費
2018年度以前の契約にもとづき、2019年度に支払われる経費

一般物件費（活動経費）
2019年度の契約にもとづき、2019年度に支払われる経費

人件費・糧食費
2018年度以前の契約にもとづき、2019年度に支払われる経費

2014年度以前の契約

2015年度の契約

274

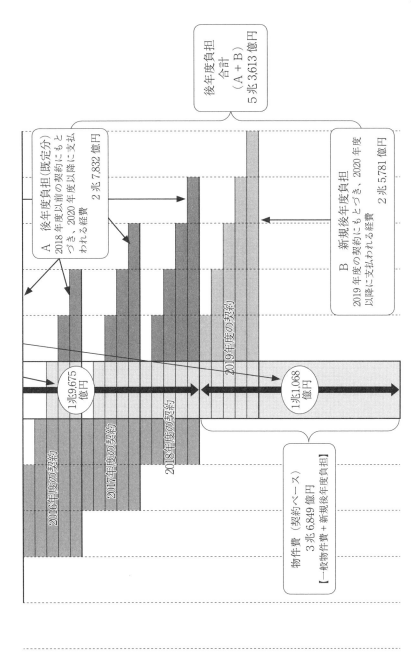

(注) SACO関係経費、米軍再編関係経費のうち地元負担軽減分、新たな政府専用機導入に伴う経費および防災・減殺、国土強靱化のための3カ年緊急対策に係る経費を含む
(出所) 防衛省資料等にもとづき作成

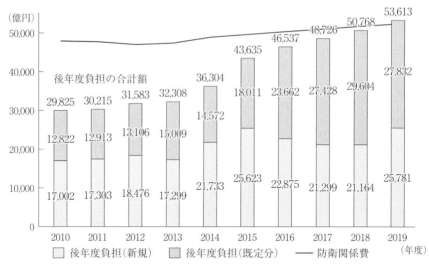

図表6－5　後年度負担と防衛関係費の推移

※金額は四捨五入により不符合となる場合がある。
(出所) 丹下綾「長期契約法と後年度負担」(「立法と調査」2019.7　No.414) より

越してしまったのです。

　2019年度（単年度）の軍事予算は、図表6－4の中心部分の合計5兆2574億円ですが、それだけではなく、さらに右側にあるその額以上の5兆3613億円の後年度負担を考慮に入れなければなりません。今年度も含め将来にわたって支払うことが確定している軍事費は、10兆円以上にのぼるのです。

**防衛調達特措法による財政民主主義の破壊**

　安倍内閣は、財政法で定められた5年を限度とする分割払いでは、増大する軍事費の負担を吸収できないとして、2015年の国会に軍事費に限定して10年の分割払いを認めるという特別措置法を提出し成立させました。それが安保法制の審議直前に制定された「防衛調達特措法」[*7]です。2019年3月には、この特措法の期限をさらに5年間延長する「防衛調達特措法改正案」[*8]

を成立させました。

　日本国憲法のもとで1947年に財政法が制定されたとき、国庫債務負担行為の年限は3年だったのです。当時、大蔵省で法案作成に携わった平井平治氏は、財政法の解説書で「あまりに長期に亘り将来の国の債務を負担することは、……国会の構成も時の経過に伴って異るのであるから、避けるべきであるとの見地から原則として、3箇年度に制限した」と述べています。また、現行法が審議された4年前、当時の中谷元防衛大臣は「財政の硬直化を招くことがないように実施する」と答弁していました。それなのに、当初3年とされていた年限を、5年はおろか10年にまで延長し、将来の軍事費を先取りすることは、財政民主主義に真っ向から反するものです。[*9]

　なぜ、こんなことをするのでしょうか。それは、アメリカの指揮下で日本を「戦争できる国」に変貌させるためであり、アメリカから巨額の武器を買い入れるためです。

**装備品の輸入調達、FMS の急増**

　武器等の装備品を調達するルートは、図表6—6「装備品の調達ルート」にみるように、大きく分けると「国内調達」と「輸入調達」があります。

　国内調達は、国内で製造された武器等を購入する以外に、「国内開発」、

図表6—6　装備品の調達ルート

図表6―7　防衛装備品の国内と海外での契約額と海外調達が占める比率

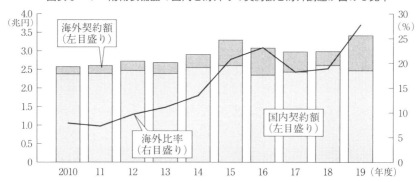

(注)　防衛省への取材に基づく。金額は当初予算の契約額ベース。19年度は予算案の額
(出所)「毎日新聞」2019年3月17日付

「国際共同開発」、外国で開発された装備品等を外国政府の承認を得て技術導入し国内で生産する「ライセンス生産」という三つの方式があります。

　輸入調達には、防衛省が直接または輸入業者を通じて外国から装備品等及び役務を調達する「一般輸入〔有償援助以外のもの〕」があり、また「日本国とアメリカ合衆国との間の相互防衛援助協定」に基づきアメリカ政府から装備品等及び役務を調達する「有償援助」（FMS）があります。

　「国内調達」と「輸入調達」は、どのように推移してきたでしょうか。図表6―7「防衛装備品の国内と海外での契約額と海外調達が占める比率」でみるように、防衛省が2019年度にむすぶ装備品契約額のうち、海外調達は過去最高の9417億円にのぼります。有償軍事援助（FMS）の輸入が増えているために、契約額の3割弱を占めています。他方、国内調達額は伸びていません。

　FMS調達は、日米相互防衛援助協定（MSA協定）にもとづき、アメリカ政府が自国内の軍需産業から装備品等を調達し、日本など同盟国政府に対して売りつける方式です。その契約方式は、一般の国内調達とはまったく異なる屈辱的な内容となっています。

　①契約価格および履行期限は見積もりであり米国政府はこれらに拘束され

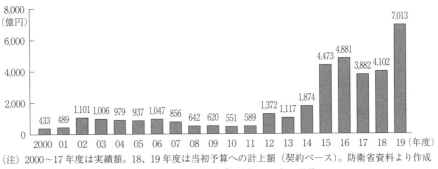

図表6―8 FMS調達額の推移

(注) 2000～17年度は実績額。18、19年度は当初予算への計上額(契約ベース)。防衛省資料より作成
(出所) 竹内真「アメリカの戦略に追従する大軍拡」『経済』2019年8月号

ない。

②支払いは前金払いが原則である。

③米国政府は自国の国益により契約を解除する権利を留保する。

つまり、米国政府に対して武器代金は前金払いが原則であり、その価格や納期はアメリカ側がいくらでも変更できる。また契約はアメリカ政府の都合で解除することができるというのです。これが、FMS調達の屈辱的な契約方式です。

重視しなければならないのは、安倍内閣になって、このFMS調達の当初予算額が急増していることです。図表6―8「FMS調達額の推移」で明らかなように、2000年に433億円だったのが、安倍内閣になって急速に増大し2019年度には7013億円と、じつに16.2倍になっているのです。その内訳は、早期警戒機E-2D(9機、約1940億円)、イージス・アショア(2基、約1382億円)、F-35A戦闘機(6機、約730億円)、滞空型無人機グローバルホーク(1機、約71億円＝組み立て経費等)、オスプレイ(4機、393億円、関連経費323億円)など、いずれも物議をかもしている巨額の装備品です。[10]

その結果、中央調達のなかでアメリカからの輸入調達が激増することになります。図表6―9「中央調達における契約相手方別契約高順位」によると、米国政府は2012年度に4位だったのに、2013年度は2位、2014年度は3位

図表6—9　中央調達における契約

| | 2012年度 | | | | 2013年度 | | | | 2014年度 | | |
|---|---|---|---|---|---|---|---|---|---|---|---|
| | 契約相手方 | 件数 | 金額(億円) | | 契約相手方 | 件数 | 金額(億円) | | 契約相手方 | 件数 | 金額(億円) |
| 1 | 三菱重工業(株) | 225 | 2,403 | 1 | 三菱重工業(株) | 195 | 3,165 | 1 | 三菱重工業(株) | 213 | 2,632 |
| 2 | 日本電気(株) | 246 | 1,632 | 2 | 米国政府 | 198 | 1,069 | 2 | 川崎重工業(株) | 156 | 1,913 |
| 3 | 川崎重工業(株) | 120 | 1,480 | 3 | 三菱電機(株) | 124 | 1,040 | 3 | 米国政府 | 203 | 1,807 |
| 4 | 米国政府 | 159 | 1,332 | 4 | 川崎重工業(株) | 128 | 948 | 4 | 日本電気(株) | 287 | 1,013 |
| 5 | 三菱電機(株) | 115 | 1,240 | 5 | 日本電気(株) | 256 | 799 | 5 | ANAホールディングス(株) | 1 | 928 |
| 6 | (株)ディー・エス・エヌ | 2 | 1,221 | 6 | (株)IHI | 31 | 483 | 6 | 三菱電機(株) | 118 | 862 |
| 7 | ジャパンマリンユナイテッド(株) | 1 | 740 | 7 | 富士通(株) | 114 | 401 | 7 | (株)IHI | 20 | 619 |
| 8 | (株)東芝 | 73 | 503 | 8 | (株)小松製作所 | 27 | 294 | 8 | 富士通(株) | 128 | 527 |
| 9 | 富士通(株) | 111 | 300 | 9 | (株)東芝 | 54 | 284 | 9 | (株)東芝 | 70 | 467 |
| 10 | (株)IHI | 31 | 277 | 10 | JX日鉱日石エネルギー(株) | 153 | 271 | 10 | (株)小松製作所 | 34 | 339 |

（出所）井上哲士議員（日本共産党）が参議院予算委員会（2019年2月7日）に提出した資料。竹内真

となり、2015年度以降は毎年1位を続けています。その金額をみると、2012年度の1332億円から2017年度の3,807億円へと約3倍に増加しています。つまり、アメリカの軍需産業を日本国民の血税で支える予算が、大幅に増額しているのです。

　こうなると、国内の軍需産業が米国に市場を奪われるとして不満を広げることになります。そのため、防衛装備庁は「輸入の増加による国内防衛産業の規模が縮小する等、我が国の部衛生産・技術基盤を取り巻く状況はいっそう厳しくなっている[11]」などと述べて危機感をつのらせています。

## 国産化路線のゆきづまりと米国製兵器の爆買い

　山崎文徳氏は、論文「F-35の大量購入と日本の防衛産業[12]」で、日本の防衛産業が「国産化」路線に行き詰まり、F-35戦闘機などアメリカ製兵器の大量購入にいたる経緯を解明しています。それによると、戦後日本の政府と

**相手方別契約高順位（上位10社）**

| | 2015年度 | | | | 2016年度 | | | | 2017年度 | | |
|---|---|---|---|---|---|---|---|---|---|---|---|
| | 契約相手方 | 件数 | 金額(億円) | | 契約相手方 | 件数 | 金額(億円) | | 契約相手方 | 件数 | 金額(億円) |
| 1 | 米国政府 | 209 | 4,412 | 1 | 米国政府 | 191 | 4,735 | 1 | 米国政府 | 221 | 3,807 |
| 2 | 川崎重工業(株) | 118 | 2,778 | 2 | 三菱重工業(株) | 217 | 4,532 | 2 | 三菱重工業(株) | 169 | 2,457 |
| 3 | 三菱重工業(株) | 178 | 1,998 | 3 | 川崎重工業(株) | 116 | 994 | 3 | 川崎重工業(株) | 138 | 1,735 |
| 4 | (株)IHI | 37 | 1,147 | 4 | 日本電気(株) | 261 | 905 | 4 | 日本電気(株) | 275 | 1,177 |
| 5 | 三菱電機(株) | 94 | 1,083 | 5 | 富士通(株) | 138 | 783 | 5 | 三菱電機(株) | 85 | 957 |
| 6 | 日本電気(株) | 233 | 739 | 6 | 三菱電機(株) | 119 | 767 | 6 | 東芝インフラシステムズ(株) | 51 | 632 |
| 7 | (株)東芝 | 63 | 673 | 7 | ジャパンマリンユナイテッド(株) | 2 | 410 | 7 | 富士通(株) | 122 | 479 |
| 8 | ジャパンマリンユナイテッド(株) | 3 | 389 | 8 | (株)IHI | 35 | 355 | 8 | (株)小松製作所 | 14 | 280 |
| 9 | 富士通(株) | 98 | 364 | 9 | (株)東芝 | 51 | 348 | 9 | 沖電気工業(株) | 47 | 226 |
| 10 | (株)小松製作所 | 29 | 291 | 10 | (株)小松製作所 | 30 | 317 | 10 | (株)日立製作所 | 53 | 200 |

「アメリカの戦略に追従する大軍拡」『経済』2019年8月号より

　防衛産業は、まずライセンス国産化をおこない、さらに自主開発による兵器の国産化に取り組んできたけれども、1980年代の後半にアメリカ政府の介入によってジェット戦闘機の自主開発が阻まれたことを契機に、日米共同開発、外国機導入へと方向転換することとなったと分析しています。少し長くなりますが、引用しておきます。

　「1950年〜57年度は、防衛装備品の国内調達額が2,415億円（39.6％）にとどまり、調達の6割が国外品であり、そのうち無償援助額が3,569億円（58.5％）を占めた。しかし、国内調達の割合は次第に増え、58〜60年度の第1次防衛力整備計画（1次防）で2,789億円（62.4％）、62〜66年度の2次防で5,781億円（81.6％）、67〜71年度の3次防で1兆2,829億円（91.6％）、72〜76年度の4次防で2兆1,588億円（93％）となった。比率が小さくなった国外調達は、その内訳も変化し、70年代には無償援助が有償援助に置き換わった。ただし、有償のFMS調達の比率はそれほど大きくなく、1982〜2012年度は全体の10％以下（平均4.2％）の水準にとど

第6章　財界とアメリカはなぜ「戦争する国」にしたいのか　281

まった。こうして70年代には、ライセンス生産を含む国産化が実現され、80年代後半から2000年代までは国内調達率が90％程度で推移した」。

このように90％程度だった国内調達比率が、80〜70％台に低下したのは安倍政権の2013年度からでした。その最初の契機になったのは、1980年代後半のジェット戦闘機の自主開発がアメリカにより阻止されたことにありました。山崎氏は、その経緯について次のように述べています。

「防衛庁と防衛産業の悲願は、ジェット戦闘機の国内自主開発であった。しかし、F-1戦闘機の後継のF-2戦闘機（開発時はFSX）は、アメリカ政府の介入によって国内自主開発が阻まれた。当初の国内開発という方針は、アメリカ政府の圧力を受けて、1985年に国内開発、現有機の転用、外国機導入という三つの選択肢が設けられ、86年には『国内開発』方針という表現から『国内』が削除された。そして87年の日米防衛首脳会談を経て、ジェネラル・ダイナミクスのF-16戦闘機をベースとする日米共同開発が決まった。……2014年4月に武器輸出三原則が防衛装備移転三原則に置き換えられたことは、日本企業が国際共同開発に参加するための条件整備という面も強かった」。

ところが日本は、F-35の国際共同開発においてパートナーとは位置づけられませんでした。開発・生産にほとんど参加できず、ライセンス生産も認められていません。日本は、FMSの枠内で「完成機を購入」する立場に置かれており、2018年にF-35Aを63機、F-35Bを42機、あわせて105機の追加調達を表明しました。日本ができるのは最終組立と検査、一部部品の製造のみです。重要な部分はアメリカに握られ、そのもとでわずかなおこぼれしか回ってきません。そのうえで、兵器を「爆買い」させられているのです。

## 日本の「武器輸出」について

安倍内閣は、2014年4月に「武器輸出禁止三原則」を破棄して「防衛装備移転三原則」を新たにつくり、装備品の国際共同開発や武器輸出を解禁する大転換をおこないました。ところが、解禁から5年たちましたが、日本か

282

らの武器輸出はまったくすすんでいません。

　先にみたように最新鋭ステルス戦闘機 F35A の共同開発は、米軍需産業大手のロッキード・マーティンが主体となり、アメリカを中心とする 9 か国の共同開発でおこなわれているため、日本は加わっていません。F35A 戦闘機の構造はブラックボックスで、改修も修理もアメリカ頼みです。

　国産の完成品輸出は実績ゼロです。解禁されてから 10 件近くの輸出交渉が表面化しましたがすべて失敗しています。2016 年のオーストラリアへの新型潜水艦「そうりゅう」の輸出は、国内産業を重視する新政権のもとで国内雇用を約束したフランスに奪われました。また、アラブ首長国連邦（UAE）むけの川崎重工の国産輸送機「C2」は、舗装されていない滑走路で離着陸する能力が不十分という理由で断られました。さらに、インド向けの新明和工業の「US2」は、5 年を超える交渉で膠着状態に陥っています。[13]

　日本の軍需産業は、第二次世界大戦の古い体質を引き継いだままで「ガラパゴス化」[14]したともいわれています。日本の大企業は軍需産業に固執するのをあきらめ、平和産業に転換する道を選択すべきではないでしょうか。政府からの武器購入や武器輸出をあてにする軍需産業は、日本国憲法の平和主義の精神とはそもそも相容れないものなのです。


# 2　軍需産業四団体と経団連


## 軍需産業の基本性格をどうみるか

　軍需産業は、他の産業に比べ特異な性格をもっています。[15]経団連・防衛生産委員会が編集・出版した『防衛生産委員会十年史』（64 年 6 月）は、「市場の拡大を追求するということは、いわば企業の本能的欲求とも称すべきものである。特に防衛生産面においては、需要が限定され、経営上の合理的な経

済規模と需要との調整について常に頭を悩まされる」と記しています。ここには、閉ざされた国家市場である軍需をめぐる大企業の利益獲得競争の矛盾が表われています。

第一に、軍需物資は私的企業において生産される商品の一つではありますが、それは自由な取引、自由な市場を目当てにしたものではなく、主として国からの注文によって生産されるものです。そのため事前に品目、生産数量、価格などが決められるという特異な取引によって、軍需企業はあらかじめ高利潤を確実に保障されています。

第二に、軍需物資は個人消費のためでなく、人間を殺傷し器物を破壊するために供されます。これは、他の生産物とは本質的に異なる点です。軍需物資は、殺害手段であり破壊手段です。また、殺害と破壊のためのシステム（兵器体系）でもあります。経済の軍事化は、不生産的浪費を拡大し、正常な社会的生産の拡大再生産に否定的な影響を与え、国民経済の均衡ある発展を阻害します。

第三に、軍事予算が増加すれば、財政上の配分をゆがめ、国民にとって最も大切な命と暮らしに必要な福祉・社会保障の予算を圧迫します。また軍需産業は、国民から「死の商人」といわれることを恐れ、その体質を隠蔽しようとするため、「経済に波及効果がある」などの偽りの宣伝を官民あげて繰り返します。また「秘密保護」の態勢をつくりあげ、国民の知る権利を否定するなど、民主主義を圧殺する傾向をいっそう強めます。

## 日本の軍需産業団体

日本の軍需企業は、「軍事予算」を利用して自らの利益をはかるため、業界団体を結成し政府への働きかけを強めてきました。軍需業界の主な団体としては、①日本経団連内部の防衛産業委員会、②日本防衛装備工業会、③日本航空宇宙工業会、④日本造船工業会があります。

これら軍需産業４団体の代表は、防衛大臣との意見交換会、防衛生産・技

術基盤研究会、防衛調達制度に関する調査検討会、契約制度研究会などに参加し、軍需産業の要望を伝え政府の政策をつくりあげているのです。それぞれの団体の特徴をみることにしましょう。

## 経団連・防衛産業委員会

日本経団連のなかに設置されているのが、防衛産業委員会（委員長：泉澤清次・三菱重工業社長）です。1952年に防衛生産委員会として設立された軍需産業の業界団体です。委員長など一部の企業は公表されていますが、参加企業名は公表されていません。『自衛隊装備年鑑』によると、2008年に61社、2009年に59社で構成されているとの説明がありました（しかしその後、企業数は掲載されていません）。

経団連には、この他、軍需産業と密接に関連する宇宙開発利用推進委員会（下村節宏委員長・三菱電機特別顧問）、海洋開発推進委員会（山内隆司委員長・大成建設会長）などがあります。

経団連の軍需産業関連委員会は、軍需産業等の要望を同委員会や経団連の提言としてまとめ、防衛省など関連諸官庁に対し、その実現のため頻繁にはたらきかけをおこなっています。

## 日本防衛装備工業会

日本防衛装備工業会は、日本の包括的な軍需産業の業界団体として結成されています。この団体の前身は、1951年に創設された日本技術生産協力会です。その後、兵器生産協力会、日本兵器工業会と改称し、88年9月に日本防衛装備工業会を設立しました。

武器・弾薬など防衛装備品等の製造・修理事業を営む企業（正会員135社、賛助会員48社）が参加しています。会長は三菱重工業、副会長はいすゞ自動車、ダイキン工業、日立製作所の代表が務め、理事長には元通産・防衛官僚が就き、専務理事には元防衛庁装備本部長が就いています。まさに、典型的な産・軍・官癒着の組織です。

第6章　財界とアメリカはなぜ「戦争する国」にしたいのか　285

常設部会として、銃砲部会、弾火薬部会、電子部会、艦艇兵装部会、哨戒機武器部会、材料部会、誘導武器部会、車両部会、水中武器部会、艦船搭載武器部会、航空機搭載武器部会があります。

## 日本航空宇宙工業会

日本航空宇宙工業会は、日本の航空機、人工衛星、ロケット、エンジンをはじめ、関連機器、素材等の開発、製造修理、航空輸送に携わる企業・貿易商社など正会員89社、賛助会員49社によって構成されています[19]。会長は三菱重工業が務め、副会長には、川崎重工業、ナブテスコがあたっています。理事は、IHI、SUBARU、島津製作所、住友精密工業、日本電気、三菱電機が務めています。

この団体は1952年に航空工業が再開されたことを契機に、航空工業懇談会として発足しました。その後1974年に航空工業のほか宇宙開発の分野を加え、現在の日本航空宇宙工業会へと改組されました。

日本航空宇宙工業会加盟企業の多くは、日本防衛装備工業会のメンバーと重複しており、さらに、経団連の防衛産業委員会、宇宙開発利用推進委員会のメンバー（詳細は未公表）を兼ねているものと思われます。

## 日本造船工業会

造船業における全国組織として、法人会員17社、団体会員1団体（日本中小型造船工業会）が加盟しています[20]。会長はIHI、副会長は住友重機械工業、三菱重工業、川崎重工業、三井E&Sホールディングス、ジャパン　マリンユナイテッド、今治造船、大島造船所、サノヤス造船が務めています。この団体の会員の多くは、軍艦の製造に携わる軍需産業の大手企業であり、経団連の海洋開発推進委員会のメンバーとも重複していると思われます。

## 経団連役員企業と軍需業界

図表6─10「日本経団連役員企業と軍需業界団体の関係」をみると、経団

図表6－10　日本経団連役員企業と軍需業界団体の関係

| 日本経団連役員企業（2019年） | | 日本防衛装備工業会 | 日本航空宇宙工業会 | 日本造船工業会 |
|---|---|:---:|:---:|:---:|
| 会長 | 日立製作所 | ● | ● | |
| 副会長 | 東京ガス | | | |
| 副会長 | 三菱商事 | | ● | |
| 副会長 | 三越伊勢丹ホールディングス | | | |
| 副会長 | 三井住友フィナンシャルグループ | | | |
| 副会長 | 大成建設 | | | |
| 副会長 | 日本製鉄 | ● | | |
| 副会長 | 三菱電機 | ● | | |
| 副会長 | トヨタ自動車 | ● | | |
| 副会長 | 東京海上ホールディングス | | | |
| 副会長 | 東日本旅客鉄道 | | | |
| 副会長 | ANAホールディングス | ● | | |
| 副会長 | JXTGホールディングス | | | |
| 副会長 | 住友商事 | ● | ● | |
| 副会長 | 三菱UFJフィナンシャルグループ | | | |
| 副会長 | 三菱ケミカルホールディングス | | | |
| 副会長 | 第一生命ホールディングス | | | |
| 副会長 | 日本電信電話 | | | |
| 副会長 | コマツ | ● | | |
| 議長 | 野村ホールディングス | | | |
| 副会長 | 三菱重工業 | ● | | ● |
| 副議長 | 住友化学 | | | |
| 副議長 | 箔一（非上場） | | | |
| 副議長 | アサヒグループホールディングス | | | |
| 副議長 | パナソニック | ● | | |
| 副議長 | みずほフィナンシャルグループ | | | |
| 副議長 | 日本電気 | ● | | |
| 副議長 | 旭化成 | ● | | |
| 副議長 | 積水化学工業 | | | |
| 副議長 | IHI | ● | | ● |
| 副議長 | 三井不動産 | | | |
| 副議長 | アステラス製薬 | | | |
| 副議長 | セブン＆アイ・ホールディングス | | | |
| 副議長 | サントリーホールディングス | | | |
| 副議長 | 三井住友海上火災保険 | | | |
| 副議長 | 丸紅 | ● | ● | |
| 副会長 | 日本生命保険（相互） | | | |
| 副議長 | 大和証券グループ本社 | | | |
| | | 13 | 4 | 2 |

（注）パナソニックは、パナソニックシステムソリューションズジャパン

（出所）日本経団連、日本防衛装備工業会、日本航空宇宙工業会、日本造船工業会のホームページより作成

連役員企業のなかに、日本防衛装備工業会、日本航空宇宙工業会、日本造船工業会の会員企業がどの程度含まれているでしょうか。三つの団体のいずれかの会員になっている企業は、日立製作所、三菱商事、日本製鉄、三菱電機、トヨタ自動車、ANA ホールディングス（＝全日本空輸）、住友商事、コマツ（小松製作所）、三菱重工、パナソニック、日本電気、旭化成、IHI、丸紅です。

　日本経団連の役員企業38社のうち14社、実に37％が軍需産業の業界団体に属しているのです。


# 3　「経団連ビジョン」にみる軍拡路線への傾斜


　経団連が目指す「将来の国家像」「国のかたち」を包括的に示した戦略的文書、それが「経団連ビジョン」です。まず、これらのビジョンを手がかりに、経団連が安全保障政策をどのように位置づけてきたのか、また、どのような方法でそのねらいを実現しようとしてきたかをみることにしましょう。

　これまで、経団連は「ビジョン」を4度公表しています。

① 1996 年1 月の「魅力ある日本——創造への責任——経団連ビジョン2020」（同年10 月に改訂版を公表）
② 03 年1 月の「活力と魅力溢れる日本をめざして」
③ 07 年1 月の「希望の国、日本」
④ 15 年 1 月の「『豊かで活力ある日本』の再生 ——Innovation & Globalization」

## 「専守防衛」を強調した「魅力ある日本」（1996 年）

　1996 年の「魅力ある日本」（以下「96 ビジョン」）は、主要企業986 社と経

団連役員が議論を重ねてとりまとめたものでした。当時の「財界の総意を結集した」ビジョンと自画自賛しました[21]。「96 ビジョン」は「世界の平和と繁栄に積極的な役割を果たす」という章をたて、「安全保障政策の充実」の項で、「日米安全保障体制をわが国の安全保障政策の基軸として位置づけ」、「わが国は、専守防衛に徹し、シビリアン・コントロールと非核三原則を堅持しつつ、質的に高度で、柔軟性のある防衛力を保持しなければならない[22]」と書いています。

　ここには、日米軍事同盟を基軸としながら「専守防衛」に徹すること、「シビリアン・コントロール（文民統制）」と「非核三原則」を堅持すること等が強調されていました。また「各国の防衛予算の拡大にブレーキをかけ、軍縮に向けた流れを実現させること」を重要課題の一つにあげています。経団連のこの立場は、90 年代における日本の安全保障戦略を反映したものでした。その背後には、「冷戦終結」と「ソ連崩壊」がありました。

　同時に重視したいのは、対米従属下での軍備増強と自衛隊海外派遣の拡大を求めるという矛盾した態度をとっていることです。「96 ビジョン」では、日米間の政策協議・情報交流を充実させ、さまざまな事態への協力体制の整備をはかること、とりわけ「防衛生産・研究開発面での協力を拡大し、装備能力の高度化に努める」として兵器の高度化を求めています。また「受動的な外交を改め、世界の平和と繁栄に能動的に参画することが求められている[23]」とし、「国連の平和維持活動等」について「主要国と協力しつつ、わが国の役割を拡大していく[24]」と述べ、対米協力と国際貢献の拡大を強調しています。

**日米安全保障産業フォーラム**

　対米軍事協力をすすめ、経団連・防衛生産委員会は、1997 年 1 月、日米防衛産業間の対話の場として「日米安全保障産業フォーラム（IFSEC）」を設立し、97 年 10 月に日米防衛・装備技術協力を推進する「日米共同提言」をまとめました。さらに、98 年 1 月 20 日には日米装備・技術定期協議

（S&TF、国防総省と防衛庁の装備局長レベルの会合）のために来日したジャック・ギャンスラー米国国防総省次官（取得・技術担当）を経団連・防衛生産委員会総合部会に招き、今後の日米防衛装備・技術協力について交流しています。

2002年12月には、「日米安全保障産業フォーラム（IFSEC）共同宣言——日米防衛産業界の関心事項」が公表されました。そのなかで「日本政府は日米の防衛開発、生産の協力に資するよう、現在の武器輸出管理政策について、輸出制限の例外を広げる形で、より柔軟な運用を行なうべきである」と提言しています。また、IFSECのメンバー間でも、日米の防衛産業協力のあり方が、単なる供給者（米国）と顧客（日本）の関係から、将来の防衛システムの開発におけるパートナーシップを構築する関係へと発展していることが認識されています。この防衛協力の発展は、「連携協力が市場での取引や調達という枠を超えて、将来の防衛装備のニーズの共有にまで及ぶに違いない」と書いています。

このように、経団連は「96ビジョン」で、アメリカの軍産複合体に対する日本の軍需産業の積極的な協力を打ち出し、障害となっている武器輸出三原則の「柔軟な運用」を求めています。

## リーダーシップ強化を求めた「活力と魅力溢れる日本をめざして」（2003年）

2003年の「活力と魅力溢れる日本をめざして——日本経済団体連合会新ビジョン」（以下「03ビジョン」）では、安全保障については軍事的対応を強調することは避けて「経済安全保障」を打ち出しました。「経済安全保障を強化するため、新エネルギーの開発、バイオを活用した食糧の増産や共同備蓄体制の構築」、東アジア域内における「地域インフラの共同整備」や「アジア通貨基金の創設」などを提案しています[25]。

このように「03ビジョン」では、経済に重点を置いた外交政策を提唱しながら、他方で、アジアにおいて日本が「強いリーダーシップ」を発揮すべ

きだと強調しています。これまでの日本外交は、第二次世界大戦において日本が「東アジアの国々に多大な損害を与えた」ことへの「深い反省」があったため「東アジアの経済圏構想に強い政治的なリーダーシップを発揮することを避けてきた[26]」が、これからはそのような消極的姿勢をあらため、「東アジア経済圏構想」の「実現に日本が建設的な貢献をしていく」としています。

　これは、村山談話などに示された侵略戦争への反省に懐疑的な立場を示し、そのうえで大国意識を強く押し出したものとなっています。しかも国内では「総理のリーダーシップが十分に機能する体制を整える[27]」べきだと、トップダウン型の政治体制を求めているのです。これは、対米従属下で巨大資本のアジアへの進出をはかりながら、国内においては強権的な政治体制の確立を目指すものです。

## 「憲法改正」を正面にかかげた「希望の国、日本」（2007 年）

　2007 年に発表された「希望の国、日本」（以下「07 ビジョン」）は、経団連ビジョンとして初めて「憲法改正」を正面にかかげました。「現行憲法が一度も改正されずにきたなかで、規定と現実の乖離（かいり）、国際平和に向けた主体的活動の制約など、多くの問題が生じている[28]」と述べ、「日本の理念や伝統、国際社会において日本が果たすべき役割などを踏まえ、幅広く検討する必要がある」としています。

　「07 ビジョン」が公表された時期は、第一次安倍内閣（06 年 9 月 26 日〜）の誕生直後でした。具体的な改憲内容としてあげたのは、次の三点です。

　第一、「憲法第 9 条第 1 項に規定されている平和主義の基本理念は堅持しつつ、戦力不保持を謳（うた）った同条 2 項を見直し、憲法上、自衛隊の保持を明確化する」こと。

　第二、「自衛隊が主体的な国際貢献をできることを明示するとともに、国益の確保や国際平和のために集団的自衛権を行使できることを明らかにする」こと。

第 6 章　財界とアメリカはなぜ「戦争する国」にしたいのか　291

第三、「憲法改正要件の緩和を行う[29]」こと。

　経団連が打ち出したこの「改憲ビジョン」は、その後の第一次、第二次安倍内閣における改憲議論に直接つながっていきます。

### ベースになった「わが国の基本問題を考える」

　「07 ビジョン」が出されるベースとなったのは、2 年前の 2005 年 1 月 18 日に経団連が公表した「わが国の基本問題を考える——これからの日本を展望して」です。この報告書で経団連は、戦後初めて憲法改悪に踏み込む異例の提案をおこないました。報告書は「これまで触れてこなかった外交・安全保障や憲法などについても検討を加えた」と述べ、次の点を強調しています。

　「基本問題の第一は、全ての活動の前提となる安心・安全の確保のための安全保障であり、国際社会への積極的な関与、信頼の獲得に向けた外交です。第二に、これらの理念・目標を具体化するためには、国の基本法である憲法の見直しが避けられない[30]」。

　安倍晋三氏は、経団連のこのような「改憲ビジョン」にも後押しされて 2006 年 9 月の総裁選に立候補し、その政権公約「美しい国、日本。」で「新しい憲法の制定」を「5 年以内に実現する」と訴えて当選しました。

　総裁・総理に就任した安倍氏は、その勢いのまま「憲法改正」を正面にかかげて 2007 年 7 月の参議院選挙に臨みました[31]。しかしその反動的な姿勢は、国民の大きな反撃をまねくこととなり、自民党は議席を大きく減らし参議院で過半数割れに追い込まれました。安倍総理は 9 月 12 日に「内閣総辞職」を表明、第一次安倍内閣は崩壊しました。

## 新たな軍拡を求める「『豊かで活力ある日本』の再生」(2015 年)

　2009 年 8 月に誕生した民主党政権（〜 12 年 12 月）のもとでは、経団連は新たな「ビジョン」をつくれませんでした[32]。

　しかし 2012 年 12 月、自民党が総選挙で圧勝して政権に復帰し第二次安倍

内閣が成立したことにより事態が一変します。経団連会長は、住友化学会長の米倉弘昌氏（2010年5月27日〜14年6月3日）から東レ会長の榊原定征氏（2014年6月3日〜）に交代しました。この新しい状況下で、経団連として新しいビジョンを作る作業が行われ、8年ぶりの経団連ビジョン『「豊かで活力ある日本」の再生──Innovation & Globalization』が公表されたのです（以下「15ビジョン」）。

　榊原経団連会長は、2015年6月2日の経団連定時総会における挨拶で次のように説明しています。

　　「経団連は、昨年（2014年）1年かけて、日本が目指すべき将来の国家像を描いた経団連ビジョンを策定しました。表題を『豊かで活力ある日本の再生』とし、2030年までに目指すべき国家像を掲げ、その目指すべき国家像を実現するための政府の課題、国民の課題、そして経済界の課題をできるだけ具体的な数値目標と合わせて提言としてとりまとめました」。

　「15ビジョン」は、安全保障政策に関して「改憲」や「自衛隊海外派遣」を打ち出した8年前の「07ビジョン」をベースに、その軍拡路線をさらに宇宙にまで広げる方向を鮮明にしました。

　　「宇宙インフラは、国家の安全保障における必須の基盤であり、宇宙インフラを構成する人工衛星関連技術や、それを打ち上げるロケット関連技術は、国家としての自在性を担保するために、日本として保持・強化していくべき重要な技術である[33]」。「宇宙・防衛等で使われている無人システムが、一般の消費者向けの機器やサービスに広がっていくことも期待される[34]」。

　このように「15ビジョン」は、人工衛星やロケットに関する技術を「宇宙インフラ」と称し安全保障の「必須の基盤」と位置づけたのです。


**宇宙軍拡を提唱した「宇宙基本計画に向けた提言」**

　「15ビジョン」を公表する直前、経団連は「宇宙基本計画に向けた提言」（14年11月18日）を提出しています。このなかで、宇宙産業予算の停滞を

第6章　財界とアメリカはなぜ「戦争する国」にしたいのか　293

嘆き「宇宙産業基盤の維持・強化が喫緊の課題となっている」と訴え、特に「政府の長期的かつ具体的な宇宙開発利用の工程表がなく、産業界が投資の予見可能性を高められないことが大きな問題である」と述べています。政府が、国民の血税を注いで宇宙軍拡をいっそう進め、関連産業に安定した市場を保障せよというのです。この主張の背後には、対米従属のもとで進む日米宇宙協力があります。「提言」は「日米安全保障協議会（２＋２）共同発表で指摘された宇宙状況監視や海洋状況把握の取組みを進める必要がある」と強調しています。

以上みてきたように、憲法の平和原則をくつがえし大軍拡を求める「経団連ビジョン」の背後には、日米安保条約＝軍事同盟をテコとするアメリカの圧力があり、日本経済の低迷下で大軍拡によって高利潤を得ようとする財界・軍需産業の強い要請があったのです。

日米の軍需産業が高利潤の確保を求めて、日本の装備品等の受注をめぐる争奪戦を繰り広げることは、日本をふたたび戦争と対米補完の軍産複合体への道に引き込むこととなります。それは、国民に大増税と負担増を強要し、福祉、教育、医療、介護、年金を破壊する道でもあります。

しかしながら、このような財界・軍需産業と安倍内閣の大軍拡路線は、一直線に進むものではありません。暮らしを破壊する大軍拡への怒りがあり、平和と民主主義を望む広範な国民のたたかいがあるからです。安倍政権の暴走政治に対抗する野党と市民の共闘がかつてなく広がり、安保法制（戦争法）の廃止と立憲主義の回復を求める市民の連帯が力を強めています。


＊１　詳しくは、拙著『財界支配──日本経団連の実相』（新日本出版社、2016年１月）第１章、第５章を参照してください。

＊２　防衛省設置法第36条で「防衛装備庁は、装備品等について、その開発及び生産のための基盤の強化を図りつつ、研究開発、調達、補給及び管理の適正かつ効率的な遂行並びに国際協力の推進を図ることを任務とする」と定め、

「防衛生産・技術基盤の維持・強化」をはかること、「国際協力」として武器輸出を位置づけることを新たに規定しました。

＊3　この「防衛計画の大綱」（2018年12月、閣議決定）、「中期防衛力整備計画」によって、これまで他国に脅威を与えるので政府は「持てない」と説明してきた大陸間弾道ミサイル、長距離戦略爆撃機、攻撃型空母なども解禁されました。

＊4　「しんぶん赤旗」2019年8月22日付および同年9月28日付。

＊5　朝日新聞2019年8月22日付。

＊6　丹下綾「長期契約法と後年度負担——防衛装備品の調達と防衛関係費をめぐる国会論議」（「立法と調査」2019・7　No.414）参照。

＊7　「特定防衛調達に係る国庫債務負担行為により支出すべき年限に関する特別措置法」（2015年4月30日　法律第16号）

＊8　「特定防衛調達に係る国庫債務負担行為により支出すべき年限に関する特別措置法の一部を改正する法律」（2019年3月30日　法律第10号）

＊9　2019年3月7日の衆議院本会議における「防衛調達特措法改定案」にたいする宮本徹議員の質問を参考にしました。

＊10　竹内真「アメリカの戦略に追従する大軍拡」（『経済』2019年8月号）。イージス・アショアの問題点については同論文（54〜57ページ）を、F-35A戦闘機については山崎文徳「F-35の大量購入と日本の防衛産業」（『経済』2019年8月号、64〜75ページ）を参照してください。

＊11　防衛装備庁装備政策部「防衛産業に関する取組」（2016年6月15日）。

＊12　山崎文徳「F-35の大量購入と日本の防衛産業」（『経済』2019年8月号）。

＊13　日本経済新聞2019年5月12日付。

＊14　日本経済新聞2019年5月12日付。

＊15　軍事生産の理論問題については、木原正雄『日本の軍事産業』（新日本出版社、1994年）第1章、等を参照してください。

＊16　経団連・防衛生産委員会の役割については、拙著『財界支配』、164〜188ページを参照してください。

＊17　『自衛隊装備年鑑 2008-2009』（朝雲新聞社）577ページ、『同 2009-2010』563ページ。

＊18　日本防衛装備工業会・正会員名簿（2019 年 6 月 1 日現在）（http://www.
jadi.or.jp/sosiki/syain.htm）。同・賛助会員名簿（同）（http://www.jadi.or.jp/
sosiki/sanjo.htm）。

＊19　日本航空宇宙工業会・正会員・賛助会員名簿（2019 年 5 月 1 日現在）
（http://www.sjac.or.jp/members）。

＊20　日本造船工業会・会員名簿（2018 年 4 月 1 日現在）（https://www.sajn.
or.jp/membership）。

＊21　山下唯志「『構造改革』路線と財界」（佐々木憲昭編著『変貌する財界——
日本経団連の分析』新日本出版社、2007 年 1 月、107 ページ）。

＊22　豊田章一郎『「魅力ある日本」の創造』（東洋経済新報社、1996 年 4 月）
222 ページ。

＊23　豊田章一郎『「魅力ある日本」の創造』13 ページ。

＊24　豊田章一郎『「魅力ある日本」の創造』224 ページ。

＊25　日本経済団体連合会発行『活力と魅力溢れる日本をめざして——日本経済
団体連合会新ビジョン』（2003 年 2 月）92 ページ。

＊26　日本経済団体連合会発行『活力と魅力溢れる日本をめざして——日本経済
団体連合会新ビジョン』97 ページ。

＊27　日本経済団体連合会発行『活力と魅力溢れる日本をめざして——日本経済
団体連合会新ビジョン』101 ページ。

＊28　日本経済団体連合会発行『希望の国、日本』（2007 年 1 月）89 ページ。

＊29　日本経済団体連合会発行『希望の国、日本』127 ページ。

＊30　日本経団連ホームページ。http://www.keidanren.or.jp/japanese/policy/
2005/002/honbun.html#part4

＊31　「自民党参議院選挙公約 2007」は、真っ先に「美しい国の礎を築く」との
柱を立て、次の政策を掲げました。「〈新憲法制定を推進する〉2010 年の国
会で憲法改正案発議をめざし国民投票で承認を得るべく、新憲法制定推進の
国民運動を展開する」。

＊32　民主党政権のもとでも経団連の軍需要望は引き続きおこなわれました。日
本経団連は「欧州の防衛産業政策に関する調査ミッション報告」（欧州報告、
2010 年 7 月）、「米国の防衛産業政策に関する調査ミッション報告」（米国報

告、2011 年 7 月）をおこなっています。また、「新たな防衛計画の大綱に向けた提言」（2010 年 7 月 20 日）を提出し、「防衛技術・生産基盤の維持・強化は、国家としての重大な責務である」「防衛・民生両用技術については、経済効果も大きいと期待されるため、産学官が連携して開発することが適切である。第 4 期科学技術基本計画の策定にあたっても、国民の安全・安心に関わる技術として、防衛関連技術を明確に位置付けるべきである」と強調しています。

＊33　日本経済団体連合会発行『「豊かで活力ある日本」の再生——Innovation & Globalization』、39 ページ。

＊34　前掲書、72 ページ。

第 6 章　財界とアメリカはなぜ「戦争する国」にしたいのか　297

## おわりに

　私が生まれたのは1945年、敗戦の年でした。戦後の経済復興とともに子ども時代を過ごし、大学に入ったのは高度成長まっただなかの1964年のことでした。ですから、戦後の動きについては、肌感覚でその時代の雰囲気や情景をあるていど思い出すことができます。子ども時代の1年は長く感じますが、年をとるとあっというまです。最後に、図表「戦後の主なできごと、行政・政治のうごき」を示しておきました（302〜303ページ）。皆さんは、どのような時代を過ごしてきましたか。

　ふりかえると、高度経済成長の時期は1955年から1972年まででした。それは、わずか17年しかなかったのです。その後、すでに50年近くたっています。この間、激動の時代が続きました。狂乱物価、オイルショック、異常円高、バブル経済、リーマンショック、派遣切り、長期停滞など、私たちは多くの危機の時代を体験してきました。このごろは、経済の停滞が長引き、支配の網の目がいっそう細かくなって「重苦しい空気」が社会全体にただよっているように感じます。

　私が日本共産党本部で政策委員会の仕事に就いたのは、1973年でした。その後、1996年から東海ブロック選出の衆議院議員を務め6期18年、橋本龍太郎総理から安倍晋三総理まで、10人の総理大臣と論戦をおこない、2014年に引退しました。議員になってから、いつも考えていたことがあります。それは、答弁している大臣のウラにいるほんとうの支配者はどのような姿をしているのか。また、どのような手段で政府を動かしているのかということです。また、政権が多数の世論に反したことをやっているのに、なぜいつまでも支配を維持できるのか、そこにはどういう仕掛けがあるのかということです。

　議員を引退したのを機に、資料と向きあい真相をさぐることにしました。

そのさい「はじめに結論ありき」の姿勢ではなく、また目の前のことだけにとらわれず可能なかぎり歴史的にさかのぼってみることにしました。2016年1月に出版した『財界支配——日本経団連の実相』（新日本出版社）は、その成果の一つです。

　それから約4年、支配の構造全体に視野を広げ、財界による政治や行政の支配の実態についてさらに調査・研究を続けました。私たちは、誰にどのように支配されているのか、そこからどう抜け出せばよいのか、このような問題意識のもとで、雑誌『経済』や労働総研の出版物などに原稿を書いてきました。この本は、それらをベースにしていますが、ほとんど新しく書き上げたものです。


　社会の構造をどうとらえるかについては、さまざまな見方があります。

　かつてカール・マルクスは、つぎのように述べたことがあります。「生産諸関係の総体は、社会の経済的構造を形成する。これが現実の土台であり、その上に一つの法的かつ政治的な上部構造がそびえ立ち、その土台に一定の社会的諸意識形態が対応する」（マルクス「『経済学批判』への序言」1857年）。

　社会のいちばん土台に経済的な仕組みがあって、そのうえに法律とか政治とかイデオロギー（社会的意識形態）などの上部構造があるとマルクスはとらえました。土台と上部構造をあわせた全体を「経済的社会構成体」とよびました。ここでだいじなことは、長い目でみると社会全体の土台である経済的構造の変化が、政治や法律などの上部構造の変化をもたらすということです。その変化を促すのは、この生産様式のもとで成長する革新的な意識をもった労働者階級を中心とする人びとの実践的な行動です。この実践によって、政治や法律を変え、手にした政治権力によって経済的な構造を変え、さらに上部構造全体を「徐々にせよ急激にせよ」くつがえしていくのです。社会の仕組み全体をとらえるうえで、これはたいへん大切な視点です。

　もう一つは、国家独占資本主義（国独資）というとらえかたです。

　資本主義が高度に発達すると「資本主義の巨大な力と国家の巨大な力を単

一の機構に……結合」(『レーニン全集』第24巻、429ページ)する仕組みができて、経済過程への国家の大規模かつ恒常的な介入がおこなわれるようになり、それによって労働者・国民への搾取と収奪を強め、大企業・財界の利益と支配を継続しようとします。それは、社会の矛盾を拡大せざるをえません。

「資本主義の巨大な力」と「国家の巨大な力」を単一の機構に結合する、その「結合」のありようは、時代の変化に対応する仕方でダイナミックに変貌してきました。戦争するときは"戦時国独資"、高度成長の時代には"資本蓄積型国独資"というように。現代はグローバリゼーションに応じて変化をとげ、国独資はさらに新しい姿で再登場しているといえるでしょう。国家は、決して「衰退」したり「退場」しているのではありません。

本書を書くにあたって、可能な限りそのような広い視野でものごとを見るようにつとめたつもりですが、"間口を広げすぎた"感なきにしもあらずです。その成否については、読者の判断をまつしかありません。

2019年10月

著者

## 戦後の主なできごと、行政・政治のうごき

| 年 | | おもな出来事 | 内閣　行政・政治の動き |
|---|---|---|---|
| 1945 | 米占領と復興 | 米国の対日占領 (45.8～52.4) | 敗戦 (8.15) |
| 46 | | 経団連設立 (8.16) | 〈日本国憲法〉 |
| 47 | | | |
| 48 | | | |
| 49 | | | |
| 1950 | | レッドパージ、朝鮮戦争 (50.6.25～) | |
| 51 | | | 〈サンフランシスコ講和条約、日米安保条約〉 |
| 52 | | | |
| 53 | | | |
| 54 | | ビキニ被爆 | |
| 1955 | 高度経済成長 | 「55年体制」の成立 | 社会党統一 (55.10)、保守合同 (55.11) |
| 56 | | | |
| 57 | | 第一次防衛計画 | ●岸内閣 (57.2～60.7) |
| 58 | | | |
| 59 | | | |
| 1960 | | 安保改定 (60.1) | ●池田内閣 (60.7～64.11)、所得倍増計画 |
| 61 | | | 第一臨調 (61.11～64.9) |
| 62 | | | |
| 63 | | | |
| 64 | | 東京オリンピック | ●佐藤内閣 (64.11～72.7) |
| 1965 | | 中国・文化大革命 | |
| 66 | | | |
| 67 | | | |
| 68 | | | |
| 69 | | | |
| 1970 | | | |
| 71 | | ニクソンショック＝金ドル交換停止 (71.8) | |
| 72 | | | ●田中内閣 (72.7～74.12)、「列島改造」論 |
| 73 | | 第一次オイルショック (73.10～) | 〈福祉元年〉 |
| 74 | | 狂乱物価、「総合安保」論 (73～80頃) | ●三木内閣 (74.12～76.12) |
| 1975 | | 第1回先進国首脳会議 | |
| 76 | | | |
| 77 | | | |
| 78 | | | |
| 79 | | 第二次オイルショック (79) | |

| 年 | 時代区分 | | 政治・内閣 | 経済・社会 |
|---|---|---|---|---|
| 1980 | 経済危機ー民営化ー新自由主義 | 本格的な多国籍企業化ー強権の時代 | ●鈴木内閣 (80.7〜82.11)<br>第二臨調 (81.3〜83.3)<br>●中曽根内閣 (82.11〜87.11) | |
| 81 | | | | |
| 82 | | | | |
| 83 | | | | |
| 84 | | | | |
| 1985 | | | NTT［電電］、JT［たばこ］発足、労働者派遣法 | プラザ合意（先進国協調でドル安誘導）(86.12〜91.2)<br>バブル景気<br>前川レポート。ブラックマンデー |
| 86 | | | | |
| 87 | | | ●竹下内閣 (87.11〜88.12)、JR［国鉄］発足<br>〈日米原子力協定〉<br>〈リクルート事件〉 | |
| 88 | | | | |
| 89 | | | | 日米構造協議 (89〜)　消費税導入 (3%)<br>日米構造協議最終報告、株価大暴落 |
| 1990 | | | | 湾岸戦争 (91.1)、ソ連崩壊 |
| 91 | | | | |
| 92 | | | | |
| 93 | | | 〈佐川急便事件〉<br>●細川内閣 (93.8〜94.4)<br>政治改革 (94.3)〈小選挙区制・政党助成金導入 | |
| 94 | | | | アメリカからの対日改革要望書 (94〜09)〈15年間〉 |
| 1995 | | | | 阪神淡路大震災、日経連「新時代の『日本的経営』」 |
| 96 | | | ●橋本内閣 (96.1〜98.7)<br>行政改革会議 (96.11〜98.6)<br>中央省庁改革基本法が成立 (98.6) | |
| 97 | | | | アジア通貨危機 (97.7〜)、消費税5％に引き上げ（4月）<br>金融危機 |
| 98 | | | | |
| 99 | | | | 欧州共通通貨ユーロ誕生 |
| 2000 | | | | 財界人材を送り込む「官民交流」本格化 |
| 01 | | | ●小泉内閣 (01.04〜06.9)　省庁新体制（1月） | 経団連と日経連が合同し日本経団連が発足 |
| 02 | | | | |
| 03 | | | | |
| 04 | | | | |
| 2005 | | | | |
| 06 | | | ●第一次安倍内閣 (06.9〜07.9) | |
| 07 | | | | |
| 08 | | | | リーマンショック (08.9)<br>派遣切り |
| 09 | | | ●民主党政権 (09.9〜12.12) | |
| 2010 | | | | 欧州債務危機が勃発<br>東日本大震災、福島原発大事故 |
| 11 | | | | |
| 12 | | | ●第二次安倍内閣 (12.12〜) | |
| 13 | | | | 秘密保護法強行 (13.12) |
| 14 | | | ●第三次安倍内閣 (14.12〜)<br>内閣人事局設置 (15.5) | 消費税8％に引き上げ (14.4) |
| 2015 | | | | 戦争法成立 (15.9) |
| 16 | | | | 武器輸出解禁 (16.4) |
| 17 | | | ●第四次安倍内閣 (17.11〜)<br>内閣改造 (18.10)<br>内閣改造 (19.9) | 共謀罪強行 (17.6) |
| 18 | | | | 憲法改悪が焦点に |
| 19 | | | | 消費税10％への引き上げ (19.10) |
| 2020 | | | | 東京オリンピック・パラリンピック |

佐々木憲昭（ささき・けんしょう）

1945 年北海道生まれ。
1996 〜 2014 年、 6 期 18 年間にわたり日本共産党衆議院議員を務める。
1994 〜 2017 年、同党幹部会委員。
主な著書
『財界支配──日本経団連の実相』（新日本出版社、2016 年）
『変貌する財界──日本経団連の分析』（編著、新日本出版社、2007 年）
『どうみる世界と日本の経済〈改訂版〉』（新日本出版社、1988 年）
『おしよせる大失業』（新日本出版社、1987 年）
『転換期の日本経済』（新日本出版社、1983 年）
『暮らしのなかのエネルギー危機』（新日本出版社、1981 年）
『現代エネルギー危機論』（新日本出版社、1978 年）

装丁＝小林真理（STARKA）


日本の支配者

2019 年 11 月 30 日　初 版
2020 年 8 月 5 日　第 5 刷

著　者　佐々木　憲　昭
発 行 者　田　所　稔

郵便番号　151-0051　東京都渋谷区千駄ヶ谷 4-25-6
発行所　株式会社　新日本出版社
電話　03（3423）8402（営業）
　　　03（3423）9323（編集）
info@shinnihon-net.co.jp
www.shinnihon-net.co.jp
振替番号　00130-0-13681
印刷　亨有堂印刷所　　製本　小泉製本

落丁・乱丁がありましたらおとりかえいたします。
© Kensho Sasaki 2019
ISBN978-4-406-06396-8 C0033　　Printed in Japan

本書の内容の一部または全体を無断で複写複製（コピー）して配布
することは、法律で認められた場合を除き、著作者および出版社の
権利の侵害になります。小社あて事前に承諾をお求めください。